락원
중국어
마스터

박정구·백은희·마원나·샤오잉 공저

STEP **6**

다락원

다락원 홈페이지에서 MP3 파일
다운로드 및 실시간 재생 서비스

최신개정
다락원 중국어 마스터 STEP 6

지은이 박정구, 백은희, 마원나, 샤오잉
펴낸이 정규도
펴낸곳 (주)다락원

제1판 1쇄 발행 2011년 7월 26일
제2판 1쇄 발행 2022년 11월 15일

기획·편집 오혜령, 이상윤
디자인 구수정, 최영란
일러스트 최석현, 김지하
사진 Shutterstock, Wikimedia Commons

다락원 경기도 파주시 문발로 211
전화 (02)736-2031 (내선 250~252 / 내선 430, 435)
팩스 (02)732-2037
출판등록 1977년 9월 16일 제406-2008-000007호

정가 17,000원 (본서+워크북+MP3 다운로드)
ISBN 978-89-277-2308-0 14720
    978-89-277-2287-8 (set)

Photo Credits
Shutterstock

Hung Chung Chih (p.78) | aphotostory (p.98) | Marcin Szymczak (p.110) | Saulphotography (p.154)

Wikimedia Commons
The Moon Goddess Chang E (p.42)
https://commons.wikimedia.org/wiki/File:The_Moon_Goddess_Chang_E_-_Unidentified_artist,_after_Tang_Yin.jpg
Gary Todd (p.54)
https://commons.wikimedia.org/wiki/File:Tang_Sancai_Porcelain_Horse_-_1.jpg
山海风 (p.134)
https://commons.wikimedia.org/wiki/File:李白像_LiBai_a_famous_poet_in_the_Tang_Dynasty_-_panoramio.jpg

www.darakwon.co.kr
다락원 홈페이지를 방문하시면 상세한 출판 정보와 함께 동영상 강좌, MP3 자료 등 다양한 어학 정보를 얻으실 수 있습니다.

들어가는 말

여러분은 어떤 이유로 중국어를 배우게 되었나요? 여러분이 중국어를 배우는 동기는 다양하겠지만, 하나의 공통된 목표를 가지고 있을 것입니다. 중국어를 재미있고 효과적으로 잘 배우고 싶다는 것.

중국어가 기타 외국어와 다른 독특한 특징은 중국어를 배우는 데 있어서 핵심적 요소이며, 가장 흥미 있는 부분입니다. 예를 들어 볼까요? 중국어는 운율 언어입니다. 성조(음의 높낮이)를 갖고 있고 강약과 템포가 살아 있는 언어라는 말입니다. 이 운율이 있는 언어를 배우는 과정은 학습자에게 큰 즐거움을 느끼게 합니다. 또한, 중국어 문장은 매우 간결합니다. 한두 개의 한자가 하나의 단어를 이루고, 문법 특징이 간결하며 시제·일치·성(性)·수(數) 등과 같은 복잡한 표현이 없습니다. 따라서 학습에 있어서도 간결하고 핵심적인 이해만을 요구합니다.

이제까지 한국 학생들이 많이 찾은 중국어 책은 중국에서 출판되고 한국에서 번역된 것이 대부분입니다. 그 책들은 대부분 중국인의 시각에서 쓰여졌기 때문에 한국 학생들의 가려운 부분을 시원하게 긁어 주지 못하는 면이 많습니다. 본 서는 한국인의 입장에서 효율적이고 흥미롭게 중국어를 배울 수 있는 구성과 체제를 갖추고, 의사소통 능력 습득이라는 외국어 학습의 목표를 최대한 실현하려 노력했습니다. 리듬감 있는 중국어의 운율을 살리는 낭독 연습과 중요한 사항을 명확하게 알려주는 팁, 간결하고 명쾌한 문법 설명 등을 적소에 배치하였고, 스토리의 구성과 내용에서도 흥미를 줄 수 있고 생동감 있는 필수 회화 표현을 넣었습니다. 또한 워크북을 따로 두어 예습과 복습을 통해 언어능력을 확고히 다질 수 있도록 했습니다.

처음 본 서 제1판이 출판된 이후 지금까지 10년 가까운 시간이 흘렀습니다. 10년이면 강산이 변한다고 했듯이 그동안 한국과 중국은 사람들의 의식뿐만 아니라, 사회·문화·경제적으로 많은 변화를 겪었습니다. 이러한 변화는 언어의 내용과 형식에 반영되기 마련이므로, 이를 최대한 반영하고 구성과 내용을 새롭게 단장하여 개정판을 출판합니다. 앞으로 본 서와 함께하는 여러분의 중국어 학습 여정이 항상 즐겁고 유쾌하길 바라고, 그 과정에서 여러분의 중국어도 끊임없는 발전이 있길 기대합니다.

이 책의 구성과 활용법

단어 시작이 반이다

각 과의 새 단어를 빠짐 없이 순서대로 제시하여, 회화를 배우기 전에 더욱 효과적으로 단어를 학습할 수 있도록 했습니다.

문장 리듬을 만나다

중국어는 강약과 템포가 살아 있는 운율 언어입니다.
'문장, 리듬을 만나다'는 각 과의 주요 문장을 강세와 띄어 읽기로 중국어의 운율을 살려 리듬감 있게 낭독할 수 있도록 하는 데 초점을 두었습니다.
제1강세, 제2강세, 띄어 읽기를 통해 리듬을 느끼며 문장을 익혀 보세요.

회화 내 입에서 춤추다

자연스러운 베이징식 구어 표현과 실용 회화를 배울 수 있는 핵심 본문입니다. 본문 내용이 연상되는 삽화와 함께 학습할 수 있도록 하였고 본문 하단의 '아하! 그렇구나'에서는 난해한 표현들을 쉽게 이해할 수 있도록 주석을 제시했습니다. 또한 회화 내용을 단문으로 정리해 독해 능력과 말하기 능력을 동시에 키울 수 있도록 했습니다.

표현 날개를 달다

고급 수준의 회화에서 다루어야 할 주요 표현을 간결한 설명, 풍부한 예문과 함께 제시하여 학습자들이 쉽게 이해할 수 있도록 했습니다. 또한 배운 내용을 바로 습득할 수 있는 확인 문제들이 제시되어 있습니다.

회화 가지를 치다

각 과의 핵심이 되는 주요 문장으로 교체 연습을 할 수 있는 코너입니다. 줄기에서 여러 개의 가지가 자라듯 기본 문장과 교체 단어를 이용해 여러 표현으로 말하는 연습을 할 수 있습니다.

연습 실력이 늘다

각 과에서 배운 핵심 표현을 이해하고 연습할 수 있는 듣기·말하기·읽기·쓰기의 다양한 문제들이 제시되어 있습니다. 특히 한국인 학습자들이 많이 취약한 듣기와 말하기 기능을 집중적으로 훈련할 수 있도록 했습니다.

중국 그리고 중국 문화

변화하는 중국의 다양하고 생생한 이야기가 사진과 함께 제시되어 있습니다.

워크북

예습하기

수업에 들어가기 앞서 본문에서 나오는 단어를 써 보며 예습하는 코너입니다. 여러 번 쓰고 발음해 보는 연습 과정을 통해 단어를 쉽게 암기할 수 있습니다.

복습하기

배운 내용을 복습하는 코너로, 각 과에서 배운 내용을 문제 형식으로 풀어 보며 단어·듣기·어법·작문 실력을 골고루 향상시킬 수 있습니다.

플러스 단어

각 과의 내용과 관련된 확장 단어를 배우는 코너입니다. 어휘량을 늘려 더 자유로운 회화 표현을 구사할 수 있습니다.

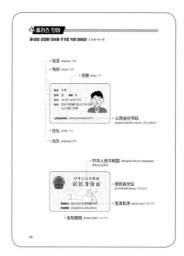

* 워크북의 정답 및 녹음 대본은 다락원 홈페이지(www.darakwon.co.kr)의 '학습자료 ▶ 중국어'에서 다운로드할 수 있습니다.

MP3 다운로드

* 녹음 해당 부분에 MP3 트랙 번호가 기재되어 있습니다.

 **본책** 🎧 05-03   **워크북** 🎧 W-05-03

* 교재의 MP3 음원은 '다락원 홈페이지(www.darakwon.co.kr)'를 통해서 무료로 다운로드할 수 있습니다.

* 스마트폰으로 QR코드를 스캔하면 MP3 다운로드 및 실시간 재생 가능한 페이지로 바로 연결됩니다.

차례

- 들어가는 말 3
- 이 책의 구성과 활용법 4
- 차례 7
- 최신개정 다락원 중국어 마스터 시리즈의 특징 10
- 최신개정 다락원 중국어 마스터 시리즈의 어법 및 표현 정리 11
- 일러두기 18

학습 내용	핵심 표현	중국 그리고 중국 문화

01 真没想到中国人的姓有这么多的来源。   19
Zhēn méi xiǎngdào Zhōngguórén de xìng yǒu zhème duō de láiyuán.
중국인의 성씨에 이렇게 많은 유래가 있는지 몰랐어요.

• 작명과 관련된 표현 • '甚至'를 이용한 극단적 상황 표현 • '一旦……(就)' 구문 표현	• 直 • 甚至 • 一旦……(就) • 于	• 중국인의 호칭 방식

02 中国人把炎帝和黄帝视为中华民族的始祖。   31
Zhōngguórén bǎ Yándì hé Huángdì shìwéi Zhōnghuá Mínzú de shǐzǔ.
중국인은 염제와 황제를 중화민족의 시조로 여겨요.

• 민족의 시조와 관련된 표현
• '……下来'를 이용한 동작의
  지속 표현
• '之所以……'를 이용한 인과관계
  표현
	• 所谓
	• 好比……
	• ……下来
	• 之所以……
		• 달의 여신, 항아

03 中国人为什么这么喜欢红色呢?   43
Zhōngguórén wèishénme zhème xǐhuan hóngsè ne?
중국인은 왜 이렇게 붉은색을 좋아하나요?

• 나라별 선호하는 색깔과 관련된 표현 • '还……呢' 구문 표현 • '受……'를 이용한 피동 표현	• 还……呢 • 各有各的…… • 受…… • 则	• 화려한 색의 향연, 당삼채

04 中国人好像对谐音词很敏感。   55
Zhōngguórén hǎoxiàng duì xiéyīncí hěn mǐngǎn.
중국인은 해음어에 민감한 것 같아요.

• 중국어의 해음과 관련된 표현 • '要A有A，要B有B' 구문 표현 • '未必……'를 이용한 부분 부정 표현	• 要A有A，要B有B • 再说 • 未必…… • 不至于……	• 중국의 춘제 풍속도

	학습 내용	핵심 표현	중국 그리고 중국 문화

05 **为什么看京剧既叫"看戏"也叫"听戏"呢?** 67
Wèishénme kàn jīngjù jì jiào "kàn xì" yě jiào "tīng xì" ne?
왜 경극을 보는 것을 '극을 본다'고도 하고 '극을 듣는다'고도 하나요?

- 중국 전통극과 관련된 표현
- '为(了)……起见' 구문 표현
- '用以'를 이용한 수단 표현

- 由
- 为(了)……起见
- 用以
- 使得

- 패왕별희, 경극에서 영화로

06 **복습 I** 79

- 제1과~제5과 회화, 단어, 표현, 어법 복습

- 한자가 주는 해학과 유희, 차이쯔

07 **中国武术的确有着独特的魅力。** 87
Zhōngguó wǔshù díquè yǒu zhe dútè de mèilì.
중국 무술은 확실히 독특한 매력이 있어요.

- 중국 무술과 관련된 표현
- '在……下'를 이용한 사건·행위의 조건 표현
- '……也是……不如' 구문 표현

- 在……下
- ……就是了
- 一肚子
- ……也是……不如

- 할리우드 최고의 무술 배우, 이소룡

08 **孙悟空护送玄奘去西天取经所经的也是丝绸之路。** 99
Sūn Wùkōng hùsòng Xuánzàng qù xītiān qǔjīng suǒ jīng de yě shì sīchóu zhī lù.
손오공이 현장을 모시고 서역으로 불경을 구하러 갈 때 거쳐 간 것도 실크로드지요.

- 실크로드와 관련된 표현
- '时……时……' 구문 표현
- '何况'을 이용한 반문 표현

- 时……时……
- 直到……
- 白……
- 何况

- 불교문화의 유적지, 둔황석굴

09 **北京是从何时开始成为中国首都的呢?** 111
Běijīng shì cóng héshí kāishǐ chéngwéi Zhōngguó shǒudū de ne?
베이징은 언제부터 중국의 수도가 되었던 건가요?

- 중국의 수도와 관련된 표현
- '可见'을 이용한 결론 도출 표현
- '명사구+了' 구문 표현

- 要说
- 可见
- ……不过
- 명사구+了

- 세계적인 도시, 장안

	학습 내용	핵심 표현	중국 그리고 중국 문화

10 **为什么说唐诗是中国古代诗歌的顶峰呢?**   123

Wèishénme shuō Táng shī shì Zhōngguó gǔdài shīgē de dǐngfēng ne?

왜 당시(唐诗)를 중국 고대 시가의 절정이라고 하나요?

• 당시(唐诗)와 관련된 표현 • 'A有A的······B有B的······' 구문 표현 • '何尝'을 이용한 반문 표현	• 发······ • ······似的 • A有A的······, B有B的······ • 何尝	• 낭만주의 유랑 시인, 이백

11 **方言与普通话还有哪些不同之处?**   135

Fāngyán yǔ pǔtōnghuà hái yǒu nǎxiē bùtóng zhī chù?

방언과 표준어에는 또 어떤 다른 점이 있나요?

• 중국의 방언 및 표준어와 관련된 표현 • '才······又······' 구문 표현 • '不免'을 이용한 결과나 상황 발생 표현	• 才······又······ • 没什么······ • 大/小+양사 • 不免	• 해학이 넘치는 표현, 헐후어

12 **복습 Ⅱ**   147

• 제7과~제11과 회화, 단어, 표현, 어법 복습	• 후퉁의 기원

부록

- 본문 해석 ·· 156
- 모범 답안 및 녹음 대본 ·· 170
- 단어 색인 ·· 178

다락원 중국어 마스터 시리즈의 특징

국내 최고 교수진의 다년간의 교수 경험을 바탕으로 개발된, 한국인을 위한 중국어 학습 교재의 결정체 『다락원 중국어 마스터』의 최신개정판! 기존의 『다락원 중국어 마스터』의 특장점은 유지하면서 시대의 흐름과 변화를 반영했고, 학습자의 눈높이에 맞춰 새단장했습니다.

특징1   듣기와 말하기 기능을 집중적으로 훈련

『최신개정 다락원 중국어 마스터』 시리즈는 변화하는 중국어 학습 환경과 학습법을 효과적으로 접목시켜, 말하기·듣기·읽기·쓰기의 네 가지 언어 기능을 통합적으로 습득할 수 있도록 구성했습니다. 특히 듣기와 말하기 기능을 집중 훈련할 수 있도록 본문 전체에 걸쳐 다양한 장치를 두었으며, 자연스러운 베이징식 구어 표현을 최대한 담아낼 수 있도록 했습니다.

특징2   일상생활에 바로 활용할 수 있도록 실용성 강조

배운 문장을 실생활에 바로 사용할 수 있도록 실용성에 많은 비중을 두고 집필되었습니다. 즉 일상생활·학습·교제 등에 직접적으로 연관되는 내용을 중심으로 본문이 구성되었으며, 어법 설명의 예문이나 연습문제 역시 일상 회화표현 중에서 엄선했습니다. 본문의 어휘는 중국인이 많이 사용하는 빈도수를 최대한 고려하여 배치했습니다.

특징3   한국인을 대상으로 하는, 강의에 적합한 교재로 개발

학습자들의 언어 환경이 한국어인 점을 고려하여 듣고 말하기를 충분히 반복하고 응용할 수 있는 코너를 다양하게 두었습니다. 또한 어법을 난이도에 따라 배치하고, 앞에서 학습한 어휘와 어법을 뒷과에서 반복하여 등장시킴으로써 학습자들이 무의식중에 자연스럽게 앞서 배운 내용을 복습할 수 있도록 했습니다.

다락원 중국어 마스터 시리즈의 **어법 및 표현 정리**

★ 중국어 입문부터 시작하여 고급중국어를 구사하기까지 학습자의 든든한 멘토가 되어 줄 『최신개정 다락원 중국어 마스터』! STEP 1부터~STEP 6까지 총6단계의 시리즈를 통해 배우게 될 주요 어법 및 표현을 예문과 함께 정리했습니다.

STEP 1

01과
- a o e i(-i) u ü
- b p m f d t n l
- g k h j q x
- z c s zh ch sh r

02과
- ai ao ei ou
- an en ang eng ong

03과
- ia ie iao iou(iu)
- ian in iang ing iong
- üe üan ün

04과
- ua uo uai uei(ui)
- uan uen(un) uang ueng
- er

05과
- **是자문** 我是中国人。
- **개사 在** 我在银行工作。
- **인칭대사** 我 / 你 / 他

06과
- **중국어 숫자 표현** 一 / 二 / 三……
- **양사** 一个妹妹
- **有자문** 我有弟弟。
- **나이를 묻는 표현** 你今年几岁?
- **多+형용사** 你今年多大?

07과
- **시각의 표현** 2:05 → 两点五分
- **년, 월, 일, 요일 표현** 今年 / 下个月 / 星期一
- **명사술어문** 现在不是三点十分。
- **조사 吧** 他有弟弟吧?

09과
- **런민삐 읽는 방법** 2.22元 → 两块二毛二
- **정반(正反)의문문** 有没有别的颜色的?
- **조동사** 我要学汉语。

10과
- **시태조사 过** 他没来过我家。
- **조동사 会, 想** 我会做中国菜。/ 我想去中国。
- **연동문** 我们一起去玩儿吧。

11과
- **겸어문** 你请他打电话吧!
- **개사 给** 我想给他买一本书。

12과
- **방위사** 前边有一个公园。
- **존재문(有, 在, 是)** 我家后边有一个银行。

13과
- **比 비교문** 今天比昨天热。
- **감탄문** 这件衣服真漂亮啊!
- **不用** 不用客气!
- **听说** 听说她很漂亮。

14과
- **선택의문문** 你要这个还是那个?
- **개사 离** 我家离这儿很远。
- **从A到B** 我从八点到十二点上课。
- **如果** 如果你来韩国, 我一定带你去。

11

STEP 2

01과
- 시태조사 了　这个学期你选了几门课?
- 시량보어　我每天学习五六个小时。

02과
- 상태보어　我忙得没有时间吃饭。
- 동사의 중첩　我也想学学。
- 동작의 진행　他们正在练太极拳。

03과
- 결과보어　菜已经准备好了。
- 어기조사 了　时间不早了。
- 就要……了/快(要)……了
  就要到星期六了。/ 快要到火车站了。

04과
- 주술술어문　我身体很好。
- 동량보어　这药一天吃几次?
- 有(一)点儿/(一)点儿　他今天有点儿不高兴。

05과
- 시태조사 着　他手里拿着一本书。
- 반어문　这是你的吗?

06과
- 부정사 没(有)　怎么没坐地铁?
- 정도보어　今天热死了。
- 就/才
  昨天我十点就睡了, 我姐姐十二点才睡。

07과
- 비교수량보어　速度比以前快两倍。
- 得/不用　明天你得来找我。
- 除了……(以外)
  除了雨林、娜贤, 赵亮也喜欢画画儿。

09과
- 동사+在/到+명사
  他住在公司宿舍。/ 他们要待到明年。
- 겸어동사　我让他住在公司宿舍。
- 一点儿也不　行李一点儿也不重。

10과
- 방향보어 1-단순방향보어　你快跑去拿吧。
- 又……又……
  带着这么多钱, 又不方便又不安全。
- 只要……就……　只要有银行卡就行。

11과
- 형용사 중첩　红红的花 / 绿绿的树
- 존현문　桌子上放着一本书。

12과
- 방향보어 2-복합방향보어　我马上把行李送上去。
- 把자문　我把行李整理好就去。

13과
- 가능보어　我们从这儿上车, 过得去吗?
- 是……的　你是什么时候来的韩国?

14과
- 被자문　那本书被他借走了。
- 舍不得　我舍不得离开中国。

STEP 3

01과
- 一会儿
  你坐下休息一会儿吧!
- 以为
  人们以前都以为地球才是宇宙的中心。
- 虽然……, 但是……
  虽然我的房间不大, 但是很干净、很整齐。
- 为了
  为了能赶上火车, 他一大早就出门了。
- 因为……, 所以……
  因为今天天气很冷, 所以我穿了不少。
- 一边……, 一边……
  我们一边工作, 一边学习。

02과
- 已经……了　他已经去中国了。
- 比……多了　我比你累多了。
- ……了……就　下了班就去上课。
- 不是……吗?　你不是快要回国了吗?

- 或者……，或者……
  或者在家看电视，或者出去和朋友们一起玩儿。
- 有时……，有时……
  这儿的天气真奇怪，有时冷，有时热。

03과
- 什么！ 看电影，哭什么！
- 可 我可没说过我喜欢你呀！
- 光 我们光谈学校生活了，没谈别的。
- 起来 看起来，你这个学期也并不轻松。
- 不管 不管刮风还是下雨，我们都要去。

04과
- 没有……那么/这么……
  我打得没有你那么好。
- 等 等他来了再说吧。
- 咱们 咱们打一场，怎么样？
- A不如B 我的汉语不如他好。
- 因此
  我跟他在一起十年了，因此很了解他的性格。

05과
- 看上去 叔叔、阿姨看上去很慈祥。
- 出来 我听出来了，他是东北人。
- ……是……，不过……
  我们外表像是像，不过性格完全不同。
- 却 我学了三年汉语，水平却不高。
- 一……，就……
  天气一冷，我就不想出去。

06과
- 双 给我拿双42号的试一试。
- 不怎么 我不怎么喜欢这种款式的。
- 打……折 原价400元，打八折，现价320元。
- 稍微 这张桌子比那张桌子稍微大一些。
- 上 为什么这么多人都会喜欢上他呢？

08과
- 谁都 谁都知道，这是垃圾食品。
- 连……都…… 我连菜谱都能背下来了。
- 既然 既然你病了，就在家里休息吧。
- ……什么，……什么 你吃什么，我就吃什么
- 起来 现在是午餐时间，人开始多起来了。

09과
- 不但不/没……，反而……
  不但没好，病情反而更加严重了。
- 再……也……
  再忙也不能不顾身体呀！
- 不然
  最好住院，不然病情很有可能恶化。
- 对……进行……
  他对中国文化进行了十年的研究。
- 只好 外边下雨，我们只好待在家里。

10과
- 正要 真是太巧了，我正要给你打电话呢。
- 怎么也 这个箱子太重了，怎么也搬不动。
- 万一/如果
  万一他关机，我跟他联系不上，可怎么办？
- 来着
  我们昨天见的那个中国人，叫什么名字来着？
- 到时候 到时候，我们不见不散。

11과
- 偏偏
  这个时间车堵得很厉害，可他偏偏要开车去。
- 不但……，而且……
  她不但长得很漂亮，而且很聪明。
- 可……了 哎哟，这可糟了，坐过站了。
- 该 现在我们该怎么办呢？
- 就是……，也…… 就是堵车，我也坐公交车。

12과
- 往 这列火车开往北京。
- 按照 按照规定一个星期就能到。
- 说不定 他发烧了，说不定明天不能来上课。
- 既……，也…… 这件衣服既很漂亮，也很便宜。
- 正好 你来得正好。

13과
- 多 他已经三十多岁了。
- 不是……，就是……
  我每天不是学校就是宿舍，没去过什么地方。
- 没……什么…… 今天我上街，没买什么。
- 顺便 如果顺便去趟上海，恐怕要八九天。
- 与其……，不如……
  与其在这儿等，不如去找他。

01과

- **要么……，要么……**
  我俩要么去看电影，要么去旅行，可有意思啦!

- **好**
  平时书包里放把雨伞，下雨的时候好用。

- **A就A(吧)**
  他不高兴就不高兴吧，我也没办法。

- **只有……才……**
  只有他来才能解决这个问题。

- **就**
  别人都有了自己的心上人，就我还是孤单一人。

02과

- **显得……**　他今天显得特别高兴。

- **是不是**　是不是他告诉你的?

- **不妨**　你跟我们一起去也不妨。

- **着呢**　小明新烫的发型漂亮着呢。

- **要不**
  这倒也是，天气越来越热，要不我也剪个短发?

03과

- **……来……去**
  我问来问去，不知不觉就学会修理了。

- **有+명사+동사**
  他有能力解决这个问题。

- **到底**
  你的电脑到底有什么问题?

- **好不容易**
  去了好几家书店好不容易才买到那本书。

- **非得……不可**
  以后电脑出了故障，非得找你不可啦。

04과

- **동목이합사**　我们见过一次面。

- **连A带B**　连钱包带护照都丢了。

- **除非……，否则……**
  除非他来请我，否则我不会去的。

- **倒是……，只是……**
  他倒是很善良，只是没有勇气。

- **이중목적어문**　能不能借我点儿钱?

05과

- **表示……**
  我早就想对你们的帮助表示感谢。

- **以A为B**
  在我心中早就以北京为我的第二故乡了。

- **以便**
  我们应该提前通知大家，以便大家做好准备。

- **人家**
  你让我休息一会儿吧，人家都要累死了。

- **동사+下**
  这个书包能装下这些词典。

06과

- **又**　天气预报又不是那么准。

- **从来**　这种事我从来没听说过。

- **从……起**　从下周起放暑假。

- **以防**
  从今天起我得在书包里放一把小雨伞，以防万一。

- **差点儿**　我差点儿把钱包丢了。

08과

- **기간+没/不……**
  两个月没见，你怎么发福了?

- **……也好，……也好**
  跑步也好，爬山也好，多做一些有氧运动吧。

- **……下去**
  你再这样胖下去，可不行。

- **必须**
  你必须改变一下你的饮食习惯。

- **尽量**
  晚饭不要吃得太晚，尽量少吃零食。

09과

- **竟然**
  他学习那么认真，没想到竟然没考上大学。

- **동사+着**
  说着中国菜，肚子还真有点儿饿。

- **往**
  请大家往右看，那家就是北京书店。

- **동사+成**
  云能变成雨，所以天上有云才会下雨。

- **够……的**
  今年北京的夏天可真够热的。

10과

- 비술어성 형용사
  显示屏不小，也很薄，是新型的吧？
- 随着
  人们的思想随着社会的变化而变化。

- 嘛
  有手机就可以坐车，也可以买东西嘛。
- 别提……
  拍出的照片别提多清晰了！
- 难道　难道你想和我的距离变远吗？

11과

- 哪怕……，也……
  哪怕没看过的人，也都知道《大长今》这个韩剧。
- 就
  参加这次活动的人不少，光我们班就有八个。
- 上下
  听说土耳其的收视率在95%上下。
- 在……上
  在这个问题上，我同意他的意见。
- 值得　汉江公园值得一去。

12과

- 肯……　不知你是否肯去银行工作？
- 宁可A也不B
  宁可少挣点儿去贸易公司，也不想去银行。
- 任何
  任何事都不能强求。
- 何必……呢？
  你肯定能找到好工作，何必这么谦虚呢？
- 只不过……罢了
  上次只不过是运气不好罢了。

13과

- 以来
  今年年初以来，我已经去过中国六次了。
- 再……不过了
  那可再好不过了。
- 难得
  难得你为我想得那么周到，真太谢谢你了。
- ……过来
  把"福"字倒过来贴。
- 不是A，而是B
  他说的那个人不是雨林，而是我。

STEP 5

01과

- 先……，然后……
  你等着，我先看，然后再给你看。
- 经　他的小说是经我翻译出版的。
- 没少　北京市这些年可没少盖房。
- 尽管　如果你需要，尽管拿去用吧。

02과

- 跟……相比
  样子跟乌龙茶相比，尖尖的、怪怪的。
- 还是
  今天有点儿热，我们还是喝冰咖啡吧。
- 동사＋个＋형용사/동사
  大家不仅要"吃个饱"，还要"喝个够"。
- 不……不……也得……吧
  这盒巧克力是女朋友给我买的，不吃不吃也得尝一口吧。

03과

- 少说也　我戴眼镜，少说也有十年了。
- 양사(量词)의 중첩　道道菜都精致、可口。
- ……惯　很多韩国人都吃不惯香菜。
- 什么……不……的
  什么时髦不时髦的，衣服能穿就行了。

04과

- 从……来看　从这一点来看，他的看法有问题。
- 不见得　通过血型不见得就能断定一个人的性格。
- 说不定
  你以为他不对，但说不定他说得没错。
- 反而……
  他见到我，不但不高兴，反而向我发脾气。

05과

- ……不得了
  没想到，你对汉妮真的爱得不得了。
- 被……所
  老师深深地被这些学生所感动。
- 省得　多穿点儿衣服，省得感冒。
- 这不
  他们俩好像吵架了，这不，他们一前一后地走着，一句话也不说。

07과

- **在……看来**
  在他看来，这件事不应该这么办。

- **在于……**
  我觉得"美"并不在于一个人的外貌。

- **长……短……**
  有些人只重视外表，每天长打扮短打扮的，却很少注重内心的修养。

- **莫非**　莫非我听错了不成?

08과

- **趁……**
  日子就订在国庆节，趁放长假正好去度蜜月。

- **……齐**
  电视、冰箱、洗衣机这"三大件"都买齐了?

- **少不了**
  结婚那天少不了彩车、酒席和摄像。

- **别说A，就(是)B也／都**
  我到现在一直忙工作，别说早饭，就是午饭也没顾得上吃。

09과

- **……来**　他今天走了六里来路。

- **형용사+비교 대상**　他小马玲两岁。

- **该多……啊**
  如果你不离开这儿该多好哇!

- **……吧……，……吧……**
  在家吧，一个人没意思，出去玩儿吧，外边又太冷。

10과

- **一……比一……**
  雨一阵比一阵大，我们快走吧。

- **对……来说**
  对韩国人来说，过年的时候互相拜年是必不可少的活动。

- **每**
  每到春节，我都回家乡。

- **至于……**
  他们离婚了，至于他们为什么离婚，谁也不知道。

11과

- **多+동사+비교 수량**
  我觉得中国男人比韩国男人多做不少家务。

- **再……也……**
  你再怎么劝，他也不会听的。

- **否则……**
  我们有家务一起干，否则会很容易引起家庭矛盾。

- **一来……，二来……**
  他每天放学后，都会去打工。一来是为了挣点儿钱，二来是为了开阔眼界。

STEP 6

01과

- **直**
  听了孩子说的这些话，我直想哭。

- **甚至**
  他抓紧一切时间写作，甚至连放假期间都不肯休息。

- **一旦……(就)**
  人们都认为一旦名字没起好就会影响人一生的命运。

- **于**
  青藏高原位于中国的西南部。

02과

- **所谓……**
  所谓"炎黄"就是指炎帝和黄帝。

- **好比**
  这就好比韩国的"檀君神话"。

- **……下来**
  这是韩国自古流传下来的神话。

- **之所以……**
  他之所以跳槽，是因为跟科长合不来。

03과

- **还……呢**
  你还中国通呢，怎么连这都不知道?

- **各有各的……**
  看起来，每个国家都各有各的特色。

- **受……**
  受领导宠信或重用的人叫"红人"等等。

- **则**
  说起来容易，做起来则没那么容易。

04과

- **要A有A，要B有B**
  我女朋友要外貌有外貌，要人品有人品。

- **再说**
  再说男人和女人的眼光不一样。

· 未必……
男人觉得漂亮的，女人未必就喜欢。

· 不至于……
不至于有这么多讲究吧。

05과
· 由
京剧中的女主角都是由男人扮演的。

· 为(了)……起见
为了保险起见，我还特意在网上订了两张票。

· 用以
他举了几个例子，用以证明他的观点。

· 使得
其动作之敏捷，使得观众无不为之惊叹、喝彩。

07과
· 在……下
这篇论文是在朴教授的指导下完成的。

· ……就是了
少林寺诵经拜佛就是了，为什么还练武术？

· 一肚子
他一肚子火没地方发。

· ……也是……不如
今年暑假我们俩闲着也是闲着，不如一起去少林寺看看怎么样？

08과
· 时……时……
沙漠的气候时冷时热，变化无常。

· 直到……
千佛洞直到1900年才被世人发现。

· 白……
闹半天，我白说了这么多，原来是"班门弄斧"。

· 何况
连你都知道这么多，更何况你表哥呢。

09과
· 要说
要说他的这辆老爷车，的确不省油。

· 可见
可见西安、洛阳、南京和北京不失为中国的"四大古都"。

· ……不过
要说中国的历史，恐怕谁都说不过你。

· 명사구+了
瞧你说的，这都什么时代了。

10과
· 发……
我听别的古诗头会发晕。

· ……似的
李白的诗的确别有风韵，听了他的诗就仿佛身临其境似的。

· A有A的……，B有B的……
国有企业和乡镇企业大有大的难处，小有小的优势。

· 何尝
我何尝去过那样的地方？

11과
· 才……又……
我才学会了一点儿普通话，难道又要学广东话？

· 没什么……
谢天谢地，普通话只有四个声调，这回我可没什么不满可言了。

· 大 / 小+양사
这么一小间屋子怎么能住得下五个人？

· 不免
今年雨下得特别多，庄稼不免受了很大影响。

일러두기

★ 이 책의 고유명사 표기는 다음과 같습니다.

① 중국의 지명·건물·기관·관광 명소의 명칭 등은 중국어 발음을 한국어로 표기하는 것을 원칙으로 하였습니다. 단, 우리에게 널리 알려진 고유명사의 경우에는 한자 발음으로 표기했습니다. 예 北京 → 베이징　　兵马俑 → 병마용

② 인명의 경우, 각 나라에서 실제 읽히는 발음을 기준으로 하여 한국어로 그 발음을 표기했습니다. 예 张民珠 → 장민주　　大卫 → 데이비드

★ 중국어의 품사는 다음과 같이 약자로 표기했습니다.

명사	명	개사	개	감탄사	감	지시대사	대
동사	동	고유명사	고유	접두사	접두	어기조사	조
부사	부	형용사	형	접미사	접미	시태조사	조
수사	수	조동사	조동	인칭대사	대	구조조사	조
양사	양	접속사	접	의문대사	대		

★ 주요 등장인물

장민주
张民珠
한국인
대학 휴학 중
중국 회사에서
인턴사원으로
근무 중

우더화
吴德华
중국인
장민주가
근무하는 회사
총무처 직원

왕훙웨이
王宏伟
중국인
엔지니어
마링과
결혼 예정

마링
马玲
중국인
회사원
왕훙웨이와
결혼 예정

이동환
李东焕
한국인
회사원
군 제대 후
올해 입사

추이시우란
崔秀兰
중국인
대학생
한국어 전공

01

真没想到中国人的姓
有这么多的来源。

중국인의 성씨에
이렇게 많은 유래가 있는지 몰랐어요.

1 작명과 관련된 표현

2 '甚至'를 이용한 극단적 상황 표현

3 '一旦……(就)' 구문 표현

- 独特 dútè 휑특이하다, 독특하다
- 复姓 fùxìng 몡복성[두 글자로 된 성]
- 常见 chángjiàn 뚱자주 보이다
- 将近 jiāngjìn 뚱거의 ~에 이르다
- 纳闷 nàmèn 뚱답답해하다
- 奇怪 qíguài 휑이상하다, 괴이하다
- 起源 qǐyuán 몡기원
- 春秋 Chūnqiū 몡춘추시대[기원전 770~476년]
- 公族大夫 gōngzú dàfū 몡공족대부[서주에서 춘추까지 있었던 관직 이름, 왕이나 제후의 동성(同性) 자제 및 경대부 자제를 관리하는 임무를 맡았음]
- 于是 yúshì 젭그래서
- 居住 jūzhù 뚱거주하다
- 则 zé 뿌바로 ~이다
- 官职 guānzhí 몡관직
- 甚至 shènzhì 뿌심지어
- 巫 wū 몡무당, 박수
- 卜 bǔ 뚱점 치다, 예측하다
- 陶 táo 뚱질그릇을 굽다
- 匠 jiàng 몡장인, 조예가 깊은 사람
- 屠 tú 몡백정
- 技艺 jìyì 몡기예, 기술
- 姓氏 xìngshì 몡성씨
- 避免 bìmiǎn 뚱피하다

- 谐音 xiéyīn 뚱한자의 발음이 같거나 유사하다
- 干扰 gānrǎo 뚱방해하다
- 避讳 bìhuì 뚱회피하다, 꺼리다
- 贬义词 biǎnyìcí 몡폄의어[부정적인 의미를 가진 단어]
- 相似 xiāngsì 뚱비슷하다
- 整体 zhěngtǐ 몡전체
- 韵律 yùnlǜ 몡운율
- 谐调 xiétiáo 휑조화가 잘 되다
- 含义 hányì 몡내포된 뜻, 함의
- 组合 zǔhé 몡조합
- 寓意 yùyì 몡함축된 의미
- 取名 qǔmíng 뚱이름을 짓다
- 和谐 héxié 휑잘 어울리다, 조화롭다
- 变迁 biànqiān 뚱변천하다
- 成立 chénglì 뚱설립하다
- 建国 jiànguó 뚱건국하다
- 解放 jiěfàng 뚱해방하다
- 抗美援朝 Kàng Měi Yuán Cháo 항미원조[한국전쟁 때 미국을 반대하고 북한을 지원하던 중국의 외교 정책]
- 建设 jiànshè 뚱건설하다, 세우다
- 更生 gēngshēng 뚱부흥하다, 재생하다
- 个性 gèxìng 몡개성

제1강세, 제2강세, 띄어 읽기로 리듬을 느끼며 다음 문장을 익혀 보세요.　🎧01-02

①

原来是这样，
Yuánlái shì zhèyàng,

昨天 / 听了他的名字 // 我直纳闷，
zuótiān tīng le tā de míngzi wǒ zhí nàmèn,

他的父母 // 为什么 / 给他起了一个 / 这么奇怪的名字！
tā de fùmǔ wèishénme gěi tā qǐ le yí ge zhème qíguài de míngzi!

그런 거였군요. 어제 그의 이름을 듣고 이해가 가지 않아 줄곧 답답했어요. 그의 부모님께서 왜 그에게 이렇게 이상한 이름을 지어주셨을까 하고요!

②

我还听说 // 中国人 / 起名的时候，
Wǒ hái tīngshuō Zhōngguórén qǐmíng de shíhou,

不仅 / 十分注重 / 名字的意义，
bùjǐn shífēn zhùzhòng míngzi de yìyì,

也会 / 尽量避免 / 谐音字的干扰， // 是吗？
yě huì jǐnliàng bìmiǎn xiéyīnzì de gānrǎo, shì ma?

중국인들은 이름을 지을 때 이름의 의미를 중시할 뿐만 아니라 되도록 해음자의 간섭도 피하려고 한다던데, 그런가요?

③

以前 / 人们都认为 // 一旦名字没起好 /
Yǐqián rénmen dōu rènwéi yídàn míngzi méi qǐ hǎo

就会影响人 / 一生的命运，
jiù huì yǐngxiǎng rén yìshēng de mìngyùn,

因此 // 都花钱 / 请起名先生 // 按照孩子的 / 生辰八字 / 起名。
yīncǐ dōu huā qián qǐng qǐmíng xiānsheng ànzhào háizi de shēngchénbāzì qǐmíng.

예전에는 사람들이 이름을 한번 잘못 지으면 평생의 운명에 영향을 미칠 수 있다고 여겨서 모두들 돈을 써서 작명가에게 아이의 사주팔자에 따라 이름을 지어달라고 부탁했어요.

1 .... 🎧 01-03

이동환
昨天我认识了一个新朋友，名字很独特，姓司，叫马光。
Zuótiān wǒ rènshi le yí ge xīn péngyou, míngzi hěn dútè, xìng Sī, jiào Mǎguāng.

추이시우란
哈，哈。你错了，他的姓是"司马"，名字是"光"。
Hā, hā. Nǐ cuò le, tā de xìng shì "Sīmǎ", míngzi shì "Guāng".

复姓虽然不常见，但在中国有将近一百个复姓，如：
Fùxìng suīrán bù chángjiàn, dàn zài Zhōngguó yǒu jiāngjìn yìbǎi ge fùxìng, rú:

欧阳、皇甫、端木、太史、公羊、公孙、鲜于、司空等等。
Ōuyáng、Huángfǔ、Duānmù、Tàishǐ、Gōngyáng、Gōngsūn、Xiānyú、Sīkōng děngděng.

이동환
原来是这样，昨天听了他的名字我直纳闷，
Yuánlái shì zhèyàng, zuótiān tīng le tā de míngzi wǒ zhí nàmèn,

他的父母为什么给他起了一个这么奇怪的名字！
tā de fùmǔ wèishénme gěi tā qǐ le yí ge zhème qíguài de míngzi!

추이시우란
其实中国不仅姓很多，而且每个姓都有各自的起源。
Qíshí Zhōngguó bùjǐn xìng hěn duō, érqiě měi ge xìng dōu yǒu gèzì de qǐyuán.

比如：春秋时代齐国公族大夫分别住在东郭、南郭、
Bǐrú: Chūnqiū shídài Qíguó gōngzú dàfū fēnbié zhù zài Dōngguō、Nánguō、

西郭、北郭，于是他们便以自己居住的地方为姓；
Xīguō、Běiguō, yúshì tāmen biàn yǐ zìjǐ jūzhù de dìfang wéi xìng;

"司马"则是以官职为姓，甚至连巫、卜、陶、匠、屠等
"Sīmǎ" zé shì yǐ guānzhí wéi xìng, shènzhì lián wū、bǔ、táo、jiàng、tú děng

技艺后来也都成了姓氏。
jìyì hòulái yě dōu chéng le xìngshì.

이동환
真没想到中国人的姓有这么多的来源。对了，我还
Zhēn méi xiǎng dào Zhōngguórén de xìng yǒu zhème duō de láiyuán. Duì le, wǒ hái

听说中国人起名的时候，不仅十分注重名字的意义，
tīngshuō Zhōngguórén qǐmíng de shíhou, bùjǐn shífēn zhùzhòng míngzi de yìyì,

也会尽量避免谐音字的干扰，是吗？
yě huì jǐnliàng bìmiǎn xiéyīnzì de gānrǎo, shì ma?

추이시우란
没错，中国人起名的时候不仅避讳与贬义词发音相同或
Méicuò, Zhōngguórén qǐmíng de shíhou bùjǐn bìhuì yǔ biǎnyìcí fāyīn xiāngtóng huò

相似的词语，也十分注重名字整体韵律的谐调。
xiāngsì de cíyǔ, yě shífēn zhùzhòng míngzi zhěngtǐ yùnlǜ de xiétiáo.

韩国人起名十分重视每个汉字的意义；中国人起名不仅
Hánguórén qǐmíng shífēn zhòngshì měi ge Hànzì de yìyì; Zhōngguórén qǐmíng bùjǐn

注重每个汉字的含义，还十分重视汉字组合的整体意义。
zhùzhòng měi ge Hànzì de hányì, hái shífēn zhòngshì Hànzì zǔhé de zhěngtǐ yìyì.

이동환　我觉得你的名字很不错，"崔秀兰"不仅寓意丰富，
Wǒ juéde nǐ de míngzi hěn búcuò, "Cuī Xiùlán" bùjǐn yùyì fēngfù,

而且十分好听。
érqiě shífēn hǎotīng.

추이시우란　我的名字是我爸起的。
Wǒ de míngzi shì wǒ bà qǐ de.

以前人们都认为一旦名字没起好就会影响人一生的
Yǐqián rénmen dōu rènwéi yídàn míngzi méi qǐ hǎo jiù huì yǐngxiǎng rén yìshēng de

命运，因此都花钱请起名先生按照孩子的生辰八字起名。
mìngyùn, yīncǐ dōu huā qián qǐng qǐmíng xiānsheng ànzhào háizi de shēngchénbāzì qǐmíng.

可我爸说那是迷信，所以他自己给我取名。
Kě wǒ bà shuō nà shì míxìn, suǒyǐ tā zìjǐ gěi wǒ qǔmíng.

이동환　以后等我有了孩子也一定要给他起一个寓意丰富，
Yǐhòu děng wǒ yǒu le háizi yě yídìng yào gěi tā qǐ yí ge yùyì fēngfù,

而且用汉语、韩语念起来都好听的名字。
érqiě yòng Hànyǔ、Hányǔ niàn qǐlái dōu hǎotīng de míngzi.

中国人起名不仅注重每个字的含义，而且十分重视名字
Zhōngguórén qǐmíng bùjǐn zhùzhòng měi ge zì de hányì, érqiě shífēn zhòngshì míngzi

整体的和谐与否，因此起名时使用整个词语的也不少，如"王
zhěngtǐ de héxié yǔfǒu, yīncǐ qǐmíng shí shǐyòng zhěngge cíyǔ de yě bùshǎo, rú "Wáng

胜利"、"张建设"等等。中国人的名字随着时代的变迁显示出
Shènglì"、"Zhāng Jiànshè" děngděng. Zhōngguórén de míngzi suízhe shídài de biànqiān xiǎnshì chū

不同的特点：1949年新中国成立，出生于那个年代的叫"建国"、
bùtóng de tèdiǎn: yī jiǔ sì jiǔ nián xīn Zhōngguó chénglì, chūshēng yú nà ge niándài de jiào "Jiànguó"、

"解放"的比较多；1950年到1953年是抗美援朝时期，
"Jiěfàng" de bǐjiào duō; yī jiǔ wǔ líng nián dào yī jiǔ wǔ sān nián shì Kàng Měi Yuán Cháo shíqī,

叫"援朝"、"抗美"的比较多；从1961年开始搞经济建设，
jiào "Yuáncháo"、"Kàngměi" de bǐjiào duō; cóng yī jiǔ liù yī nián kāishǐ gǎo jīngjì jiànshè,

叫"更生"、"强国"的比较多。但改革开放以后人们开始追求
jiào "Gēngshēng"、"Qiángguó" de bǐjiào duō.   Dàn gǎigé kāifàng yǐhòu rénmen kāishǐ zhuīqiú

个性，因此像"珊珊"、"晓宇"、"欣怡"这样各具特色的名字
gèxìng, yīncǐ xiàng "Shānshān"、"Xiǎoyǔ"、"Xīnyí" zhèyàng gè jù tèsè de míngzi

越来越多。
yuèláiyuè duō.

2 의 내용을 바탕으로 대답해 봅시다.

1 中国人起名时考虑哪些问题？
2 请举例说明不同时代中国人起名的不同特点。

直

상황이나 상태를 나타내는 술어의 앞에 쓰여 정도가 심함을 나타낸다. 일반적으로 그 앞에는 이유를 나타내는 절이 온다.

昨天听了他的名字我直纳闷，为什么给他起了一个这么奇怪的名字！
Zuótiān tīng le tā de míngzi wǒ zhí nàmèn, wèishénme gěi tā qǐ le yí ge zhème qíguài de míngzi!

听了孩子说的这些话，我直想哭。
Tīng le háizi shuō de zhèxiē huà, wǒ zhí xiǎng kū.

그림을 보고 '直'를 활용하여 문장을 완성해 보세요.

①

昨天我从早到晚打工，

_____。

②

她只穿一件外套，_____

_____。

③

看着他那可笑的表情，

_____。

甚至

'심지어'라는 뜻으로, 뒤에 구나 절이 와서 더 극단적인 상황을 나타낸다.

"司马"则是以官职为姓，甚至连巫、卜等技艺也都成了姓氏。
"Sīmǎ" zé shì yǐ guānzhí wéi xìng, shènzhì lián wū、bǔ děng jìyì yě dōu chéng le xìngshì.

他抓紧一切时间写作，甚至连放假期间都不肯休息。
Tā zhuājǐn yíqiè shíjiān xiězuò, shènzhì lián fàngjià qījiān dōu bùkěn xiūxi.

'甚至'를 알맞은 위치에 넣어서 문장을 완성해 보세요.

① 小学生 / 连还没上学的孩子 / 也来参加这项活动。

→ _____

② 他吃得很慢 / 有时 / 一两个小时 / 也吃不完一碗饭。

→ _____

③ 他非常忙 / 很多日子都工作十个小时以上 / 有一次 / 连续工作了二十个小时。
　　　　　　　　　　　　　　　　　　　　　liánxù 연속하다

→ _____

一旦……(就)

만일 어떤 일이 발생하게 되면 바로 어떠한 상황이 생길 것임을 나타낸다. '一旦'은 첫째 절 주어의 앞이나 뒤에 올 수 있고, 둘째 절의 주어와 술어 사이에는 '就'가 오는 경우가 많다.

人们都认为一旦名字没起好就会影响人一生的命运。
Rénmen dōu rènwéi yídàn míngzi méi qǐ hǎo jiù huì yǐngxiǎng rén yìshēng de mìngyùn.

我们相处了这么久，一旦离别怎么能不伤感呢?
Wǒmen xiāngchǔ le zhème jiǔ, yídàn líbié zěnme néng bù shānggǎn ne?

相处 xiāngchǔ 함께 살다 | 离别 líbié 헤어지다 | 伤感 shānggǎn 슬퍼하다

박스 안의 표현 중 알맞은 하나를 넣어 문장을 완성해 보세요.

> 病情加重　　有了钱　　发生故障
> bìngqíng 병세　　　　　　gùzhàng 고장

① 机器一旦_____，他马上就能知道毛病出在哪里。

② 最近的年轻人一旦_____，就马上去各地游玩。
yóuwán 돌아다니며 놀다

③ 有病马上去医院，一旦_____，就会很难治愈。
zhìyù 치유하다

于

동작, 행위의 장소, 시간 등을 나타낼 때 쓰이는 문어체 표현으로서 동사의 뒤에 쓰일 수 있다.

1949年新中国成立，出生于那个年代的叫"建国"、"解放"的比较多。
Yī jiǔ sì jiǔ nián xīn Zhōngguó chénglì, chūshēng yú nà ge niándài de jiào "Jiànguó"、"Jiěfàng" de bǐjiào duō.

青藏高原位于中国的西南部。
Qīngzàng Gāoyuán wèiyú Zhōngguó de xīnánbù.

괄호 안의 표현을 '于'를 사용한 표현으로 바꾸어 보세요.

① 鲁迅_____，逝于1936年。(1881年出生)
shì 죽다

② 地球_____。(在太阳和月亮之间)

③ 故宫原是明朝和清朝的皇宫，_____。(1406年开始修建)
huánggōng 황궁　　　　　　　　　　　　　　　　　xiūjiàn 건조하다, 시공하다

26

회화 가지를 치다

🎧 01-05

1 起名

A 中国人取名的时候最重视哪些方面？
　Zhōngguórén qǔmíng de shíhou zuì zhòngshì nǎxiē fāngmiàn?

B 比较重视每个汉字的含义。
　Bǐjiào zhòngshì měi ge Hànzì de hányì.

★ 바꿔 말하기

B 名字的整体意义是否协调 | 名字是否朗朗上口
　míngzi de zhěngtǐ yìyì shìfǒu xiétiáo | míngzi shìfǒu lǎnglǎng shàngkǒu

2 称呼

A 我应该怎么称呼他(她)？
　Wǒ yīnggāi zěnme chēnghu tā(tā)?

B 你们是同事，叫他的名字就行。
　Nǐmen shì tóngshì, jiào tā de míngzi jiù xíng.

★ 바꿔 말하기

B 他很有威望，叫他王先生吧 | 她和你妈很熟，叫她王阿姨吧
　Tā hěn yǒu wēiwàng, jiào tā Wáng xiānsheng ba | Tā hé nǐ mā hěn shú, jiào tā Wáng āyí ba

3 姓名忌讳

A 中国人起名时最忌讳什么？
　Zhōngguórén qǐmíng shí zuì jìhuì shénme?

B 不能与父母、长辈同名。
　Bù néng yǔ fùmǔ、zhǎngbèi tóngmíng.

★ 바꿔 말하기

B 一般不使用生僻字 | 不使用与贬义字谐音的汉字
　Yìbān bù shǐyòng shēngpìzì | Bù shǐyòng yǔ biǎnyìzì xiéyīn de Hànzì

 단어 | 协调 xiétiáo 어울리다, 조화롭다 | 朗朗 lǎnglǎng 낭랑하다 | 上口 shàngkǒu 읽기가 좋다, 입에 붙다 | 称呼 chēnghu 부르다, 호칭
| 威望 wēiwàng 명망 | 阿姨 āyí 아주머니 | 生僻字 shēngpìzì 잘 쓰이지 않는 글자

실력이 늘다

听和说 🎧 01-06

1 请根据录音内容，回答下列问题。

① 中国人怎么称呼从事某种职业或具有某种职位的人？ _____

② 中国人怎么称呼服务人员？ _____

③ 中国人一般怎么称呼同事？ _____

2 请利用下列词语，简单地说明录音的内容。

> 称呼　职业　职位　说法

_____

_____

3 请你给大家介绍一下中国的称谓。
　　　　　　　　chēngwèi 명칭, 호칭

写和说

1 请利用下列生词造句，并大声朗读。

① 直　　→ _____

② 甚至　→ _____

③ 一旦……(就)　→ _____

读和说

1 请阅读下面的短文，并选择恰当的句子填空。

> 　　起名是一种学问，一个好名字____①____。起名汇集了美学、语言学、易学、心理学、社会学等诸多学科的知识。起名专家一般都按照五行学说、周易八卦等为人们起名。但最理想的起名方法则____②____，而是把多种起名方法相结合。一个真正的好名字要好听、好写、好读，不仅现代字意好，古代字意也要吉祥。曾有一媒体报道：有人为给孩子起名居然____③____，可见父母是多么爱子心切啊！
>
> 汇集 huìjí 모으다, 취합하다 ㅣ 吉祥 jíxiáng 길하다, 상서롭다 ㅣ 爱子心切 àizǐ xīnqiè 자식을 사랑하는 마음이 절절하다

28

ⓐ 花了十三年的时间

ⓑ 不可仅仅采用一种方法

ⓒ 表达了父母对孩子的美好愿望和祝福

2 请你对起名的重要性谈一谈自己的看法。

_____

_____

想和说

1 请根据下面的漫画内容，与同桌进行对话。

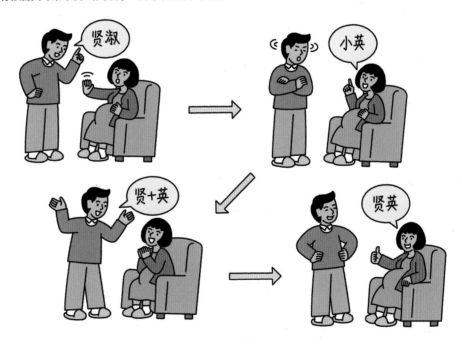

중국인의 호칭 방식

호칭 방식은 각 국가나 민족의 문화에 따라 다양한데 이는 중국도 예외가 아니다. 중국인은 친한 사람들 사이에 이름을 불러 호칭하는데, 이름이 몇 자로 되어 있느냐에 따라서 호칭 방식이 다를 수 있다. 만일 이름이 두 자면 직접 불러도 되지만, 이름이 한 자면 성을 붙여서 부르거나 이름을 두 자로 만들어서 부른다. 한 자로 이름을 부르면 이는 연인 간의 애칭으로 받아들여진다. 예를 들어, 이름이 '陈兰(Chén Lán)'일 경우 그녀를 '兰'이라고 부른다면 연인이 부르는 애틋한 호칭으로 오해받을 것이다.

중국인은 친숙한 사이에 성을 직접 호칭으로 사용하기도 한다. 그렇지만 한 글자는 직접 호칭이 될 수 없으므로 성의 앞에 '老'나 '小'를 붙여 부른다. 만일 '老张'이라고 부를 경우 이는 친근한 사이에서 쓸 수 있는 호칭으로, 이때 '老'는 '나이 들었다'는 의미는 없다. '小张'이라고 부를 경우 '小'의 의미가 좀 남아 있어서 자신보다 어린 사람을 부를 때에 쓰인다. 만일 성이 두 음절이면 '老'나 '小'를 부가하지 않고, 직접 '司马' '欧阳'이라고 부를 수 있다.

그러나 중국인의 호칭은 지역에 따라 차이를 보인다. 홍콩 영화에서 종종 이름을 '阿美' '阿明' 등으로 부르는 것을 볼 수 있는데, 이는 남방 사람들의 친근한 호칭 방식을 보여 주는 것이다. 남방에서는 이처럼 이름 중 한 글자 앞에 '阿'를 붙여서 호칭하는 경우가 많은데, 이는 북방에서는 잘 사용하지 않는 방식이다. 북방에서는 이보다는 이름의 한 글자를 중첩하여 '丽丽'와 같이 부르는 친근한 호칭 방식을 사용한다.

관계에 따라 달라지는 중국인의 호칭 방식

02

中国人把炎帝和黄帝
视为中华民族的始祖。

중국인은 염제와 황제를
중화민족의 시조로 여겨요.

이 과의 학습 목표

1 민족의 시조와
관련된 표현

2 '……下来'를 이용한
동작의 지속 표현

3 '之所以……'를 이
용한 인과관계 표현

- 炎黄子孙 YánHuáng zǐsūn
  圐 염제와 황제의 자손, 중국인

- 炎帝 Yándì 圕 염제[중국 전설 상의 시조]

- 黄帝 Huángdì 圕 황제[중국 전설 상의 시조]

- 视为 shìwéi 匽 ~으로 보다, 여기다

- 中华民族 Zhōnghuá Mínzú 圐 중화민족

- 始祖 shǐzǔ 圐 시조

- 作为 zuòwéi 匽 ~이다, ~로 삼다

- 后裔 hòuyì 圐 후예

- 檀君 Tánjūn 圕 단군[한민족의 시조]

- 神话 shénhuà 圐 신화

- 传说 chuánshuō 圐 전설

- 部落 bùluò 圐 부락

- 首领 shǒulǐng 圐 수령

- 战争 zhànzhēng 圐 전쟁

- 打败 dǎbài 匽 물리치다, 싸워 이기다

- 融合 rónghé 匽 융합하다

- 汉族 Hànzú 圐 한족

- 流传 liúchuán 匽 전해 내려오다

- 熊 xióng 圐 곰

- 老虎 lǎohǔ 圐 호랑이

- 天神 tiānshén 圐 천신, 하느님

- 桓雄 Huánxióng
  圕 환웅[천상을 지배하는 하늘의 임근인 환인의 아들]

- 请求 qǐngqiú 匽 요청하다, 바라다

- 蒜 suàn 圐 마늘

- 艾草 àicǎo 圐 쑥

- 山洞 shāndòng 圐 동굴

- 中途 zhōngtú 圐 중도, 도중

- 放弃 fàngqì 匽 포기하다

- 女娲 Nǚwā 圕 여와[중국 고대 신화 속의 여신]

- 泥土 nítǔ 圐 진흙

- 仿照 fǎngzhào 匽 모방하다, 본뜨다

- 创造 chuàngzào 匽 창조하다

- 类似 lèisì 匽 유사하다

- 宗教 zōngjiào 圐 종교

- 圣经 shèngjīng 圐 성경

- 诺亚方舟 Nuòyà fāngzhōu 노아의 방주

- 认同 rèntóng 匽 공동체 의식을 갖다, 동일시하다

- 团结 tuánjié 匽 단결하다

- 洪水 hóngshuǐ 圐 홍수

- 淹没 yānmò 匽 물에 잠기다

- 鸽子 gēzi 圐 비둘기

- 橄榄 gǎnlǎn 圐 올리브

- 陆地 lùdì 圐 육지

- 和平 hépíng 圐 평화

제1강세, 제2강세, 띄어 읽기로 리듬을 느끼며 다음 문장을 익혀 보세요.　🎧 02-02

1

中国人 // 把炎帝和黄帝 / 视为 / 中华民族的始祖,
Zhōngguórén bǎ Yándì hé Huángdì shìwéi Zhōnghuá Mínzú de shǐzǔ,

作为炎帝 / 和黄帝的后裔,
zuòwéi Yándì hé Huángdì de hòuyì,

则称自己 / 为黄帝子孙。
zé chēng zìjǐ wéi "YánHuáng zǐsūn".

중국인은 염제와 황제를 중화민족의 시조로 보고 염제와 황제의 후예로 여겨 자신들을 '염황자손'이라고 불러요.

2

不仅 / 是我们东方,
Bùjǐn shì wǒmen dōngfāng,

西方各国 // 也都有 / 类似的传说,
xīfāng gè guó yě dōu yǒu lèisì de chuánshuō,

就连宗教故事中 // 也有很多 / 这方面的传说。
jiù lián zōngjiào gùshi zhōng yě yǒu hěn duō zhè fāngmiàn de chuánshuō.

우리 동양뿐만 아니라 서양의 각 나라에도 모두 유사한 전설이 있어요. 종교 이야기에도 이러한 전설이 많지요.

3

诺亚 // 从神那里 / 听到有关 / 洪水的消息,
Nuòyà cóng shén nàli tīng dào yǒuguān hóngshuǐ de xiāoxi,

便和家人 / 一起做了 / 一只方舟,
biàn hé jiārén yìqǐ zuò le yì zhī fāngzhōu,

并让 / 各种动物 / 乘入方舟。
bìng ràng gèzhǒng dòngwù chéngrù fāngzhōu.

노아는 신에게서 홍수에 관한 소식을 듣고는 가족과 함께 방주를 만들어 여러 동물들을 방주에 태웠다.

1 .... 🎧 02-03

장민주
昨天我在电视上看到"炎黄子孙"一词，"炎黄"是什么意思？
Zuótiān wǒ zài diànshì shang kàn dào "YánHuáng zǐsūn" yì cí, "YánHuáng" shì shénme yìsi?

우더화
所谓"炎黄"就是指炎帝和黄帝。
Suǒwèi "YánHuáng" jiù shì zhǐ Yándì hé Huángdì.

中国人把炎帝和黄帝视为中华民族的始祖，
Zhōngguórén bǎ Yándì hé Huángdì shìwéi Zhōnghuá Mínzú de shǐzǔ,

作为炎帝和黄帝的后裔，则称自己为"炎黄子孙"。
zuòwéi Yándì hé Huángdì de hòuyì, zé chēng zìjǐ wéi "YánHuáng zǐsūn".

장민주
啊，这就好比韩国的"檀君神话"。韩国人视自己为檀君
À, zhè jiù hǎobǐ Hánguó de "Tánjūn shénhuà".　　Hánguórén shì zìjǐ wéi Tánjūn

的后裔。你能不能给我讲一讲有关炎帝和黄帝的故事呢？
de hòuyì.　Nǐ néng bu néng gěi wǒ jiǎng yi jiǎng yǒuguān Yándì hé Huángdì de gùshi ne?

우더화
好的。传说在很久以前，炎帝和黄帝分别为两个部落的
Hǎo de.　　Chuánshuō zài hěn jiǔ yǐqián, Yándì hé Huángdì fēnbié wéi liǎng ge bùluò de

首领。后来，两个部落之间发生了战争，黄帝的部落
shǒulǐng.　Hòulái, liǎng ge bùluò zhījiān fāshēng le zhànzhēng, Huángdì de bùluò

打败了炎帝的部落，两个部落融合成为"汉族"。因此
dǎbài le Yándì de bùluò, liǎng ge bùluò rónghé chéngwéi "Hànzú".　　　Yīncǐ

汉族既称自己为"炎黄子孙"，也称自己为"黄帝子孙"。
Hànzú jì chēng zìjǐ wéi "YánHuáng zǐsūn", yě chēng zìjǐ wéi "Huángdì zǐsūn".

对了，你刚才说的"檀君神话"是什么内容？
Duì le, nǐ gāngcái shuō de "Tánjūn shénhuà" shì shénme nèiróng?

장민주
这是韩国自古流传下来的神话。传说一只熊和一只老虎
Zhè shì Hánguó zìgǔ liúchuán xiàlai de shénhuà.　Chuánshuō yì zhī xióng hé yì zhī lǎohǔ

找到天神的儿子桓雄，请求他把自己变成人。
zhǎo dào tiānshén de érzi Huánxióng, qǐngqiú tā bǎ zìjǐ biànchéng rén.

于是，桓雄给了熊和老虎一些大蒜和艾草，并要求他们
Yúshì, Huánxióng gěi le xióng hé lǎohǔ yìxiē dàsuàn hé àicǎo, bìng yāoqiú tāmen

以此为食物，一百天呆在山洞里，这样才能变成人。
yǐ cǐ wéi shíwù, yì bǎi tiān dāi zài shāndòng li, zhèyàng cái néng biànchéng rén.

老虎中途放弃，没能变成人，但熊坚持了下来，
Lǎohǔ zhōngtú fàngqì, méi néng biànchéng rén, dàn xióng jiānchí le xiàlai,

变成了女人，并与桓雄结婚后生下一个儿子，
biànchéng le nǚrén, bìng yǔ Huánxióng jiéhūn hòu shēng xià yí ge érzi,

起名檀君，檀君就是我们韩民族的始祖。
qǐmíng Tánjūn, Tánjūn jiù shì wǒmen Hánmínzú de shǐzǔ.

우더화　除了炎帝和黄帝的传说之外，中国还有女娲造人的
Chú le Yándì hé Huángdì de chuánshuō zhīwài, Zhōngguó hái yǒu Nǚwā zào rén de

传说，传说女娲用泥土仿照自己创造了人。
chuánshuō, chuánshuō Nǚwā yòng nítǔ fǎngzhào zìjǐ chuàngzào le rén.

장민주　其实，不仅是我们东方，西方各国也都有类似的传说，
Qíshí, bùjǐn shì wǒmen dōngfāng, xīfāng gè guó yě dōu yǒu lèisì de chuánshuō,

就连宗教故事中也有很多这方面的传说，
jiù lián zōngjiào gùshi zhōng yě yǒu hěn duō zhè fāngmiàn de chuánshuō,

比如圣经里有关"诺亚方舟"的故事等等。
bǐrú shèngjīng li yǒuguān "Nuòyà fāngzhōu" de gùshi děngděng.

우더화　原来每个民族都有类似的传说啊！
Yuánlái měi ge mínzú dōu yǒu lèisì de chuánshuō a!

장민주　我觉得之所以有这些传说，是因为这样的传说可以
Wǒ juéde zhīsuǒyǐ yǒu zhèxiē chuánshuō, shì yīnwèi zhèyàng de chuánshuō kěyǐ

通过强调民族认同意识而使一个民族更加团结。
tōngguò qiángdiào mínzú rèntóng yìshí ér shǐ yí ge mínzú gèngjiā tuánjié.

우더화　你说的真有道理。
Nǐ shuō de zhēn yǒu dàolǐ.

世界各国都有很多有关洪水的传说。圣经里就有这样
Shìjiè gè guó dōu yǒu hěn duō yǒuguān hóngshuǐ de chuánshuō. Shèngjīng li jiù yǒu zhèyàng

一个故事：诺亚从神那里听到有关洪水的消息，便和家人一起
yí ge gùshi: Nuòyà cóng shén nàli tīng dào yǒuguān hóngshuǐ de xiāoxi, biàn hé jiārén yìqǐ

做了一只方舟，并让各种动物乘入方舟。几天后洪水淹没了
zuò le yì zhī fāngzhōu, bìng ràng gèzhǒng dòngwù chéngrù fāngzhōu. Jǐ tiān hòu hóngshuǐ yānmò le

地球上所有的生物。过了一段时间，诺亚觉得洪水应该退了，
dìqiú shang suǒyǒu de shēngwù. Guò le yíduàn shíjiān, Nuòyà juéde hóngshuǐ yīnggāi tuì le,

便放出一只鸽子去打听消息。晚上，鸽子飞回来了，嘴里还有
biàn fàngchū yì zhī gēzi qù dǎting xiāoxi.　　Wǎnshang, gēzi fēi huílai le, zuǐ li hái yǒu

一片橄榄叶，很明显，地上的水都退净了。于是，诺亚全家
yí piàn gǎnlǎnyè, hěn míngxiǎn, dìshàng de shuǐ dōu tuì jìng le.　　Yúshì, Nuòyà quánjiā

和方舟里的动物们又重新回到了陆地。从此，人们就用鸽子
hé fāngzhōu li de dòngwùmen yòu chóngxīn huí dào le lùdì.　　Cóngcǐ, rénmen jiù yòng gēzi

和橄榄枝来象征和平。
hé gǎnlǎnzhī lái xiàngzhēng hépíng.

2 의 내용을 바탕으로 대답해 봅시다.

1　诺亚为什么制造方舟？

2　诺亚为什么放飞鸽子？

所谓

'소위' '이른바'라는 뜻으로 설명하고자 하는 말을 제시할 때 쓰이고, 뒤에는 이에 대한 설명이 온다.
다른 사람이 한 말을 인용할 때도 쓰이는데, 대개 받아들이기 어렵다는 느낌을 나타낸다.

> **所谓 "炎黄" 就是指炎帝和黄帝。**
> Suǒwèi "YánHuáng" jiù shì zhǐ Yándì hé Huángdì.

> **难道这就是所谓的 "爱情" 吗?**
> Nándào zhè jiù shì suǒwèi de "àiqíng" ma?

박스 안의 표현 중 알맞은 하나를 넣어 문장을 완성해 보세요.

> 所谓 "历史"   所谓的 "三大件"   所谓的 "动物园"

① _____ 就是指结婚时要准备的三件东西。

② _____ 就是人类的发展过程。

③ 在我家附近虽然也有一个 _____ , 但里面的动物很少。

好比……

'마치 ~와 같다'라는 뜻으로 유사한 경우나 예를 들 때 사용한다. 앞에서 말한 내용이 앞으로 말할 내용과 유사함을 나타낸다.

> **这就好比韩国的 "檀君神话"。**
> Zhè jiù hǎobǐ Hánguó de "Tánjūn shénhuà".

> **君王好比是船，人民好比是水，水能载船，也能覆船。**
> Jūnwáng hǎobǐ shì chuán, rénmín hǎobǐ shì shuǐ, shuǐ néng zài chuán, yě néng fù chuán.

그림을 보고 '好比'를 활용하여 문장을 완성해 보세요.

①

②

③

① 恋爱就_____,
不吃的时候总觉得它很香,
但真正吃的时候却辣得让你
很痛苦。

② 人和家庭就_____,
_____, 一旦
离开了就活不了了。

③ 种地就_____,
重要的是经验。

······下来

어떤 동작이 과거에서 현재까지 계속 이어져 내려옴을 나타낸다.

这是韩国自古流传下来的神话。
Zhè shì Hánguó zìgǔ liúchuán xiàlai de shénhuà.

熊坚持了下来，变成了女人。
Xióng jiānchí le xiàlai, biànchéng le nǚrén.

박스 안의 표현 중 알맞은 하나를 넣어 문장을 완성해 보세요.

> 传下来　　保存下来　　继承下来

① 这么好的传统应该＿＿＿＿＿＿＿＿＿。

② 很多重要的历史照片都被他＿＿＿＿＿＿＿＿＿了。

③ 她的这项手艺是从祖母一代一代＿＿＿＿＿＿＿＿＿的。

之所以······

인과관계를 나타내는 복문에서 결과를 나타내는 앞 절에 쓰인다. 뒤 절에는 그에 대한 원인을 서술하는 '是因为'가 온다.

我觉得之所以有这些传说是因为这样的传说可以通过强调民族认同意识而使一个民族更加团结。
Wǒ juéde zhīsuǒyǐ yǒu zhèxiē chuánshuō shì yīnwèi zhèyàng de chuánshuō kěyǐ tōngguò qiángdiào mínzú rèntóng yìshí ér shǐ yí ge mínzú gèngjiā tuánjié.

他之所以跳槽，是因为跟科长合不来。
Tā zhīsuǒyǐ tiàocáo, shì yīnwèi gēn kēzhǎng hé bu lái.

合不来 hé bu lái 마음이 맞지 않다

박스 안의 표현 중 알맞은 하나를 넣어 문장을 완성해 보세요.

> 他之所以请假
> 他之所以成功
> 电脑之所以受到人们的喜爱

① ＿＿＿＿＿＿＿＿＿＿＿＿＿＿＿，是因为他十分努力。

② ＿＿＿＿＿＿＿＿＿＿＿＿＿＿＿，是因为他得了重病得马上住院治疗。

③ ＿＿＿＿＿＿＿＿＿＿＿＿＿＿＿，是因为它是一个真正的大辞典。

1 **中国的象征**

A 有哪些可以作为中国的象征?
Yǒu nǎxiē kěyǐ zuòwéi Zhōngguó de xiàngzhēng?

B 龙。中国人称自己为"龙的传人"。
Lóng. Zhōngguórén chēng zìjǐ wéi "lóng de chuánrén".

★ 바꿔 말하기

B 提起中国，我就会想到大熊猫 | 长城可以说是中国的代表
Tíqǐ Zhōngguó, wǒ jiù huì xiǎng dào dàxióngmāo | Chángchéng kěyǐ shuō shì Zhōngguó de dàibiǎo

2 **大洪水传说**

A 有关大洪水的传说有哪些?
Yǒuguān dà hóngshuǐ de chuánshuō yǒu nǎxiē?

B 中国有女娲补天的传说。
Zhōngguó yǒu Nǚwā bǔ tiān de chuánshuō.

★ 바꿔 말하기

B 中国有大禹治水 | 圣经里有诺亚方舟
Zhōngguó yǒu Dàyǔzhìshuǐ | Shèngjīng li yǒu Nuòyà fāngzhōu

3 **宗教**

A 您信什么教?
Nín xìn shénme jiào?

B 我信佛教。我相信菩萨能普济众生。
Wǒ xìn Fójiào. Wǒ xiāngxìn púsà néng pǔjì zhòngshēng.

★ 바꿔 말하기

B 基督教。我相信上帝的存在 | 伊斯兰教。我信奉安拉
Jīdūjiào. Wǒ xiāngxìn shàngdì de cúnzài | Yīsīlánjiào. Wǒ xìnfèng ānlā

단어
传人 chuánrén 계승자, 후계자 | 大熊猫 dàxióngmāo 판다 | 大禹治水 Dàyǔzhìshuǐ 우임금이 치수하다 | 菩萨 púsà 보살
| 普济众生 pǔjì zhòngshēng 널리 중생을 구제하다 | 上帝 shàngdì 하나님, 여호와 | 伊斯兰教 Yīsīlánjiào 이슬람교 | 信奉
xìnfèng 신봉하다, 믿다 | 安拉 ānlā 알라(Allah)

听和说 🎧 02-06

1 请根据录音内容，回答下列问题。

① 象征韩国的动物是什么？ _____

② 老虎是哪届奥运会的吉祥物？ _____

③ 从何时起，老虎在韩国境内开始逐渐消失？ _____

④ 与老虎有关的俗语有哪些？ _____

2 请利用下列词语，简单地说明录音的内容。

老虎　吉祥物　象征

_____

_____

3 除上面短文中所介绍的有关老虎的韩国俗语外，还有哪些俗语与老虎有关？请用中文进行说明。

写和说

1 请利用下列生词造句，并大声朗读。

① 好比……　　→ _____

② ……下来　　→ _____

③ 之所以……　　→ _____

读和说

1 请阅读下面的短文，并选择恰当的句子填空。

在封建社会，龙是皇帝的象征。不仅皇帝的衣服都绣有龙，____①____，皇帝的脸被称为"龙颜"，皇帝的衣服叫做"龙袍"。如今，走在中国的大街小巷，我们仍能发现很多与龙有关的图案。中国人把龙作为民族的象征，____②____。然而在西方，龙象征邪恶。英语"dragon"象征险恶的女人，而且中西龙的外貌也有很大的区别。____③____，但每个民族的龙都具有不同的外貌和不同的象征意义。

绣 xiù 수놓다, 자수하다 | 邪恶 xié'è 사악하다 | 险恶 xiǎn'è 사악하다

ⓐ 称自己为"龙的传人"

ⓑ 虽然龙出现于众多民族的神话和传说之中

ⓒ 就连皇帝用的东西也都有龙的图案作装饰

zhuāngshì 장식하다, 치장하다

2　请参考上面的短文，向大家介绍一下哪些事物象征着中国。

_____

_____

想和说

1　请根据下面的漫画内容，与同桌进行对话。

_____

_____

달의 여신, 항아

밤하늘을 환하게 비추는 달과 달 그림자를 보면 마치 누군가 그곳에 살고 있지는 않을까 상상의 나래를 펴게 된다. 우리나라 전래동화에서는 옥토끼가 달에서 방아를 찧고 있다고 하는데, 그렇다면 중국에서는 달에 누가 살고 있다고 믿을까? 바로 아름다운 여신이자 예(羿, Yì)의 아내인 항아(嫦娥, Cháng'é)다.

옛날에 하늘에는 10개의 태양이 떠 있어서 바닷물이 마르고 초목이 말라 죽어갔다. 이에 요(堯, Yáo) 임금은 신궁(神弓)인 예에게 명하여 9개의 태양을 쏘아서 떨어뜨리고 1개의 태양만을 남겼다. 이것이 오늘날 우리가 보는 태양이라고 한다. 예는 곤륜산(昆仑山, Kūnlún Shān)에 사는 여신 서왕모(西王母, Xīwángmǔ)에게서 불사약을 선물 받았는데, 이 불사약을 먹으면 신선이 되어서 하늘로 올라간다고 했다. 그는 불사약을 집에 숨겨두었는데 그의 아내인 항아가 이것을 몰래 훔쳐 먹었다. 불사약을 먹은 항아는 몸이 가벼워져 둥둥 떠서 하늘에 있는 달에 올라가 월궁(月宫, Yuègōng)에 살게 되었다. 월궁에서 외롭게 지내던 항아는 남편인 예에게 보름달이 뜰 때 달 모양의 둥근 떡을 만들어 집의 서북쪽에 두고 계속 자신의 이름을 부르면 돌아올 수 있다고 했다. 보름달이 뜬 날 예가 그렇게 하자 항아가 달에서 날아와서 부부가 다시 만날 수 있었다고 한다. 중추절에 달 모양의 둥근 월병(月饼, yuèbǐng)을 만들어 항아에게 바치는 풍습은 그로부터 유래한다.

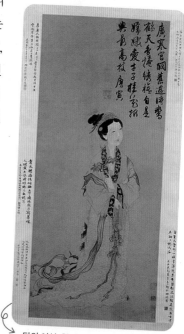

달의 여신 항아에 관한 이야기는 《회남자(淮南子, Huáinánzǐ)》 등 여러 기록에 나오며 민간 전설이나 시가를 통해 전해진다. 중국 최초의 달 탐사위성 창어(嫦娥, Cháng'é)호는 바로 이 달의 여신에서 이름을 딴 것이다.

달의 여신, 항아

03

中国人为什么
这么喜欢红色呢?

중국인은 왜 이렇게
붉은색을 좋아하나요?

이 과의 학습 목표

1 나라별 선호하는
색깔과 관련된 표현

2 '还……呢' 구문 표현

3 '受……'를 이용한
피동 표현

- 鞭炮 biānpào 몡 폭죽
- 服装 fúzhuāng 몡 의상, 의복
- 份子钱 fènziqián 몡 부조금, 축의금
- 贺仪 hèyí 몡 축의
- 信封 xìnfēng 몡 봉투, 편지봉투
- 中国通 Zhōngguótōng 몡 중국통, 중국 전문가
- 吉祥 jíxiáng 혱 길하다, 상서롭다
- 大吃一惊 dà chī yì jīng 매우 놀라다
- 奠仪 diànyí 몡 부의
- 出名 chūmíng 동 유명해지다, 이름을 날리다
- 走红 zǒuhóng 동 인기가 오르다
- 宠信 chǒngxìn 동 총애하고 신임하다
- 重用 zhòngyòng 동 중용하다
- 红人 hóngrén 몡 인기 있는 사람
- 财富 cáifù 몡 부, 재산
- 权利 quánlì 몡 권리
- 皇帝 huángdì 몡 황제
- 封建社会 fēngjiàn shèhuì 몡 봉건사회
- 淫秽 yínhuì 혱 음란하다, 외설적이다
- 孩童 háitóng 몡 어린아이, 아동
- 连载 liánzǎi 동 연재하다
- 低俗 dīsú 혱 저속하다, 상스럽다

- 连环画 liánhuánhuà 몡 연재 그림
- 称为 chēngwéi 동 ~이라고 부르다
- 办喜事 bàn xǐshì 동 결혼식을 치르다
- 忌讳 jìhuì 동 기피하다, 꺼리다
- 蕴涵 yùnhán 동 내포하다, 포함하다
- 检索 jiǎnsuǒ 동 검색하다, 검사하여 찾아보다
- 色彩 sècǎi 몡 색채, 색깔
- 偏爱 piān'ài 동 편애하다
- 国旗 guóqí 몡 국기
- 底色 dǐsè 몡 바탕색
- 纯洁 chúnjié 혱 순결하다
- 热爱 rè'ài 동 열렬히 사랑하다
- 革命 gémìng 몡 혁명
- 婚纱 hūnshā 몡 웨딩드레스
- 服饰 fúshì 몡 복식, 의복과 장신구
- 尽收眼底 jìn shōu yǎndǐ 셩 한눈에 들어오다
- 鲜艳 xiānyàn 혱 산뜻하고 아름답다
- 大街小巷 dàjiē xiǎoxiàng 셩 온 거리, 골목골목
- 川流不息 chuān liú bù xī 셩 냇물처럼 끊임없이 오가다
- 车流 chēliú 몡 차량 행렬

제1강세, 제2강세, 띄어 읽기로 리듬을 느끼며 다음 문장을 익혀 보세요. 🎧 03-02

1

前几天 // 我去参加 / 中国朋友的婚礼,
Qián jǐ tiān wǒ qù cānjiā Zhōngguó péngyou de hūnlǐ,

婚礼上 // 中国人 / 不仅放 / 红色的鞭炮,
hūnlǐ shang Zhōngguórén bùjǐn fàng hóngsè de biānpào,

新郎和新娘 // 也都穿着 / 红色的传统服装。
xīnláng hé xīnniáng yě dōu chuān zhe hóngsè de chuántǒng fúzhuāng.

며칠 전에 중국친구의 결혼식에 갔었는데, 결혼식에서 중국인들이 붉은색 폭죽을 터뜨릴 뿐만 아니라 신랑, 신부도 붉은색 전통의상을 입었더라고요.

2

我以前 // 参加 / 韩国朋友的婚礼,
Wǒ yǐqián cānjiā Hánguó péngyou de hūnlǐ,

看到他们 // 把份子钱 / 放在 / 白色的信封里,
kàn dào tāmen bǎ fènziqián fàng zài báisè de xìnfēng li,

大吃一惊。
dà chī yì jīng.

나는 전에 한국친구의 결혼식에 갔다가 한국인들이 축의금을 흰색 봉투에 넣는 것을 보고 깜짝 놀랐어요.

3

韩国的国旗,
Hánguó de guóqí,

以白色 / 为底色,
yǐ báisè wéi dǐsè,

象征 // 韩国人民的纯洁 / 和对和平的热爱。
xiàngzhēng Hánguó rénmín de chúnjié hé duì hépíng de rè'ài.

한국의 국기는 흰색 바탕으로, 한국인의 순결함과 평화에 대한 열망을 상징한다.

회화 내 입에서 춤추다

이동환
前几天我去参加中国朋友的婚礼，婚礼上中国人不仅放
Qián jǐ tiān wǒ qù cānjiā Zhōngguó péngyou de hūnlǐ, hūnlǐ shang Zhōngguórén bùjǐn fàng

红色的鞭炮，新郎和新娘也都穿着红色的传统服装，
hóngsè de biānpào, xīnláng hé xīnniáng yě dōu chuān zhe hóngsè de chuántǒng fúzhuāng,

至于份子钱也都要放在红色的贺仪信封里。
zhìyú fènziqián yě dōu yào fàng zài hóngsè de hèyí xìnfēng li.

中国人为什么这么喜欢红色呢？
Zhōngguórén wèishénme zhème xǐhuan hóngsè ne?

마링
你还中国通呢，怎么连这都不知道？中国人之所以喜欢
Nǐ hái Zhōngguótōng ne, zěnme lián zhè dōu bù zhīdao? Zhōngguórén zhīsuǒyǐ xǐhuan

红色是因为红色象征热情、吉祥和生命力。我以前参加
hóngsè shì yīnwèi hóngsè xiàngzhēng rèqíng, jíxiáng hé shēngmìnglì. Wǒ yǐqián cānjiā

韩国朋友的婚礼，看到他们把份子钱放在白色的信封里，
Hánguó péngyou de hūnlǐ, kàn dào tāmen bǎ fènziqián fàng zài báisè de xìnfēng li,

大吃一惊，因为在中国只有奠仪才放在白色的信封里。
dà chī yì jīng, yīnwèi zài Zhōngguó zhǐyǒu diànyí cái fàng zài báisè de xìnfēng li.

이동환
看起来，每个国家都各有各的特色。仔细想想，汉语还
Kàn qǐlái, měi ge guójiā dōu gè yǒu gè de tèsè. Zǐxì xiǎngxiang, Hànyǔ hái

真有不少词语都有"红"字。比如说哪个明星出了名就可以
zhēn yǒu bùshǎo cíyǔ dōu yǒu "hóng" zì. Bǐrú shuō nǎ ge míngxīng chū le míng jiù kěyǐ

说"走红"，受领导宠信或重用的人叫"红人"等等。
shuō "zǒuhóng", shòu lǐngdǎo chǒngxìn huò zhòngyòng de rén jiào "hóngrén" děngděng.

마링
你知道得还真不少，不过除了红色以外，
Nǐ zhīdao de hái zhēn bùshǎo, búguò chú le hóngsè yǐwài,

中国人还很喜欢黄色，因为黄色象征财富和权利。
Zhōngguórén hái hěn xǐhuan huángsè, yīnwèi huángsè xiàngzhēng cáifù hé quánlì.

이동환
难怪在中国的历史剧中，皇帝都穿黄色的衣服。
Nánguài zài Zhōngguó de lìshǐjù zhōng, huángdì dōu chuān huángsè de yīfu.

마링
是的，在封建社会只有皇帝才能用黄色，
Shì de, zài fēngjiàn shèhuì zhǐyǒu huángdì cái néng yòng huángsè,

因此有"以黄为贵"这句话。
yīncǐ yǒu "yǐ huáng wéi guì" zhè jù huà.

이동환 可是黄色也并不都表示美好的事物啊?
Kěshì huángsè yě bìng bù dōu biǎoshì měihǎo de shìwù a?

比如"黄色小说"、"黄色电影"中的"黄色"指的是淫秽物。
Bǐrú "huángsè xiǎoshuō"、"huángsè diànyǐng" zhōng de "huángsè" zhǐ de shì yínhuìwù.

마링 这是后来才出现的意义。美国的《黄色孩童》报上曾经
Zhè shì hòulái cái chūxiàn de yìyì. Měiguó de 《Huángsè Háitóng》 bào shang céngjīng

连载了很多低俗的连环画，人们把这一报纸称为"黄色
liánzǎi le hěn duō dīsú de liánhuánhuà, rénmen bǎ zhè yí bàozhǐ chēngwéi "huángsè

报纸"，从那以后黄色才有了"淫秽"的意思。
bàozhǐ", cóng nà yǐhòu huángsè cái yǒu le "yínhuì" de yìsi.

이동환 中国人办喜事的时候忌讳白色，
Zhōngguórén bàn xǐshì de shíhou jìhuì báisè,

而我们韩国人自古以来就喜欢穿白色的衣服，
ér wǒmen Hánguórén zìgǔ yǐlái jiù xǐhuan chuān báisè de yīfu,

因此被称为"白衣民族"。 白色是我们韩民族的象征。
yīncǐ bèi chēngwéi "Báiyī Mínzú". Báisè shì wǒmen Hánmínzú de xiàngzhēng.

마링 我真想了解一下各个国家有关颜色的词语所蕴涵的文化
Wǒ zhēn xiǎng liǎojiě yíxià gègè guójiā yǒuguān yánsè de cíyǔ suǒ yùnhán de wénhuà

意义。
yìyì.

이동환 这好说，我们一起在网上检索一下不就行了吗?
Zhè hǎoshuō, wǒmen yìqǐ zài wǎngshàng jiǎnsuǒ yíxià bú jiù xíng le ma?

每个民族都有自己喜爱的色彩，韩国人喜欢白色，中国人
Měi ge mínzú dōu yǒu zìjǐ xǐ'ài de sècǎi, Hánguórén xǐhuan báisè, Zhōngguórén

则偏爱红色和黄色。韩国的国旗，以白色为底色，象征韩国人民
zé piān'ài hóngsè hé huángsè. Hánguó de guóqí, yǐ báisè wéi dǐsè, xiàngzhēng Hánguó rénmín

的纯洁和对和平的热爱；中国的国旗，旗面为红色，象征革命。
de chúnjié hé duì hépíng de rè'ài; Zhōngguó de guóqí, qímiàn wéi hóngsè, xiàngzhēng gémìng.

韩国人结婚时穿白色的婚纱；中国人本来忌讳白色，所以一般
Hánguórén jiéhūn shí chuān báisè de hūnshā; Zhōngguórén běnlái jìhuì báisè, suǒyǐ yìbān

穿以红色为主的服饰，但受西方影响，后来也开始选择白色的
chuān yǐ hóngsè wéi zhǔ de fúshì, dàn shòu xīfāng yǐngxiǎng, hòulái yě kāishǐ xuǎnzé báisè de

婚纱。汽车也是如此，韩国的汽车一直以来，一半以上都是白色
hūnshā.　Qìchē yě shì rúcǐ, Hánguó de qìchē yìzhí yǐlái, yíbàn yǐshàng dōu shì báisè

或黑色；而以前在中国尽收眼底的是红、黄、蓝等色彩鲜艳的
huò hēisè; ér yǐqián zài Zhōngguó jìn shōu yǎndǐ de shì hóng、huáng、lán děng sècǎi xiānyàn de

汽车，但如今在大街小巷川流不息的车流中，大部分也是白色和
qìchē, dàn rújīn zài dàjiē xiǎoxiàng chuān liú bù xī de chēliú zhōng, dàbùfen yě shì báisè hé

黑色的汽车。
hēisè de qìchē.

2 의 내용을 바탕으로 대답해 봅시다.

1 韩国国旗的底色是什么颜色？象征意义是什么？

2 中国国旗的旗面是什么颜色？象征意义是什么？

표현 날개를 달다

还……呢

'还'와 '呢' 사이에 명사나 명사구가 오면 '그러면서도 ~라고 할 수 있는가'라는 뜻으로 화자의 기대치에 훨씬 못 미침을 나타내고, 비꼬거나 질책하는 어감을 가진다.

你还中国通呢，怎么连这都不知道？
Nǐ hái Zhōngguótōng ne, zěnme lián zhè dōu bù zhīdao?

还大减价呢，才打八折。
Hái dàjiǎnjià ne, cái dǎ bā zhé.

大减价 dàjiǎnjià 대할인, 바겐세일

'还……呢'를 활용하여 문장을 완성해 보세요.

① 连我的生日都不记得，_____？

② _____？ 课也不上，作业也不写。

③ 这么简单的汉语也听不懂，_____？

各有各的……

'각각의 ~이 있다'라는 뜻으로, 주어가 지시하는 다수의 대상이 각각 서로 다른 무엇이 있음을 나타낸다.

看起来，每个国家都各有各的特色。
Kàn qǐlái, měi ge guójiā dōu gè yǒu gè de tèsè.

夫妻也应该各有各的自由。
Fūqī yě yīnggāi gè yǒu gè de zìyóu.

自由 zìyóu 자유

박스 안의 표현 중 알맞은 하나를 넣어 문장을 완성해 보세요.

> 各有各的理由   各有各的看法   各有各的故事

① 每个家庭都_____。

② 他们不参加这次活动_____。

③ 对于怎么解决这个问题，他们_____。

受……

'받다' '당하다'라는 뜻으로 피동의 의미를 나타낸다. 뒤에 명사나 동사, 절이 올 수 있다.

受领导宠信或重用的人叫"红人"等等。
Shòu lǐngdǎo chǒngxìn huò zhòngyòng de rén jiào "hóngrén" děngděng.

跆拳道在国外很受人们欢迎。
Táiquándào zài guówài hěn shòu rénmen huānyíng.

跆拳道 Táiquándào 태권도

'受'와 괄호 안의 표현을 활용하여 문장을 완성해 보세요.

① 她是家里的老幺，很＿＿＿＿＿＿＿＿＿＿＿＿＿＿。（宠爱）
　　　　　　　lǎoyāo 막내
② 我姐姐是汉语老师，＿＿＿＿＿＿＿＿＿＿＿，我也想当汉语老师。（影响）

③ 这只小狗从没＿＿＿＿＿＿＿＿＿＿＿＿＿。（训练）

则

대비나 역접 관계를 나타낼 때 쓰는 접속사로서 주로 문어체에 쓰인다.

韩国人喜欢白色，中国人则偏爱红色和黄色。
Hánguórén xǐhuan báisè, Zhōngguórén zé piān'ài hóngsè hé huángsè.

说起来容易，做起来则没那么容易。
Shuō qǐlái róngyì, zuò qǐlái zé méi nàme róngyì.

그림을 보고 '则'를 활용하여 문장을 완성해 보세요.

①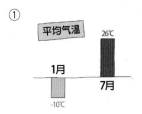

这儿1月份的平均气温在

零下10度以下；＿＿＿＿＿

＿＿＿＿＿＿＿＿＿＿。

②

我让她坐在椅子上；＿＿＿

＿＿＿＿＿＿＿＿＿＿＿。

③

小红同意我的意见；小明

＿＿＿＿＿＿＿＿＿＿＿。

1 服饰的颜色

A 你说的是哪个人？
Nǐ shuō de shì nǎ ge rén?

B 穿浅藕荷色连衣裙的那个女人。
Chuān qiǎn ǒuhésè liányīqún de nà ge nǚrén.

★ 바꿔 말하기

B 戴粉红色帽子 | 穿乳白色正装
Dài fěnhóngsè màozi | Chuān rǔbáisè zhèngzhuāng

2 对不同颜色的感觉

A 你喜欢穿什么颜色的衣服？
Nǐ xǐhuan chuān shénme yánsè de yīfu?

B 我喜欢穿红的。红色的衣服给人一种热情奔放的感觉。
Wǒ xǐhuan chuān hóng de. Hóngsè de yīfu gěi rén yì zhǒng rèqíng bēnfàng de gǎnjué.

★ 바꿔 말하기

B 黄的。黄色的衣服看起来十分可爱
huáng de. Huángsè de yīfu kàn qǐlái shífēn kě'ài

黑的。黑色的衣服给人一种端庄的感觉
hēi de. Hēisè de yīfu gěi rén yì zhǒng duānzhuāng de gǎnjué

3 色彩的搭配

A 我今天穿的衬衣和裙子的颜色还算搭配得不错吧？
Wǒ jīntiān chuān de chènyī hé qúnzi de yánsè hái suàn dāpèi de búcuò ba?

B 白色配蓝色，看起来很清爽。
Báisè pèi lánsè, kàn qǐlái hěn qīngshuǎng.

★ 바꿔 말하기

B 白色配黑色 / 太素净了 | 黑色配蓝色 / 不太协调
Báisè pèi hēisè / tài sùjìng le | Hēisè pèi lánsè / bú tài xiétiáo

浅 qiǎn (색이) 연하다 | 藕荷 ǒuhé 옅은 자주색 | 连衣裙 liányīqún 원피스 | 粉红色 fěnhóngsè 분홍색 | 乳白色 rǔbáisè 유백색, 베이지색 | 正装 zhèngzhuāng 정장 | 奔放 bēnfàng 힘차게 내뿜다, 솟구치다 | 端庄 duānzhuāng 단정하고 장중하다 | 衬衣 chènyī 셔츠, 블라우스 | 清爽 qīngshuǎng 시원하다, 맑고 상쾌하다 | 素净 sùjìng 수수하다, 점잖다 | 协调 xiétiáo 어울리다

실력이 늘다

听和说 🎧03-06

1 请根据录音内容，回答下列问题。

① 全世界销售的汽车中哪两种颜色居首位？ _____

② 韩国的汽车以哪些色调为主？ _____

③ 北美的汽车在色彩方面有哪些特点？ _____

④ 在中国什么颜色的汽车最多？ _____

2 请利用下列词语，简单地说明录音的内容。

> 销售量　喜爱　比率

_____

_____

3 请你想一想并说一说，为什么喜欢红色的中国人在选购汽车时偏爱黑白色调。

写和说

1 请利用下列生词造句，并大声朗读。

① 还……呢　　→ _____

② 各有各的……　　→ _____

③ 受……　　→ _____

读和说

1 请阅读下面的短文，并选择恰当的句子填空。

> 　　听说中国人很喜欢红色。以前我曾应邀参加中国朋友的婚礼。到了中国朋友结婚的地点___①___，新娘穿红旗袍戴红花，酒店的桌椅都铺着红布，人们放红色的鞭炮，给新人用红色信封装好的红包……但我在电视里看到中国的皇帝不穿红色的龙袍，___②___，觉得很奇怪，所以我请教身边的中国朋友，他们告诉我，___③___，在封建社会只有皇帝才能穿黄色的衣服。
>
> 应邀 yìngyāo 초대에 응하다 ｜ 红布 hóngbù 붉은 천 ｜ 龙袍 lóngpáo 용포

ⓐ 中国古代"以黄为贵"

ⓑ 我才发现那里是一片红色的海洋

ⓒ 只穿黄色的龙袍

2   请参考上面的短文，给大家介绍一下中国人喜欢的颜色和韩国人喜欢的颜色。

_____

_____

想和说

1   请根据下面的漫画内容，与同桌进行对话。

_____

_____

화려한 색의 향연, 당삼채

당삼채(唐三彩, tángsāncǎi)란 백색 바탕에 녹색·갈색·남색 등의 유약으로 여러 무늬를 묘사한 당나라의 도기를 말한다. 주로 백색·녹색·갈색의 3색으로 배합된 것이 많아서 삼채라는 이름이 붙었다. 귀족 묘의 부장품으로, 당나라의 수도인 창안(长安, Cháng'ān)과 뤄양(洛阳, Luòyáng) 부근에서 주로 제작되었다. 19세기 말 뤄양 부근에서 철도 공사를 하던 중 대량으로 출토되어 세상에 알려지게 되었다. 주로 측천무후 시기부터 제작되었고 안사의 난 후에는 사라진 것으로 보인다. 이 시기는 당나라의 국력이 가장 강하고 사회가 안정되어 경제가 번영했으며 대외 교역이 활발하던 시기다. 출토된 유물 중에는 크고 작은 남녀의 인물상이나 묘지의 수호신으로 말·낙타·사자·개 등의 동물과 항아리·병·쟁반 등의 기물이 있는데, 이것들은 당시의 생활상과 귀족들의 호화로운 취향을 잘 보여준다. 특히 외래문화의 영향을 받은 양식은 당나라 때에 대외 교류가 활발했음을 나타낸다.

당삼채의 기원은 확실하지 않으나, 대체로 한(汉)나라에서 근원을 찾고 있고, 그 문양이나 색채의 조합으로 보아 이란의 영향도 받은 것으로 보인다. 기존에 한 가지 색의 유약을 바르던 단조로운 양식에서 탈피하여 당삼채는 여러 가지 색의 유약을 사용하여 화려하고 생동감 있는 작품을 만들어냈다. 고도의 기교를 사용하고 있어서 당시 저화도 유약의 눈부신 발달을 보여주는 한편, 나라삼채·발해삼채·요송삼채·신라삼채 등에 큰 영향을 미쳤다.

당삼채는 중국 도자기 역사의 새로운 시대를 열었으며 당나라의 휘황찬란한 예술 성과를 보여 주고 있다.

당삼채 마상

04

中国人好像
对谐音词很敏感。

중국인은 해음어에 민감한 것 같아요.

1 중국어의 해음과
관련된 표현

2 '要A有A，要B有B'
구문 표현

3 '未必……'를 이용
한 부분 부정 표현

- 女士 nǚshì 몡숙녀, 여사
- 皮鞋 píxié 몡가죽 구두
- 人品 rénpǐn 몡인품
- 恋人 liànrén 몡애인, 연인
- 对方 duìfāng 몡상대방
- 逃跑 táopǎo 동달아나다, 도망치다
- 再说 zàishuō 젭게다가
- 眼光 yǎnguāng 몡안목, 관점
- 未必 wèibì 동반드시 ~한 것은 아니다
- 不至于 búzhìyú 동~에 이르지 못하다
- 讲究 jiǎngjiu 몡따져볼 만한 것
- 梨 lí 몡배
- 分离 fēnlí 동헤어지다, 이별하다
- 敏感 mǐngǎn 톙민감하다, 예민하다
- 例子 lìzi 몡예, 보기
- 送礼 sònglǐ 동선물하다
- 举行 jǔxíng 동거행하다
- 葬礼 zànglǐ 몡장례(식)
- 送终 sòngzhōng 동장례를 치르다
- 彩色 cǎisè 몡색, 컬러
- 图案 tú'àn 몡도안
- 有余 yǒuyú 동여유가 있다
- 手头 shǒutóu 몡경제 사정, 주머니 사정

- 绰绰有余 chuò chuò yǒuyú 솅여유가 많다, 매우 넉넉하다
- 车牌 chēpái 몡차량 번호판
- 奥运会 Àoyùnhuì 몡올림픽
- 开幕式 kāimùshì 몡개막식
- 撒满 sǎmǎn 동가득 퍼지다
- 枣儿 zǎor 몡대추
- 栗子 lìzi 몡밤
- 精通 jīngtōng 동정통하다
- 年糕 niángāo 몡(중국식) 설 떡
- 意寓 yìyù 동함축하다
- 除夕 chúxī 몡섣달 그믐날 밤
- 年夜饭 niányèfàn 몡섣달 그믐날 밤에 먹는 음식
- 鲤鱼 lǐyú 몡잉어
- 预示 yùshì 동예시하다
- 利润 lìrùn 몡이윤
- 丰厚 fēnghòu 톙푸짐하다, 풍성하다
- 半夜 bànyè 몡한밤중, 심야
- 子时 zǐshí 몡자시[밤 11시~새벽 1시]
- 交叉 jiāochā 동교차하다
- 喜庆 xǐqìng 톙경사스럽다
- 团圆 tuányuán 동온 가족이 한 자리에 모이다
- 如意 rúyì 동뜻대로 되다

제1강세, 제2강세, 띄어 읽기로 리듬을 느끼며 다음 문장을 익혀 보세요. 🎧 04-02

①

我女朋友 // 要外貌 / 有外貌，
Wǒ nǚpéngyou yào wàimào yǒu wàimào,

要人品 / 有人品， // 只要是 / 好看的东西，
yào rénpǐn yǒu rénpǐn, zhǐyào shì hǎokàn de dōngxi,

我都想买来 / 送给她。
wǒ dōu xiǎng mǎi lái sòng gěi tā.

내 여자친구는 외모면 외모, 인품이면 인품 다 좋아서 예쁜 물건이면 모두 사서 선물하고 싶어요.

②

再说 // 男人 / 和女人的眼光 / 不一样，
Zàishuō nánrén hé nǚrén de yǎnguāng bù yíyàng,

男人 / 觉得漂亮的，
nánrén juéde piàoliang de,

女人 / 未必就喜欢。
nǚrén wèibì jiù xǐhuan.

게다가 남자와 여자는 안목이 달라서 남자는 예쁘다고 생각해도 여자가 반드시 좋아하는 건 아니에요.

③

年糕又称"年年糕"，
Niángāo yòu chēng "niánniángāo",

与"年年高"谐音，
yǔ "niánnián gāo" xiéyīn,

意寓 / 人们的生活 / 一年比一年提高。
yìyù rénmen de shēnghuó yì nián bǐ yì nián tígāo.

年糕는 '年年糕'라고도 하는데, '年年高(해마다 높아진다)'와 해음이 되어서 사람들의 생활이 해마다 향상된다는 의미를 담고 있다.

1　　　　　　　　　　　　　　　　　　　　　　　　　　🎧 04-03

장민주　你怎么买了一双女士皮鞋？莫非是要送给你的女朋友？
　　　　Nǐ zěnme mǎi le yì shuāng nǚshì píxié?　Mòfēi shì yào sòng gěi nǐ de nǚpéngyou?

우더화　那当然啦。我女朋友要外貌有外貌，要人品有人品，
　　　　Nà dāngrán la.　Wǒ nǚpéngyou yào wàimào yǒu wàimào, yào rénpǐn yǒu rénpǐn,

　　　　只要是好看的东西，我都想买来送给她。
　　　　zhǐyào shì hǎokàn de dōngxi, wǒ dōu xiǎng mǎi lái sòng gěi tā.

장민주　可是在韩国，恋人之间是不送鞋的。因为在韩国有这样
　　　　Kěshì zài Hánguó, liànrén zhījiān shì bú sòng xié de.　Yīnwèi zài Hánguó yǒu zhèyàng

　　　　的说法，如果送给对方鞋，那么对方就会穿着那双鞋
　　　　de shuōfǎ, rúguǒ sòng gěi duìfāng xié, nàme duìfāng jiù huì chuān zhe nà shuāng xié

　　　　逃跑。再说男人和女人的眼光不一样，男人觉得漂亮的，
　　　　táopǎo.　Zàishuō nánrén hé nǚrén de yǎnguāng bù yíyàng, nánrén juéde piàoliang de,

　　　　女人未必就喜欢。
　　　　nǚrén wèibì jiù xǐhuan.

우더화　不至于有这么多讲究吧。在中国，恋人之间不分吃一个梨，
　　　　Búzhìyú yǒu zhème duō jiǎngjiu ba.　Zài Zhōngguó, liànrén zhījiān bù fēn chī yí ge lí,

　　　　因为"分梨"与代表"分手"的"分离"发音相同。
　　　　yīnwèi "fēnlí" yǔ dàibiǎo "fēnshǒu" de "fēnlí" fāyīn xiāngtóng.

장민주　中国人好像对谐音词很敏感，你能不能再给我举几个例子？
　　　　Zhōngguórén hǎoxiàng duì xiéyīncí hěn mǐngǎn, nǐ néng bu néng zài gěi wǒ jǔ jǐ ge lìzi?

우더화　中国人送礼时不送表，因为"表"又称"钟"，"送钟"与
　　　　Zhōngguórén sònglǐ shí bú sòng biǎo, yīnwèi "biǎo" yòu chēng "zhōng", "sòng zhōng" yǔ

　　　　举行葬礼的"送终"谐音。
　　　　jǔxíng zànglǐ de "sòngzhōng" xiéyīn.

장민주　在中国餐馆常常能看到各种画有鱼的彩色图案，
　　　　Zài Zhōngguó cānguǎn chángcháng néng kàn dào gèzhǒng huà yǒu yú de cǎisè tú'àn,

　　　　这是否也与谐音有关呢？
　　　　zhè shìfǒu yě yǔ xiéyīn yǒuguān ne?

우더화　你猜对了，"鱼"和"余"谐音，"有鱼"代表"有余"，
　　　　Nǐ cāi duì le, "yú" hé "yú" xiéyīn, "yǒu yú" dàibiǎo "yǒuyú",

也就是说❶，手头不紧，常常绰绰有余的意思。
yě jiù shì shuō, shǒutóu bùjǐn, chángcháng chuò chuò yǒuyú de yìsi.

장민주 我还听说中国人特别喜欢"八"是因为"发财"的"发"与
Wǒ hái tīngshuō Zhōngguórén tèbié xǐhuan "bā" shì yīnwèi "fācái" de "fā" yǔ

"八"谐音，是吗？
"bā" xiéyīn, shì ma?

우더화 没错，所以中国人的电话号码或车牌号里也都喜欢有
Méicuò, suǒyǐ Zhōngguórén de diànhuà hàomǎ huò chēpái hào li yě dōu xǐhuan yǒu

"八"，就连北京奥运会开幕式的时间也是2008年8月8日
"bā", jiù lián Běijīng Àoyùnhuì kāimùshì de shíjiān yě shì èr líng líng bā nián bā yuè bā rì

晚8点。
wǎn bā diǎn.

장민주 你说的真有意思。 还有没有？
Nǐ shuō de zhēn yǒuyìsi. Hái yǒu méiyǒu?

우더화 结婚那天，人们在新房的床上撒满枣儿和栗子，
Jiéhūn nà tiān, rénmen zài xīnfáng de chuáng shang sǎmǎn zǎor hé lìzi,

因为"枣栗子"与早生贵子的"早立子"谐音。
yīnwèi "zǎo lìzi" yǔ zǎo shēng guìzǐ de "zǎo lìzǐ" xiéyīn.

장민주 你对中国的文化很精通啊！在韩国也有类似的风俗。
Nǐ duì Zhōngguó de wénhuà hěn jīngtōng a! Zài Hánguó yě yǒu lèisì de fēngsú.

婚礼上，新娘会用裙子接住新郎的父母扔过来的枣儿
Hūnlǐ shang, xīnniáng huì yòng qúnzi jiēzhù xīngláng de fùmǔ rēng guòlai de zǎor

和栗子。
hé lìzi.

中国有许多与谐音有关的风俗。南方过年吃年糕，年糕
Zhōngguó yǒu xǔduō yǔ xiéyīn yǒuguān de fēngsú. Nánfāng guònián chī niángāo, niángāo

又称"年年糕"，与"年年高"谐音，意寓人们的生活一年比一年
yòu chēng "niánniángāo", yǔ "niánnián gāo" xiéyīn, yìyù rénmen de shēnghuó yì nián bǐ yì nián

提高。中国人除夕那一天全家人还要聚在一起吃年夜饭，而
tígāo.　　Zhōngguórén chúxī nà yì tiān quánjiārén hái yào jù zài yìqǐ chī niányèfàn, ér

年夜饭一定少不了鱼，其中最常见的又数鲤鱼，因为"鱼"与
niányèfàn yídìng shǎobuliǎo yú, qízhōng zuì chángjiàn de yòu shǔ lǐyú, yīnwèi "yú" yǔ

"余"谐音、"鲤"与"利"谐音，预示利润丰厚、年年有余。
"yú" xiéyīn、"lǐ" yǔ "lì" xiéyīn, yùshì lìrùn fēnghòu、niánnián yǒuyú.

除此之外，中国有些地区过年吃饺子，饺子要待到半夜子时
Chúcǐ zhīwài, Zhōngguó yǒuxiē dìqū guònián chī jiǎozi, jiǎozi yào dài dào bànyè zǐshí

吃，因为这是旧的一年与新的一年相互交叉的时刻，"饺"与
chī, yīnwèi zhè shì jiù de yì nián yǔ xīn de yì nián xiānghù jiāochā de shíkè, "jiǎo" yǔ

"交"谐音，"子"为"子时"，这个时候吃饺子有"喜庆团圆、
"jiāo" xiéyīn, "zǐ" wéi "zǐshí", zhè ge shíhou chī jiǎozi yǒu "xǐqìng tuányuán、

吉祥如意"的意思。
jíxiáng rúyì" de yìsi.

2 의 내용을 바탕으로 대답해 봅시다.

1 在中国南方过年时人们为什么吃年糕?

2 为什么在中国人的年夜饭里一定少不了鱼?

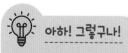

① 也就是说: '다시 말하자면'이라는 뜻으로 앞에서 한 말을 바꿔서 말할 때 쓴다.

표현 날개를 달다

要A有A，要B有B

'A면 A, B면 B 다 있다'라는 뜻으로, '要' 뒤와 '有' 뒤에 동일한 명사나 동사가 온다.

我女朋友要外貌有外貌，要人品有人品。
Wǒ nǚpéngyou yào wàimào yǒu wàimào, yào rénpǐn yǒu rénpǐn.

我们要技术有技术，要经验有经验，比他们强多了。
Wǒmen yào jìshù yǒu jìshù, yào jīngyàn yǒu jīngyàn, bǐ tāmen qiáng duō le.

'A면 A, B면 B 다 없다'라는 뜻으로는 '要A没A, 要B没B'를 쓴다.

他要长相没长相，要人品没人品，我真不明白小金为什么喜欢他。
Tā yào zhǎngxiàng méi zhǎngxiàng, yào rénpǐn méi rénpǐn, wǒ zhēn bù míngbai xiǎo Jīn wèishénme xǐhuan tā.

技术 jìshù 기술 | 长相 zhǎngxiàng 용모, 외모

'要A有A，要B有B' 혹은 '要A没A，要B没B'와 괄호 안의 표현을 활용하여 문장을 완성해 보세요.

① 我＿＿＿＿＿＿＿＿＿＿＿＿，随时可以请你吃饭。(钱，时间)

② 我给你介绍的这个人＿＿＿＿＿＿＿＿＿＿，你一定会喜欢的。(学问，气质)

③ 这个演员＿＿＿＿＿＿＿＿＿＿，我不喜欢。(演技，个性)
　　　yǎnyuán 배우, 연기자

再说

'게다가'라는 뜻으로 앞에서 말한 이유보다 더한 이유를 덧붙일 때 쓰인다.

再说男人和女人的眼光不一样。
Zàishuō nánrén hé nǚrén de yǎnguāng bù yíyàng.

大连非常漂亮，再说你也应该休息休息了，我们一起去大连旅游怎么样？
Dàlián fēicháng piàoliang, zàishuō nǐ yě yīnggāi xiūxi xiūxi le, wǒmen yìqǐ qù Dàlián lǚyóu zěnmeyàng?

大连 Dàlián 다롄

'再说'와 괄호 안의 표현을 활용하여 문장을 완성해 보세요.

① 麻烦了你一整天，＿＿＿＿＿＿＿＿＿＿，我该走了。(早)

② 外面天气很冷，＿＿＿＿＿＿＿＿＿＿，今天就不出去了。(舒服)

③ 这家餐厅的菜味道不错，价格也很便宜，＿＿＿＿＿＿＿＿＿＿，
我们就在这儿吃吧。(近)

未必……

'반드시 ~한 것은 아니다'라는 뜻으로 부분 부정을 나타낼 때 쓰인다.

男人觉得漂亮的，女人未必就喜欢。
Nánrén juéde piàoliang de, nǚrén wèibì jiù xǐhuan.

他说的未必可靠。
Tā shuō de wèibì kěkào.

可靠 kěkào 믿을 만하다, 확실하다

'未必'를 활용한 문장으로 바꾸어 보세요.

① 美国队不一定比我们强。

　　→ _____

② 跳槽对年轻人来说不一定是一件坏事。

　　→ _____

③ 他不一定是你想象中的那种人。

　　→ _____

不至于……

'~할 정도에는 이르지 않는다'라는 뜻으로, 뒤에는 대개 화자가 일어나지 않기를 바라는 일이 나온다.

不至于有这么多讲究吧。
Búzhìyú yǒu zhème duō jiǎngjiu ba.

如果早点儿去医院看病，不至于到这种地步吧。
Rúguǒ zǎodiǎnr qù yīyuàn kànbìng, búzhìyú dào zhè zhǒng dìbù ba.

地步 dìbù 지경, 상태

그림을 보고 '不至于'를 활용하여 문장을 완성해 보세요.

我的汉语水平不太高，但

_____。

这么点儿小事_____

_____。

今天我身体很不舒服，但

_____。

1 **有关数字的谐音**

A 中国人喜欢哪些数字？
Zhōngguórén xǐhuan nǎxiē shùzì?

B 中国人喜欢8，因为8与"发财"的"发"谐音。
Zhōngguórén xǐhuan bā, yīnwèi bā yǔ "fācái" de "fā" xiéyīn.

★ 바꿔 말하기

B 6，因为6与"流"的发音相似，表示顺通无阻，一帆风顺
liù, yīnwèi liù yǔ "liú" de fāyīn xiāngsì, biǎoshì shùn tōng wúzǔ, yì fān fēng shùn

9，因为9与"久"发音相同，表示天长地久，健康长寿
jiǔ, yīnwèi jiǔ yǔ "jiǔ" fāyīn xiāngtóng, biǎoshì tiān cháng dì jiǔ, jiànkāng chángshòu

2 **禁忌**

A 中国人有哪些禁忌？
Zhōngguórén yǒu nǎxiē jìnjì?

B 中国人忌讳送钟表，因为"送钟"与办丧事的"送终"谐音。
Zhōngguórén jìhuì sòng zhōngbiǎo, yīnwèi "sòng zhōng" yǔ bàn sāngshì de "sòngzhōng" xiéyīn.

★ 바꿔 말하기

B "四" / "四"与"死亡"的"死"谐音
"sì" / "sì" yǔ "sǐwáng" de "sǐ" xiéyīn

分梨吃 / "分梨"与表示分手的"分离"谐音
fēn lí chī / "fēn lí" yǔ biǎoshì fēnshǒu de "fēnlí" xiéyīn

3 **有关风俗的谐音**

A 与风俗有关的谐音有哪些？
Yǔ fēngsú yǒuguān de xiéyīn yǒu nǎxiē?

B 面条很长，所以中国人过生日的时候喜欢吃面条
Miàntiáo hěn cháng, suǒyǐ Zhōngguórén guò shēngrì de shíhou xǐhuan chī miàntiáo

祈愿"健康长寿"。
qíyuàn "jiànkāng chángshòu".

★ 바꿔 말하기

B "汤元"与"团圆"发音相似，因此有正月十五吃汤元的习俗
"Tāngyuán" yǔ "tuányuán" fāyīn xiāngsì, yīncǐ yǒu zhēngyuè shíwǔ chī tāngyuán de xísú

"苹果"的"苹"与"平安"的"平"谐音，因此中国人送礼时喜欢送苹果
"Píngguǒ" de "píng" yǔ "píng'ān" de "píng" xiéyīn, yīncǐ Zhōngguórén sònglǐ shí xǐhuan sòng píngguǒ

无阻 wúzǔ 지장이 없다, 막힘이 없다 | **禁忌** jìnjì 금기 | **钟表** zhōngbiǎo 시계 | **祈愿** qíyuàn 기원하다, 바라다 | **习俗** xísú 풍속

실력이 늘다

听和说 🎧04-06

1 请根据录音内容，回答下列问题。

① 中国人为什么不喜欢7？ _____

② 中国人最喜欢哪个数字？为什么？ _____

③ 西方人和中国人最忌讳的数字各是什么？ _____

④ 日本人为什么忌讳9？ _____

2 请利用下列词语，简单地说明录音的内容。

> 数字　文化内涵　谐音

_____

_____

3 请参考上面的短文，给大家介绍一下你最喜欢或最讨厌的数字。

写和说

1 请利用下列生词造句，并大声朗读。

① 要A有A，要B有B　→ _____

② 再说　→ _____

③ 未必……　→ _____

读和说

1 请阅读下面的短文，并选择恰当的句子填空。

> 　　中国人把圣诞节的前一天晚上叫做"平安夜"。因为"苹果"的"苹"与"平安夜"的"平"谐音，____①____。平安夜的前一天，为了送给中国朋友们好吃的苹果，我来到了水果店，____②____。为了买到苹果，我几乎跑遍了整个小城，____③____。虽然我很累，但想到中国朋友可以收到我对他们的"祝福"，我感到很值得。
>
> 圣诞节 Shèngdàn Jié 크리스마스 | 祝福 zhùfú 축복

ⓐ 所以中国人流行在平安夜送苹果

ⓑ 最后终于买到了一些苹果

ⓒ 可令人吃惊的是苹果早已销售一空
yìkōng 아무것도 없다, 텅 비다

2 请参考上面的短文，给大家介绍一下与谐音问题有关的亲身经历。

_____

_____

（想和说）

1 请根据下面的漫画内容，与同桌进行对话。

_____

_____

중국의 춘제 풍속도

중국의 최대 명절은 바로 음력 1월 1일 춘제(春节, Chūnjié)인데, 춘제가 시작되기 며칠 전부터 집집마다 명절 준비로 분주하다. 섣달 그믐날은 추시(除夕, chúxī)라고 하는데 묵은 것을 없애는 날이라는 뜻이다. 이날 저녁 온 가족이 함께 모여 식사를 하고 담소를 즐긴다. 이날은 밤을 지새우며 새해를 맞이하는데 이를 서우쑤이(守岁, shǒusuì)라고 한다. 새해 0시, 즉 자시(子时)가 되면 전날 미리 준비해 둔 자오즈(饺子, jiǎozi)를 먹는다. 자시는 묵은해와 새해가 교차하는 시각이기 때문에 교차한다는 의미의 交(jiāo)와 자시의 子(zǐ)와 해음이 되는 자오즈를 먹는 것이다. 어떤 지방에서는 이날 먹을 자오즈 중 하나에 동전을 넣어서 빚는데, 동전이 들어있는 자오즈를 고른 사람은 그 해 운수가 대통해서 돈을 많이 번다고 여긴다.

이 시각에는 또한 여기저기에서 폭죽 터지는 소리가 울린다. 새해가 시작되는 시간에 맞춰 폭죽을 터뜨리는 것은 귀신이 놀라 도망가서 액운이 사라지고 새해에는 대길하기를 기원하는 것이다.

중국에서도 춘제 때 우리나라와 마찬가지로 아이들은 세뱃돈을 받는다. 청나라 때는 채색 끈으로 동전을 엮어서 줬는데 동전이 지폐로 바뀐 후에는 훙바오(红包)에 넣어서 주게 되었다. 설날 아이들이 받는 세뱃돈을 야쑤이첸(压岁钱, yāsuìqián)이라고 하는데, 야쑤이첸은 아이의 베개 밑에 숨겨 두기도 하고 직접 주기도 한다. 귀신이 인간에게 끼치는 재앙이나 화를 의미하는 '祟(suì)'가 '岁'와 발음이 같아서 야쑤이첸은 재앙을 누른다(压)는 의미를 가지고 있다. 야쑤이첸을 아이에게 주면 재앙을 끼치려는 귀신에게 이 돈을 주어서 재앙을 복으로 바꿀 수 있다고 한다.

춘제 아침에는 새 옷으로 갈아입고 친지나 친구 집을 방문해서 새해 인사를 하는데, 이때 '过年好(guònián hǎo)!' 혹은 '恭喜发财(gōngxǐ fācái)!' 등의 인사말을 나눈다.

춘제 장식과 폭죽

05

为什么看京剧既叫 "看戏" 也叫 "听戏" 呢?

왜 경극을 보는 것을 '극을 본다'고도 하고
'극을 듣는다'고도 하나요?

이 과의 학습 목표

1
중국 전통극과
관련된 표현

2
'为(了)……起见'
구문 표현

3
'用以'를 이용한
수단 표현

- 京剧 jīngjù 몡 경극
- 剧院 jùyuàn 몡 극장
- 直接 zhíjiē 혱 직접적인
- 观看 guānkàn 동 관람하다, 보다
- 涂 tú 동 바르다, 칠하다
- 化妆 huàzhuāng 동 화장하다
- 忠诚 zhōngchéng 혱 충성스럽다
- 正直 zhèngzhí 혱 정직하다, 바르고 곧다
- 奸诈 jiānzhà 혱 간사하다
- 道具 dàojù 몡 공연 도구, 촬영 소품
- 桨 jiǎng 몡 (배를 젓는) 노
- 鞭子 biānzi 몡 채찍
- 特定 tèdìng 혱 특정한
- 戏 xì 몡 연극
- 区别 qūbié 몡 차이, 구별
- 演唱 yǎnchàng 동 노래를 부르다
- 念白 niànbái 몡 대사
- 武打 wǔdǎ 몡 격투, 무술
- 主角 zhǔjué 몡 주인공, 주연
- 扮演 bànyǎn 동 ~역을 맡아 하다
- 演戏 yǎnxì 동 연기하다, 공연하다
- 百闻不如一见 bǎi wén bùrú yí jiàn 셍 백문이 불여일견이다

- 戏院 xìyuàn 몡 극장
- 名角 míngjué 몡 유명 배우
- 盛情难却 shèngqíng nán què 셍 다른 사람의 후의를 거절하기 어렵다
- 体会 tǐhuì 동 체험하여 터득하다
- 精髓 jīngsuǐ 몡 정수
- 变脸 biànliǎn 몡 변검[쓰촨 지방의 전통극에서 배우가 빠르게 가면을 바꾸는 것]
- 川剧 chuānjù 몡 천극[쓰촨 지방의 전통극]
- 塑造 sùzào 동 인물을 형상화하다
- 特技 tèjì 몡 특기
- 情绪 qíngxù 몡 정서, 감정
- 状态 zhuàngtài 몡 상태
- 惊恐 jīngkǒng 혱 두렵다
- 恼怒 nǎonù 동 성내다, 노하다
- 绝望 juéwàng 동 절망하다
- 乃至 nǎizhì 젭 심지어, 더 나아가서
- 表演 biǎoyǎn 동 공연하다, 연기하다
- 变换 biànhuàn 동 바꾸다, 변환하다
- 展现 zhǎnxiàn 동 나타나다
- 敏捷 mǐnjié 혱 민첩하다, 빠르다
- 惊叹 jīngtàn 동 경탄하다
- 喝彩 hècǎi 동 갈채하다

제1강세, 제2강세, 띄어 읽기로 리듬을 느끼며 다음 문장을 익혀 보세요.　🎧 05-02

①

我在 / 电视上 / 看过几次，
Wǒ zài diànshì shang kàn guo jǐ cì,

根本 / 听不懂 / 说的是什么，
gēnběn tīng bu dǒng shuō de shì shénme,

一点儿意思 / 都没有。
yìdiǎnr yìsi dōu méiyǒu.

텔레비전에서 몇 번 봤는데 무슨 말을 하는지 전혀 못 알아듣겠고 재미가 하나도 없던데요.

②

如果 / 演员手里 / 拿着桨，
Rúguǒ yǎnyuán shǒuli ná zhe jiǎng,

说明 / 他在船上；
shuōmíng tā zài chuán shang;

如果 / 演员手里 / 拿着鞭子，
rúguǒ yǎnyuán shǒuli ná zhe biānzi,

说明 / 他正在骑马。
shuōmíng tā zhèngzài qímǎ.

만약 배우가 손에 노를 들고 있다면 그가 배 위에 있다는 뜻이고, 만약 배우가 손에 채찍을 들고 있다면 그가 지금 말을 타고 있다는 뜻이죠.

③

在旧社会 // 女人 / 是不能演戏的，
Zài jiù shèhuì nǚrén shì bù néng yǎnxì de,

不过现在 / 男女平等，
búguò xiànzài nánnǚ píngděng,

不论男女 / 都能演戏。
búlùn nánnǚ dōu néng yǎnxì.

옛날 사회에서는 여자는 연기를 할 수 없었지만, 지금은 남녀평등이라 남자든 여자든 모두 연기할 수 있어요.

1 🎧 05-03

추이시우란 来中国以后还没看过京剧吧? 周末一起去看京剧怎么样?
Lái Zhōngguó yǐhòu hái méi kàn guo jīngjù ba? Zhōumò yìqǐ qù kàn jīngjù zěnmeyàng?

이동환 我在电视上看过几次, 根本听不懂说的是什么,
Wǒ zài diànshì shang kàn guo jǐ cì, gēnběn tīng bu dǒng shuō de shì shénme,

一点儿意思都没有。
yìdiǎnr yìsi dōu méiyǒu.

추이시우란 以前我也这么认为, 可去剧院直接观看以后,
Yǐqián wǒ yě zhème rènwéi, kě qù jùyuàn zhíjiē guānkàn yǐhòu,

感觉就大不一样了。
gǎnjué jiù dà bù yíyàng le.

이동환 京剧人物为什么把自己的脸涂得又红又青?
Jīngjù rénwù wèishénme bǎ zìjǐ de liǎn tú de yòu hóng yòu qīng?

每次看到他们的化妆我都会忍不住❶笑起来。
Měicì kàn dào tāmen de huàzhuāng wǒ dōu huì rěn bu zhù xiào qǐlái.

추이시우란 这是因为在京剧中每一种颜色都有不同的含义。
Zhè shì yīnwèi zài jīngjù zhōng měi yì zhǒng yánsè dōu yǒu bùtóng de hányì.

红脸代表忠诚, 黑脸代表正直, 白脸则代表奸诈。
Hóngliǎn dàibiǎo zhōngchéng, hēiliǎn dàibiǎo zhèngzhí, báiliǎn zé dàibiǎo jiānzhà.

이동환 原来是这样。京剧演员们手里还常常拿着一些道具,
Yuánlái shì zhèyàng. Jīngjù yǎnyuánmen shǒuli hái chángcháng ná zhe yìxiē dàojù,

莫非这些道具也有一定的含义?
mòfēi zhèxiē dàojù yě yǒu yídìng de hányì?

추이시우란 没错, 如果演员手里拿着桨, 说明他在船上;
Méicuò, rúguǒ yǎnyuán shǒuli ná zhe jiǎng, shuōmíng tā zài chuán shang;

如果演员手里拿着鞭子, 说明他正在骑马。
rúguǒ yǎnyuán shǒuli ná zhe biānzi, shuōmíng tā zhèngzài qímǎ.

京剧中的很多动作和道具都具有特定的象征意义。
Jīngjù zhōng de hěn duō dòngzuò hé dàojù dōu jùyǒu tèdìng de xiàngzhēng yìyì.

이동환 为什么看京剧既叫"看戏"也叫"听戏"呢? 两者有什么区别?
Wèishénme kàn jīngjù jì jiào "kàn xì" yě jiào "tīng xì" ne? Liǎngzhě yǒu shénme qūbié?

추이시우란　京剧讲究"唱、念、做、打"，"唱"指演唱，"念"指念白，
Jīngjù jiǎngjiu "chàng、niàn、zuò、dǎ", "chàng" zhǐ yǎnchàng, "niàn" zhǐ niànbái,

　　　　　"做"指动作，"打"指武打等技艺。但京剧以"歌"为主，
"zuò" zhǐ dòngzuò, "dǎ" zhǐ wǔdǎ děng jìyì.　　Dàn jīngjù yǐ "gē" wéi zhǔ,

　　　　　因此既可以说"看戏"也可以说"听戏"。
yīncǐ jì kěyǐ shuō "kàn xì" yě kěyǐ shuō "tīng xì".

이동환　　在电影《霸王别姬》中，京剧中的女主角都是由男人扮演的，
Zài diànyǐng 《Bàwángbiéjī》 zhōng, jīngjù zhōng de nǚ zhǔjué dōu shì yóu nánrén bànyǎn de,

　　　　　这是为什么呢？
zhè shì wèishénme ne?

추이시우란　在旧社会女人是不能演戏的，不过现在男女平等，不论
Zài jiù shèhuì nǚrén shì bù néng yǎnxì de, búguò xiànzài nánnǚ píngděng, búlùn

　　　　　男女都能演戏。百闻不如一见，你还是跟我一起去戏院，
nánnǚ dōu néng yǎnxì.　　Bǎi wén bùrú yí jiàn, nǐ háishi gēn wǒ yìqǐ qù xìyuàn,

　　　　　我们边看边讲，怎么样？周末的这场戏，都是名角。
Wǒmen biān kàn biān jiǎng, zěnmeyàng? Zhōumò de zhè chǎng xì, dōu shì míngjué.

　　　　　为了保险起见，我还特意在网上订了两张票。
Wèile bǎoxiǎn qǐjiàn, wǒ hái tèyì zài wǎngshàng dìng le liǎng zhāng piào.

이동환　　盛情难却，那我就跟你去体会一下"东方歌剧"的精髓。
Shèngqíng nán què, nà wǒ jiù gēn nǐ qù tǐhuì yíxià "dōngfāng gējù" de jīngsuǐ.

变脸是川剧艺术中塑造人物的一种特技，用以表现剧中
Biànliǎn shì chuānjù yìshù zhōng sùzào rénwù de yì zhǒng tèjì, yòngyǐ biǎoxiàn jù zhōng

人物的情绪、心理状态的突然变化——或惊恐，或恼怒，或
rénwù de qíngxù、xīnlǐ zhuàngtài de tūrán biànhuà—huò jīngkǒng, huò nǎonù, huò

绝望等等，达到"相随心变"的艺术效果。变脸有3变、5变乃至
juéwàng děngděng, dá dào "xiàng suí xīn biàn" de yìshù xiàoguǒ. Biànliǎn yǒu sān biàn、wǔ biàn nǎizhì

9变。在变脸的过程中，表演者可通过黑、白、红、黄、蓝、
jiǔ biàn. Zài biànliǎn de guòchéng zhōng, biǎoyǎnzhě kě tōngguò hēi、bái、hóng、huáng、lán、

绿、金等不同色彩的变换展现剧中人物情绪的变化。有些
lǜ、jīn děng bùtóng sècǎi de biànhuàn zhǎnxiàn jù zhōng rénwù qíngxù de biànhuà.   Yǒuxiē

表演者在变脸的同时，还能变换服装的色彩。其动作之敏捷，
biǎoyǎnzhě zài biànliǎn de tóngshí, hái néng biànhuàn fúzhuāng de sècǎi. Qí dòngzuò zhī mǐnjié,

使得观众无不❷为之惊叹、喝彩。
shǐde guānzhòng wúbú wèi zhī jīngtàn、hècǎi.

2 의 내용을 바탕으로 대답해 봅시다.

1 在剧中通过变脸可以表现什么？

2 请你对变脸做一下简单的说明。

아하! 그렇구나!

❶ 忍不住: '참을 수 없다'라는 뜻의 가능보어 형태다.

❷ 无不: '~하지 않는 사람이 없다'라는 뜻의 문어적 표현이다.

由

명사나 명사구 앞에 쓰여 동작의 주체를 나타낸다.

京剧中的女主角都是由男人扮演的。
Jīngjù zhōng de nǚ zhǔjué dōu shì yóu nánrén bànyǎn de.

你先让她到你这儿来，然后由你给她安排一份工作。
Nǐ xiān ràng tā dào nǐ zhèr lái, ránhòu yóu nǐ gěi tā ānpái yí fèn gōngzuò.

박스 안의 표현 중 알맞은 하나를 넣어 문장을 완성해 보세요.

> 由我请客　　由你自己选择　　由我丈夫来做

① 要吸烟还是要健康，＿＿＿＿＿＿＿＿＿＿＿＿＿＿＿。

② 今天是我的生日，当然＿＿＿＿＿＿＿＿＿＿＿＿＿。

③ 我负责打扫房间，饭则＿＿＿＿＿＿＿＿＿＿＿＿＿。

为(了)……起见

'~을 위해서'라는 뜻으로 원인이나 목적을 나타낸다. '起见'은 단독으로는 쓸 수 없다.

为了保险起见，我还特意在网上订了两张票。
Wèile bǎoxiǎn qǐjiàn, wǒ hái tèyì zài wǎngshàng dìng le liǎng zhāng piào.

他们俩同名，为了区别起见，我在他们的名字前面分别加上了"老"字和"小"字。
Tāmen liǎ tóngmíng, wèile qūbié qǐjiàn, wǒ zài tāmen de míngzi qiánmiàn fēnbié jiāshàng le "lǎo" zì hé "xiǎo" zì.

그림을 보고 '为(了)……起见'을 활용하여 문장을 완성해 보세요.

①

今天很可能下雨，＿＿＿＿＿
＿＿＿＿＿＿＿＿＿＿＿＿，
你还是带把伞吧。

②

＿＿＿＿＿＿＿＿＿＿＿＿＿，
她自己做衣服穿。

③

＿＿＿＿＿＿＿＿＿＿＿＿＿，
刮台风的时候最好别出门。

'이를 사용해서'라는 뜻으로 앞에 서술한 내용이 수단임을 나타내며 뒤에는 동사나 동사구가 온다. 주로 서면어에 쓰인다.

变脸是川剧艺术中塑造人物的一种特技，用以表现剧中人物的情绪、心理状态的突然变化。
Biànliǎn shì chuānjù yìshù zhōng sùzào rénwù de yì zhǒng tèjì, yòngyǐ biǎoxiàn jù zhōng rénwù de qíngxù、xīnlǐ zhuàngtài de tūrán biànhuà.

他举了几个例子，用以证明他的观点。
Tā jǔ le jǐ ge lìzi, yòngyǐ zhèngmíng tā de guāndiǎn.

证明 zhèngmíng 증명하다

● '用以'와 괄호 안의 표현을 활용하여 문장을 완성해 보세요.

① 我每天坚持和中国朋友交谈两三个小时，＿＿＿＿＿＿＿＿＿＿＿＿＿。（汉语水平）

② 他把省下来的钱＿＿＿＿＿＿＿＿＿＿＿＿＿。（书）

③ 我送给他一件礼物，＿＿＿＿＿＿＿＿＿＿＿＿＿。（感谢）

어떤 일이나 의도가 야기한 결과를 나타낸다. 뒤에는 항상 주어와 술어를 포함한 절이 목적어로 온다.

其动作之敏捷，使得观众无不为之惊叹、喝彩。
Qí dòngzuò zhī mǐnjié, shǐde guānzhòng wúbú wèi zhī jīngtàn、hècǎi.

他的话使得大家深受感动。
Tā de huà shǐde dàjiā shēnshòu gǎndòng.

● '使得'와 괄호 안의 표현을 활용하여 문장을 완성해 보세요.

① 这次成功＿＿＿＿＿＿＿＿＿＿＿＿＿。（恢复自信）

② 汽车的增多＿＿＿＿＿＿＿＿＿＿＿＿＿。（道路拥挤）

③ 老师的一番话＿＿＿＿＿＿＿＿＿＿＿＿＿。（紧张）

1 看电影

A 今天的电影怎么样？
Jīntiān de diànyǐng zěnmeyàng?

B 女主演演得十分感人。
Nǚ zhǔyǎn yǎn de shífēn gǎnrén.

★ 바꿔 말하기

B 内容太肤浅，真没意思 | 最后一个场面给我留下了很深的印象
Nèiróng tài fūqiǎn, zhēn méiyìsi | Zuìhòu yí ge chǎngmiàn gěi wǒ liúxià le hěn shēn de yìnxiàng

2 公共礼仪

A 在剧场应该注意哪些事项？
Zài jùchǎng yīnggāi zhùyì nǎxiē shìxiàng?

B 在演出过程中不得拍照。
Zài yǎnchū guòchéng zhōng bùdé pāizhào.

★ 바꿔 말하기

B 进入剧场之前应关闭手机 | 演出开始后，不得进入剧场
Jìnrù jùchǎng zhīqián yīng guānbì shǒujī | Yǎnchū kāishǐ hòu, bùdé jìnrù jùchǎng

3 文化生活

A 这个周末你打算做什么？
Zhè ge zhōumò nǐ dǎsuan zuò shénme?

B 听说有韩国歌手开个人演唱会，我想去听。
Tīngshuō yǒu Hánguó gēshǒu kāi gèrén yǎnchànghuì, wǒ xiǎng qù tīng.

★ 바꿔 말하기

B 北京展览馆举办埃及文物展，我想去看看
Běijīng Zhǎnlǎnguǎn jǔbàn Āijí wénwùzhǎn, wǒ xiǎng qù kànkan

最近国家大剧院上演歌剧《白毛女》，我想去看
zuìjìn Guójiā Dàjùyuàn shàngyǎn gējù 《Báimáonǚ》, wǒ xiǎng qù kàn

단어 主演 zhǔyǎn 주인공 | 感人 gǎnrén 감동적이다 | 肤浅 fūqiǎn 얕다, 천박하다 | 不得 bùdé ~해서는 안 된다 | 关闭 guānbì 닫다, 끄다 | 演唱会 yǎnchànghuì 콘서트, 음악회 | 埃及 Āijí 이집트 | 上演 shàngyǎn 공연하다, 상연하다

실력이 늘다

听和说 🎧 05-06

1 请根据录音内容，回答下列问题。

① 我什么时候回韩国？ _____

② 中国朋友建议我买什么礼物？ _____

③ 中国朋友给我介绍了哪些知识？ _____

④ 我觉得中国朋友帮我挑选的礼物怎么样？ _____

2 请利用下列词语，简单地说明录音的内容。

> 礼物　京剧脸谱　中国特色

_____

_____

3 请你说一说，如果你去中国，最想买哪些纪念品？

jìniànpǐn 기념품

写和说

1 请利用下列生词造句，并大声朗读。

① 为了……起见　→ _____

② 用以　→ _____

③ 使得　→ _____

读和说

1 请阅读下面的短文，并选择恰当的句子填空。

> 　　上周末我和朋友一起看了电影《变脸》。故事讲述了想传授变脸绝活的"变脸王"与女扮男装的孤儿"狗娃"的故事。____①____，主要讲述了"变脸王"和"狗娃"在历经各种苦难后，"变脸王"终于打破了"传男不传女"的传统观念把"变脸"绝技传授给了"狗娃"的故事。故事的内容生动感人。____②____，看完这部电影后，____③____，因此我和朋友约好下次一起去看变脸表演。
>
> 传授 chuánshòu 전수하다 ｜ 绝活 juéhuó 특기 ｜ 女扮男装 nǚ bàn nánzhuāng 남장하다 ｜ 孤儿 gū'ér 고아

ⓐ 我对变脸产生了极大的兴趣

ⓑ 故事的内容十分复杂

ⓒ 在这之前我对变脸艺术一无所知

yīwú suǒzhī 아무것도 모르다

2 请你给大家介绍一部你看过的中国电影。

_____

_____

想和说

1 请根据下面的漫画内容，与同桌进行对话。

_____

_____

패왕별희, 경극에서 영화로

《패왕별희(霸王別姬, Bàwángbiéjī)》는 중국 경극의 대표적인 작품 중 하나로, 진(秦)나라 말기 초(楚)나라와 한(汉)나라의 전투를 배경으로 하고 있다. 초의 패왕 항우(项羽, Xiàng Yǔ)는 한나라에서 거짓으로 투항해 온 이좌거(李左车, Lǐ Zuǒjū)의 계략에 빠져 출병을 했다가 한나라 군대에 포위를 당한다. 초나라 군대를 사방에서 에워싼 한나라 군대에서 초나라 노랫소리가 들리자 항우는 초나라 군대가 모두 한나라에 투항한 것으로 알고 절망한다. 그러나 사실 이는 한나라 왕 유방(刘邦, Liú Bāng)의 고도의 심리전이었다. '사면초가(四面楚歌)'라는 성어는 바로 이 고사에서 유래한 것이다. 천하의 맹장 항우도 전세가 이미 기울었음을 알고 그와 함께 전장을 따라다니던 애첩 우희(虞姬, Yújī)와 마지막 작별의 술잔을 나눈다. 한평생 항우를 사랑하던 우희는 적군에게 잡혀 욕을 당하기보다 사랑하는 연인 앞에서의 죽음을 택하여 자결한다. 포위를 뚫고 나온 항우도 결국 오강(乌江, Wū Jiāng)에서 자결하고 만다. 세기의 비극적인 사랑을 다룬 경극 《패왕별희》는 전설적인 경극 배우 메이란팡(梅兰芳, Méi Lánfāng)이 주연한 것으로도 유명하다.

동명의 영화 《패왕별희》는 중국의 대표적인 영화감독인 천카이거(陈凯歌, Chén Kǎigē)의 작품으로 칸 영화제 황금종려상, 뉴욕 비평가협회 최우수외국영화상 등 다수의 상을 휩쓴 최고의 중국 영화다. 패왕별희의 항우 역을 하는 경극 배우 샤오루(小楼, Xiǎolóu)와 우희 역을 하는 경극 배우 디에이(蝶衣, Diéyī)의 동성애적인 사랑과 갈등을 소재로 하여 문화대혁명을 전후한 격동기에 자아의 정체성으로 혼란을 겪는 중국인의 고뇌와 번민을 은유적으로 묘사했다. 경극이 보여주는 환상적인 고전 세계와 현실이 보여주는 냉엄한 중국의 현실 세계의 대비가 영화의 극적인 긴장감을 더해 준다. 의문의 죽음을 맞은 장궈롱(张国荣, Zhāng Guóróng)이 주연한 영화로도 유명하다.

경극 패왕별희

06

복습 I

① 성명

1 听了他的名字我直纳闷，他的父母为什么给他起了一个这么奇怪的名字！

Tīng le tā de míngzi wǒ zhí nàmèn, tā de fùmǔ wèishénme gěi tā qǐ le yí ge zhème qíguài de míngzi?

2 "司马"则是以官职为姓，甚至连巫、卜、陶、匠、屠等技艺后来也都成了姓氏。

"Sīmǎ" zé shì yǐ guānzhí wéi xìng, shènzhì lián wū、bǔ、táo、jiàng、tú děng jìyì hòulái yě dōu chéng le xìngshì.

3 以前人们都认为一旦名字没起好就会影响人一生的命运。

Yǐqián rénmen dōu rènwéi yídàn míngzi méi qǐ hǎo jiù huì yǐngxiǎng rén yìshēng de mìngyùn.

4 中国人起名不仅注重每个字的含义，而且十分重视名字整体的和谐与否。

Zhōngguórén qǐmíng bùjǐn zhùzhòng měi ge zì de hányì, érqiě shífēn zhòngshì míngzi zhěngtǐ de héxié yǔfǒu.

5 1949年新中国成立，出生于那个年代的叫"建国"、"解放"的比较多。

Yī jiǔ sì jiǔ nián xīn Zhōngguó chénglì, chūshēng yú nà ge niándài de jiào "Jiànguó"、"Jiěfàng" de bǐjiào duō.

② 신화

1 所谓"炎黄"就是指炎帝和黄帝。

Suǒwèi "YánHuáng" jiù shì zhǐ Yándì hé Huángdì.

2 这就好比韩国的"檀君神话"。

Zhè jiù hǎobǐ Hánguó de "Tánjūn shénhuà".

3 这是韩国自古流传下来的神话。

Zhè shì Hánguó zìgǔ liúchuán xiàlai de shénhuà.

4 我觉得之所以有这些传说，是因为这样的传说可以使一个民族更加团结。

Wǒ juéde zhīsuǒyǐ yǒu zhèxiē chuánshuō, shì yīnwèi zhèyàng de chuánshuō kěyǐ shǐ yí ge mínzú gèngjiā tuánjié.

5 从此人们就用鸽子和橄榄枝来象征和平。

Cóngcǐ rénmen jiù yòng gēzi hé gǎnlǎnzhī lái xiàngzhēng hépíng.

③ 색깔

1 你还中国通呢，怎么连这都不知道？

Nǐ hái Zhōngguótōng ne, zěnme lián zhè dōu bù zhīdao?

2 看起来，每个国家都各有各的特色。

Kàn qǐlái, měi ge guójiā dōu gè yǒu gè de tèsè.

3 受领导宠信或重用的人叫"红人"。
Shòu lǐngdǎo chǒngxìn huò zhòngyòng de rén jiào "hóngrén".

4 韩国人喜欢白色，中国人则偏爱红色和黄色。
Hánguórén xǐhuan báisè, Zhōngguórén zé piān'ài hóngsè hé huángsè.

5 韩国的国旗，以白色为底色，象征韩国人民的纯洁和对和平的热爱。
Hánguó de guóqí, yǐ báisè wéi dǐsè, xiàngzhēng Hánguó rénmín de chúnjié hé duì hépíng de rè'ài.

---

4 해음

1 我女朋友要外貌有外貌，要人品有人品。
Wǒ nǚpéngyou yào wàimào yǒu wàimào, yào rénpǐn yǒu rénpǐn.

2 再说男人和女人的眼光不一样，男人觉得漂亮的，女人未必就喜欢。
Zàishuō nánrén hé nǚrén de yǎnguāng bù yíyàng, nánrén juéde piàoliang de, nǚrén wèibì jiù xǐhuan.

3 不至于有这么多讲究吧。
Búzhìyú yǒu zhème duō jiǎngjiu ba.

4 "有鱼"代表"有余"，也就是说，手头不紧，常常绰绰有余的意思。
"Yǒu yú" dàibiǎo "yǒuyú", yě jiù shì shuō, shǒutóu bùjǐn, chángcháng chuò chuò yǒuyú de yìsi.

5 年糕又称"年年糕"，与"年年高"谐音，意寓人们的生活一年比一年提高。
Niángāo yòu chēng "niánniángāo", yǔ "niánnián gāo" xiéyīn, yìyù rénmen de shēnghuó yì nián bǐ yì nián tígāo.

---

5 경극

1 每次看到他们的化妆我都会忍不住笑起来。
Měicì kàn dào tāmen de huàzhuāng wǒ dōu huì rěn bu zhù xiào qǐlái.

2 京剧中的女主角都是由男人扮演的。
Jīngjù zhōng de nǚ zhǔjué dōu shì yóu nánrén bànyǎn de.

3 为了保险起见，我还特意在网上订了两张票。
Wèile bǎoxiǎn qǐjiàn, wǒ hái tèyì zài wǎngshàng dìng le liǎng zhāng piào.

4 变脸是塑造人物的一种特技，用以表现剧中人物情绪的突然变化。
Biànliǎn shì sùzào rénwù de yì zhǒng tèjì, yòngyǐ biǎoxiàn jù zhōng rénwù qíngxù de tūrán biànhuà.

5 其动作之敏捷，使得观众无不为之惊叹、喝彩。
Qí dòngzuò zhī mǐnjié, shǐde guānzhòng wúbú wèi zhī jīngtàn, hècǎi.

다음 장면을 중국어로 표현해 보세요.

1

참고단어 : 檀君神话

2

참고단어 : 五星红旗

3

참고단어 : 谐音

4

참고단어 : 象征手法

1 주어진 표현을 사용하여 대화를 완성해 보세요.

❶ A: 张明给你介绍的那个人怎么样？

　　B: ＿＿＿＿＿＿＿＿＿＿＿＿＿＿＿＿＿＿＿。(要A有A，要B有B)

❷ A: 这种款式的，我女朋友会喜欢吧？

　　B: ＿＿＿＿＿＿＿＿＿＿＿＿＿＿＿＿＿。(未必)

❸ A: ＿＿＿＿＿＿＿＿＿＿＿＿＿＿＿＿＿。(还……呢)

　　B: 现在有名的歌手太多了，韩国人也不一定都知道啊。

❹ A: 你说我们用不用预订一下电影票？

　　B: ＿＿＿＿＿＿＿＿＿＿＿＿＿＿＿＿＿。(为了……起见)

❺ A: 小张周末就要回国了，你说我们怎么向她表示感谢好呢？

　　B: ＿＿＿＿＿＿＿＿＿＿＿＿＿＿＿＿＿。(用以)

2 단문을 읽고 괄호 안의 단어가 들어갈 곳을 찾아 보세요.

❶ ＿＿ⓐ＿＿中国人起名不仅注重每个字的含义，而且十分重视名字整体的和谐与否，＿＿ⓑ＿＿起名时使用整个词语的也不少，如"王胜利"、"张建设"等等。＿＿ⓒ＿＿韩国人起名则更加重视每个字的含义。(因此)

❷ 变脸是川剧艺术中塑造人物的一种特技，＿＿ⓐ＿＿用以表现剧中人物的情绪、心理状态的突然变化——或惊恐，或恼怒，或绝望等等，达到"相随心变"的艺术效果。变脸有3变、5变乃至9变。＿＿ⓑ＿＿在变脸的过程中，表演者可＿＿ⓒ＿＿黑、白、红、黄、蓝、绿、金等不同色彩的变换展现剧中人物情绪的变化。(通过)

3 어순을 바르게 배열하여 문장을 완성해 보세요.

① 就会影响 / 人们 / 名字没起好 / 人一生的命运 / 都认为 / 一旦

_____

② 中国人的姓 / 真 / 这么 / 没想到 / 多的来源 / 有

_____

③ 中国人 / 视 / 炎帝和黄帝 / 把 / 中华民族的始祖 / 为

_____

④ 至于 / 放 / 也都要 / 份子钱 / 在红色的贺仪信封里

_____

⑤ 又红又青 / 把自己的脸 / 为什么 / 涂得 / 京剧人物

_____

4 다음 각 글에는 틀린 곳이 세 군데씩 있습니다. 찾아서 바르게 고쳐 보세요.

① 过了一段时间，诺亚觉得洪水应该退了，便放出一头鸽子去打听消息。晚上，鸽子飞回来了，嘴里还有一片橄榄叶，很明显，地上的水都退净了。但是，诺亚全家和方舟里的动物们又重新回来了陆地。从此，人们就用鸽子和橄榄枝来象征和平。

② 中国人除夕那一天全家人还要在一起聚吃年夜饭，而年夜饭一定不能少鱼，其中最常见的又数鲤鱼，因为"鱼"与"余"谐音、"鲤"与"利"谐音，预示利润丰厚、年年有余。除此之外，中国有些地区过年吃饺子，饺子要待到半夜子时吃，因此这是旧的一年与新的一年相互交叉的时刻。

한자가 주는 해학과 유희, 차이쯔

한자처럼 많은 획과 복잡한 구조를 가진 문자를 사용하는 나라는 세계 어디에도 없을 것이다. 고대로부터 중국인은 이러한 많은 획과 복잡한 구조의 한자를 획을 더하거나 빼거나, 혹은 하나의 한자를 여러 부분으로 나누어 보거나 구조를 재배치함으로써 길흉화복을 예측했는데, 이를 차이쯔(拆字, chāizì) 혹은 처쯔(測字, cèzì)라고 한다. 한나라 때 시작해서 송(宋)나라 때 유행했다. 과거에는 이러한 차이쯔를 전업으로 하는 사람도 있었는데 이들을 처쯔 선생(測字先生, cèzì xiānsheng)이라고 불렀다. 이와 관련해서 다음과 같은 이야기가 전해 온다. 아버지의 병환이 깊어서 병세를 물으러 찾아온 사람에게 처쯔 선생이 아무 글자나 하나 써 보라고 했다. 그가 '一' 자를 쓰자 처쯔 선생은 '一'란 '生'자의 마지막 획이자 '死' 자의 첫 획이므로 아마 병이 낫기가 어려울 것이라고 했다. 처쯔 선생은 그에게 다시 아버지의 출생 연도를 물었다. 아들이 "丁丑生，属牛。(정축년생, 소띠입니다.)"라고 답하자 처쯔 선생은 '牛' 자에 '一' 자를 더해서 '生' 자가 되므로 아버지의 병은 나을 것이라고 했다고 한다.

차이쯔의 이와 같은 미신적인 색채는 후대로 가면서 점차 사라지고 차츰 일종의 한자 유희가 되었다. 산둥성(山东省)의 타이산(泰山, Tài Shān)에는 '虫二(chóng'èr)'라고 쓴 비석이 있다. 여기에서 '虫'은 '风(fēng)'의 번체자인 '風'에서 가장자리 획이 빠진 것이고 '二'은 '月'에서 가장자리 획이 빠진 글자로서 '风月无边(fēngyuè wúbiān, 풍월이 끝이 없다)'의 뜻을 나타낸다. '风月'는 아름다운 경치를 의미하므로 '风月无边'이란 아름다운 경치가 끝없이 펼쳐진다는 의미가 된다. 타이산에 올라 끝없이 펼쳐진 대자연의 신비를 바라본 어느 선비의 해학과 재치가 엿보인다.

이처럼 한자의 구조를 분해하는 현상은 현대에까지 남아 있다. 예를 들어 자신의 성씨를 소개할 때 '口天吴(kǒutiān Wú)' '木子李(mùzǐ Lǐ)' 등으로 성씨의 한자를 분해해서 소개하는 것도 그러한 전통이 남아 있는 것으로 볼 수 있다.

산둥성 타이산에 있는 비석

07

中国武术的确有着独特的魅力。

중국 무술은 확실히
독특한 매력이 있어요.

이 과의 학습 목표

1

중국 무술과
관련된 표현

2

'在……下'를 이용한
사건·행위의 조건 표현

3

'……也是……不如'
구문 표현

- 身材 shēncái 圐 몸매, 체격
- 传奇 chuánqí 圐 전기, 전설
- 好莱坞 Hǎoláiwù 고유 할리우드
- 首位 shǒuwèi 圐 첫 번째
- 华人 huárén 圐 화교, 중국계 외국인
- 响誉 xiǎngyù 圄 칭송되다
- 去世 qùshì 圄 세상을 뜨다, 사망하다
- 落后 luòhòu 圄 낙후되다
- 种族 zhǒngzú 圐 종족
- 繁衍 fányǎn 圄 번식하다
- 聚集 jùjí 圄 모으다, 모이다
- 总结 zǒngjié 圄 총괄하다, 종합하다
- 套路 tàolù 圐 품세, 무술 동작
- 门派 ménpài 圐 파벌, 분파
- 武举 wǔjǔ 圐 무과[무예로 선발하는 과거 시험]
- 选拔 xuǎnbá 圄 (인재를) 선발하다
- 优秀 yōuxiù 圇 우수하다, 뛰어나다
- 推进 tuījìn 圄 추진하다
- 少林寺 Shàolín Sì 고유 소림사
- 诵经 sòngjīng 圄 불경을 읽다
- 拜佛 bàifó 圄 불상에 절하다, 예불하다
- 僧人 sēngrén 圐 승려, 스님
- 李世民 Lǐ Shìmín
  고유 이세민[당나라의 제2대 황제]

- 讨伐 tǎofá 圄 토벌하다
- 王世充 Wáng Shìchōng
  고유 왕세충[수나라의 장수]
- 封赏 fēngshǎng 圄 하사하다
- 允许 yǔnxǔ 圄 허락하다, 허가하다
- 成就 chéngjiù 圄 성취하다, 이루다
- 兵器 bīngqì 圐 병기, 무기
- 威武 wēiwǔ 圇 위풍당당하다
- 闲 xián 圇 한가하다
- 轻灵 qīnglíng 圇 민첩하고 날렵하다
- 行云流水 xíng yún liúshuǐ
  圄 흐르는 구름 같고 흘러가는 물 같다
- 连绵不断 liánmián búduàn
  圄 끊임이 없다
- 易经 Yìjīng 고유 역경, 주역(周易)
- 阴阳 yīnyáng 圐 음양
- 动静 dòngjing 圐 동정, 동태
- 以柔克刚 yǐ róu kè gāng
  圄 부드러움으로 강함을 이기다
- 来势 láishì 圐 밀려오는 기세
- 攻击 gōngjī 圄 공격하다
- 老庄哲学 Lǎo Zhuāng Zhéxué
  고유 노장철학
- 国粹 guócuì
  圐 국수[한 나라나 민족이 지닌 고유한 문화의 정화]

제1강세, 제2강세, 띄어 읽기로 리듬을 느끼며 다음 문장을 익혀 보세요. 🎧07-02

1

我父亲 / 年轻的时候,
Wǒ fùqīn niánqīng de shíhou,

他可是 / 响誉世界的 / 武打演员,
tā kěshì xiǎngyù shìjiè de wǔdǎ yǎnyuán,

而且 / 在他的影响下 / "Kungfu"一词 / 写入了英文词典。
érqiě zài tā de yǐngxiǎng xià "Kungfu" yì cí xiě rù le Yīngwén cídiǎn.

우리 아빠가 젊으셨을 때 그는 전 세계적으로 유명한 무술 배우였고, 그의 영향으로 'Kungfu'라는 단어가 영어사전에 실리기까지 했어요.

2

这 // 可真是个 / 好建议,
Zhè kě zhēn shì ge hǎo jiànyì,

我们 // 还可以顺便 /
wǒmen hái kěyǐ shùnbiàn

去周围的城市 / 看一看。
qù zhōuwéi de chéngshì kàn yi kàn.

그거 정말 좋은 생각이네요. 우리 가는 김에 주변 도시도 좀 구경해요.

3

太极拳 // 与其他武术的 / 不同之处 / 在于, // 它以静制动、
Tàijíquán yǔ qítā wǔshù de bùtóng zhī chù zàiyú, tā yǐ jìng zhì dòng、

以柔克刚, // 在准确地感觉 / 对方来势后 / 再作出反应,
yǐ róu kè gāng, zài zhǔnquè de gǎnjué duìfāng láishì hòu zài zuò chū fǎnyìng,

借对方的力量 / 而攻击对方。
jiè duìfāng de lìliang ér gōngjī duìfāng.

태극권이 다른 무술과 다른 점은 정적인 것으로 동적인 것을 제압하고 부드러움으로 강함을 이기며, 정확하게 상대방의 공격을 파악한 후에 반응하고 상대방의 힘을 이용하여 상대를 공격한다는 데 있다.

1 .... 🎧 07-03

장민주 这个人是谁？他的身材真棒啊！
Zhè ge rén shì shéi? Tā de shēncái zhēn bàng a!

우더화 他是中国武术史上的一大传奇人物，
Tā shì Zhōngguó wǔshù shǐ shang de yí dà chuánqí rénwù,

而且在他的影响下"Kungfu"一词写入了英文词典。

也是好莱坞的首位华人演员。
yě shì Hǎoláiwù de shǒuwèi huárén yǎnyuán.

我父亲年轻的时候，他可是响誉世界的武打演员，
Wǒ fùqīn niánqīng de shíhou, tā kě shì xiǎngyù shìjiè de wǔdǎ yǎnyuán,

而且在他的影响下"Kungfu"一词写入了英文词典。
érqiě zài tā de yǐngxiǎng xià "Kungfu" yì cí xiě rù le Yīngwén cídiǎn.

장민주 真了不起，那他现在多大年纪了？
Zhēn liǎobuqǐ, nà tā xiànzài duōdà niánjì le?

우더화 很可惜他32岁的时候就去世了。
Hěn kěxī tā sānshí èr suì de shíhou jiù qùshì le.

장민주 中国武术的确有着独特的魅力，武术是怎样产生的呢？
Zhōngguó wǔshù díquè yǒu zhe dútè de mèilì, wǔshù shì zěnyàng chǎnshēng de ne?

우더화 武术起源于原始社会。在当时生产力落后的条件下，
Wǔshù qǐyuán yú yuánshǐ shèhuì.   Zài dāngshí shēngchǎnlì luòhòu de tiáojiàn xià,

人们为了种族的繁衍而聚集在一起进行锻炼，在锻炼的
rénmen wèile zhǒngzú de fányǎn ér jùjí zài yìqǐ jìnxíng duànliàn, zài duànliàn de

过程中人们不断总结经验，形成了不同的武术套路和
guòchéng zhōng rénmen búduàn zǒngjié jīngyàn, xíngchéng le bùtóng de wǔshù tàolù hé

风格，由此产生了不同的门派。唐朝开始实行武举制，
fēnggé, yóucǐ chǎnshēng le bùtóng de ménpài.   Tángcháo kāishǐ shíxíng wǔjǔ zhì,

选拔优秀的武术人才，对武术的发展起了推进作用❶。
xuǎnbá yōuxiù de wǔshù réncái, duì wǔshù de fāzhǎn qǐ le tuījìn zuòyòng.

장민주 可我真不明白，少林寺诵经拜佛就是了，为什么还练武术？
Kě wǒ zhēn bù míngbai, Shàolín Sì sòngjīng bàifó jiùshì le, wèishénme hái liàn wǔshù?

우더화 这是因为在唐朝初期，少林寺有十三个僧人曾经帮助
Zhè shì yīnwèi zài Tángcháo chūqī, Shàolín Sì yǒu shísān ge sēngrén céngjīng bāngzhù

李世民讨伐王世充而受到封赏，并被特别允许可以设立
Lǐ Shìmín tǎofá Wáng Shìchōng ér shòu dào fēngshǎng, bìng bèi tèbié yǔnxǔ kěyǐ shèlì

常备僧兵，成就了少林武术的发展。
chángbèi sēngbīng, chéngjiù le Shàolín wǔshù de fāzhǎn.

"少林"一词也因此成为了汉族传统武术的象征。
"Shàolín" yì cí yě yīncǐ chéngwéi le Hànzú chuántǒng wǔshù de xiàngzhēng.

不仅如此，武术的种类也很多，比如：根据使用兵器的
Bùjǐn rúcǐ, wǔshù de zhǒnglèi yě hěn duō, bǐrú: gēnjù shǐyòng bīngqì de

不同，可以分为拳术、棍术、枪术和刀术等等。
bùtóng, kěyǐ fēnwéi quánshù、gùnshù、qiāngshù hé dāoshù děngděng.

장민주   你可真是一肚子学问啊! 我觉得少林武术真的很威武，
Nǐ kě zhēnshi yídùzi xuéwèn a!   Wǒ juéde Shàolín wǔshù zhēnde hěn wēiwǔ,

听说普通人也可以去那里学习武术。
tīngshuō pǔtōngrén yě kěyǐ qù nàli xuéxí wǔshù.

等以后有机会，我一定要去那里学两招❷。
Děng yǐhòu yǒu jīhuì, wǒ yídìng yào qù nàli xué liǎng zhāo.

우더화   今年暑假我们俩闲着也是闲着，
Jīnnián shǔjià wǒmen liǎ xián zhe yě shì xián zhe,

不如一起去少林寺看看怎么样?
bùrú yìqǐ qù Shàolín Sì kànkan zěnmeyàng?

장민주   这可真是个好建议，我们还可以顺便去周围的城市看一看。
Zhè kě zhēn shì ge hǎo jiànyì, wǒmen hái kěyǐ shùnbiàn qù zhōuwéi de chéngshì kàn yi kàn.

太极拳是最受中国人喜爱的传统武术之一。轻灵圆活、
Tàijíquán shì zuì shòu Zhōngguórén xǐ'ài de chuántǒng wǔshù zhī yī.　Qīnglíng yuánhuó,

松柔慢匀，动如"行云流水，连绵不断"。"太极"一词则来源于
sōng róu màn yún, dòng rú "xíng yún liúshuǐ, liánmián búduàn".　"Tàijí" yì cí zé láiyuán yú

易经的"阴阳动静之理"。太极拳与其他武术的不同之处在于，
Yìjīng de "yīnyáng dòngjìng zhī lǐ".　Tàijíquán yǔ qítā wǔshù de bùtóng zhī chù zàiyú,

它以静制动、以柔克刚，在准确地感觉对方来势后再作出
tā yǐ jìng zhì dòng、yǐ róu kè gāng, zài zhǔnquè de gǎnjué duìfāng láishì hòu zài zuò chū

反应，借对方的力量而攻击对方。太极拳有很多门派，其中以
fǎnyìng, jiè duìfāng de lìliang ér gōngjī duìfāng.　Tàijíquán yǒu hěn duō ménpài, qízhōng yǐ

陈式、杨式、孙式、吴式、武式五派为代表。太极拳理论直接
Chénshì、Yángshì、Sūnshì、Wúshì、Wǔshì wǔ pài wéi dàibiǎo.　Tàijíquán lǐlùn zhíjiē

来源于道教思想，而其中的"以柔克刚"等都来源于老庄哲学，
láiyuán yú Dàojiào sīxiǎng, ér qízhōng de "yǐ róu kè gāng" děng dōu láiyuán yú Lǎo Zhuāng Zhéxué,

因此，太极拳又被称为"国粹"。
yīncǐ, tàijíquán yòu bèi chēngwéi "guócuì".

2 의 내용을 바탕으로 대답해 봅시다.

1 太极拳与其他武术有何不同？
2 请说明"太极拳"这一名称的由来。

 아하! 그렇구나!

❶ 起……作用: '~작용을 하다'라는 의미를 나타낸다.
❷ 学两招: '몇 수 배우다'라는 의미인데, 이때 '两'이 구체적인 수량을 나타내는 것은 아니다.

在……下

'在'와 '下'의 사이에 '수식어+이음절 단어'의 명사구를 넣어서 사건이나 행위의 조건을 나타낸다.

在他的影响**下**"Kungfu"一词写入了英文词典。
Zài tā de yǐngxiǎng xià "Kungfu" yì cí xiě rù le Yīngwén cídiǎn.

这篇论文是**在**朴教授的指导**下**完成的。
Zhè piān lùnwén shì zài Piáo jiàoshòu de zhǐdǎo xià wánchéng de.

论文 lùnwén 논문 | 指导 zhǐdǎo 지도하다

박스 안의 표현 중 알맞은 하나를 넣어 문장을 완성해 보세요.

> 主持 诱惑 帮助
> yòuhuò 유혹하다

① 在大家的＿＿＿＿＿下，他很快就适应了这里的生活。

② 这次会议是在局长的＿＿＿＿＿下召开的。
júzhǎng 국장, 서장　　　zhàokāi (회의 등을) 열다, 소집하다

③ 这里的人文氛围非常浓厚，我正是在这种＿＿＿＿＿下来到北京的。
nónghòu 짙다, 농후하다

……就是了

절이나 문장의 끝에 부가되어 '~하기만 하면 된다'라는 의미를 나타낸다.

少林寺诵经拜佛**就是了**，为什么还练武术？
Shàolín Sì sòngjīng bàifó jiùshì le, wèishénme hái liàn wǔshù?

世上的问题并不复杂，想开一点儿**就是了**。
Shìshàng de wèntí bìng bú fùzá, xiǎng kāi yìdiǎnr jiùshì le.

괄호 안의 표현을 바르게 배열하여 문장을 완성해 보세요.

① 别紧张，不就是一场比赛嘛，＿＿＿＿＿＿＿＿＿＿。(全力 / 就是了 / 尽)

② 你们想吃什么尽管吃，＿＿＿＿＿＿＿＿＿＿。(就是了 / 付 / 钱 / 我)

③ 如果你嫌吵，＿＿＿＿＿＿＿＿＿＿。(关了 / 就是了 / 把 / 电视)
xián 싫어하다, 꺼리다

一肚子

어떠한 감정으로 충만해 있거나 생각이 풍부함을 나타내며 '一肚子'의 뒤에는 심리상태나 계책을 나타내는 명사가 온다.

你可真是一肚子学问啊!
Nǐ kě zhēnshi yídùzi xuéwèn a!

他一肚子火没地方发。
Tā yídùzi huǒ méi dìfang fā.

그림을 보고 '一肚子'를 활용하여 문장을 완성해 보세요.

① 他_____,
以为自己了不起。

② 他昨天晚上，_____
_____。

③ 你每次见到我都_____
_____，是不是
我做错了什么?

……也是……不如

'그냥 ~하기보다는 ~하는 것이 낫다'라는 의미를 나타내며, '也是'의 앞뒤에는 동일한 '동사+着'의 형식을 써서 생산적인 행위를 하지 않음을 표현한다.

今年暑假我们俩闲着也是闲着，不如一起去少林寺看看怎么样?
Jīnnián shǔjià wǒmen liǎ xián zhe yě shì xián zhe, bùrú yìqǐ qù Shàolín Sì kànkan zěnmeyàng?

我想，呆着也是呆着，还不如出去找点事干。
Wǒ xiǎng, dāi zhe yě shì dāi zhe, hái bùrú chūqù zhǎo diǎn shì gàn.

박스 안의 표현 중 알맞은 하나를 넣어 문장을 완성해 보세요.

> **耗着也是耗着**　闲着也是闲着　放着也是放着
> hào 소모하다, 낭비하다

① 那间房子_____，你不如把它租给别人。

② 晚上没有顾客，_____，不如早点关门休息。

③ 这些衣服_____，不如把它们送人。

94

회화 가치를 치다

1 锻炼身体

A 你怎么变得这么苗条了？有什么秘方？
Nǐ zěnme biàn de zhème miáotiao le? Yǒu shénme mìfāng?

B 我每天早上都去游泳池游泳。
Wǒ měitiān zǎoshang dōu qù yóuyǒngchí yóuyǒng.

★ 바꿔 말하기

B 我一个星期去两次健身房 | 少食多餐多运动
Wǒ yí ge xīngqī qù liǎng cì jiànshēnfáng | Shǎo shí duō cān duō yùndòng

2 武术

A 你为什么学武术？
Nǐ wèishénme xué wǔshù?

B 为了锻炼身体。
Wèile duànliàn shēntǐ.

★ 바꿔 말하기

B 护身自卫 | 体验中国文化
hùshēn zìwèi | tǐyàn Zhōngguó wénhuà

3 太极拳

A 我想学太极拳，你知道哪儿有太极拳培训班吗？
Wǒ xiǎng xué tàijíquán, nǐ zhīdao nǎr yǒu tàijíquán péixùnbān ma?

B 我给你介绍一名老师吧。
Wǒ gěi nǐ jièshào yì míng lǎoshī ba.

★ 바꿔 말하기

B 学校有太极拳课 | 早上在公园里可以免费学太极拳
Xuéxiào yǒu tàijíquán kè | Zǎoshang zài gōngyuán li kěyǐ miǎnfèi xué tàijíquán

 秘方 mìfāng 비결 | 游泳池 yóuyǒngchí 수영장 | 护身 hùshēn 몸을 보호하다 | 自卫 zìwèi 스스로 지키다 | 体验 tǐyàn 체험
하다 | 培训班 péixùnbān 양성반, 훈련반

실력이 늘다

听和说 🎧 07-06

1 请根据录音内容，回答下列问题。

① 王明昨天看了什么电影？ _____

② 王明觉得这部电影怎么样？ _____

③ 王明从这周末开始做什么？ _____

2 请利用下列词语，简单地说明录音的内容。

> 李小龙　　主演　　太极拳

_____

_____

3 请你给大家介绍一下有关中国武术方面的知识。

写和说

1 请利用下列生词造句，并大声朗读。

① 在……下　　→ _____

② ……就是了　　→ _____

③ ……也是……不如　　→ _____

读和说

1 请阅读下面的短文，并选择恰当的句子填空。

> 　　跆拳道是韩民族的传统武术。"跆"意为以脚踢；"拳"是指以拳头打击；"道"指格斗的艺术和一种原理。跆拳道具有防身自卫的实用价值，并____①____。跆拳道以腿为主，腿的技法有很多种形式，可高可低、可近可远、可左可右、可直可屈。"礼仪"是跆拳道基本精神的具体体现。跆拳道练习虽然____②____，但在双方各自内心深处都必须持有向对方表示敬意和学习的心理。因此____③____，"礼仪"是跆拳道运动必不可少的组成部分。
>
> 格斗 gédòu 격투 ｜ 防身 fángshēn 몸을 지키다 ｜ 技法 jìfǎ 기법

ⓐ 是以双方格斗的形式进行

ⓑ 在练习或比赛前后都一定要向对方敬礼
　　　　　　　　　　　　　jìnglǐ 경례하다

ⓒ 培养人们坚韧不拔的意志
　　　　jiān rèn bù bá 의지가 강하고 굳건하다

2　请参考上面的短文给大家介绍一下跆拳道。

_____

_____

想和说

1　请根据下面的漫画内容，与同桌进行对话。

_____

_____

할리우드 최고의 무술 배우, 이소룡

이소룡은 1940년 미국 샌프린시스코에서 태어나 32세의 짧은 인생을 살았지만, 중국 무술계와 무술 영화계에서 전무후무한 업적을 세운 인물이다. 그는 실제로 각종 국제무술대회에서 우승한 뛰어난 실력의 무술가였고, 이러한 무술 실력을 바탕으로 할리우드에서 활발히 활동하며 국제영화제 수상까지 한 세계적으로 유명한 무술 배우였다. 그는 또한 지도자로서 문하에 많은 무술가를 길러 냈고, 세계 무술 개혁의 선구자로서 자신만의 독특한 무술인 '절권도(截拳道)'를 창시하기도 했다.

그는 미국에서 태어나고 활동했지만 어린 시절은 부모와 함께 홍콩에서 지냈다. 이소룡의 아버지는 그의 정신력과 신체를 강건히 단련시키기 위해서 7살 때부터 태극권을 비롯하여 당랑권(螳螂拳)·소림권(少林拳)·절권(节拳)·백학권(白鹤拳) 등 각종 권법을 가르쳤다. 이소룡 자신도 무예에 깊은 관심을 가지고 중국 무술 외에도 서양 권법 학습의 필요성을 인식하여 그 당시 권투 챔피언의 보법(步法)·권법(拳法) 등에 대해서도 연구했다. 이소룡의 이러한 성장 환경과 무술에 대한 관심은 그가 무술의 일인자가 되게 하는 데 결정적인 역할을 했다.

그의 무예에 대한 다양한 관심은 영화에서 그가 사용한 '쌍절곤(双节棍)' 기술을 통해서도 알 수 있다. 쇠사슬로 이어진 두 개의 짧은 봉을 몸 주위 상하 좌우로 빠르게 돌리면서 괴성을 지르며 상대를 공격하는 모습은 많은 영화 팬들의 마음을 사로잡았다. '정무문(精武门)' '맹룡과강(猛龙过江)' 등의 영화를 보면 쌍절곤을 사용하는 그의 현란한 무예를 감상할 수 있다. 쌍절곤에 대한 팬들의 관심은 실로 폭발적이어서 당시 미국에서는 일반인의 쌍절곤 휴대를 법령으로 금지하기도 했다. 미국 청소년들이 쌍절곤으로 이소룡의 흉내를 내다가 상해를 입는 경우가 많았기 때문이다.

홍콩 무술 영화가 세계적으로 입지를 높이고 많은 사람의 사랑을 받게 된 데는 그의 공헌이 가장 컸다고 할 수 있다. '쿵후(Kungfu)'라는 단어가 영어사전에 수록된 것은 그의 역할이 얼마나 지대했는지를 단적으로 입증해 준다.

홍콩 스타의 거리(Avenue of Stars)에 있는 이소룡 동상

08

孙悟空护送玄奘
去西天取经所经的
也是丝绸之路。

손오공이 현장을 모시고 서역으로 불경을
구하러 갈 때 거쳐 간 것도 실크로드지요.

1
실크로드와
관련된 표현

2
'时……时……'
구문 표현

3
'何况'을 이용한
반문 표현

- 丝绸之路 sīchóu zhī lù 명 비단길, 실크로드
- 纪录片 jìlùpiàn 명 다큐멘터리, 기록 영화
- 运送 yùnsòng 동 운송하다, 수송하다
- 桥梁 qiáoliáng 명 교량, 다리
- 西游记 Xīyóujì
  고유 『서유기』[명대의 오승은이 지은 장편 소설]
- 孙悟空 Sūn Wùkōng
  고유 손오공[『서유기』의 등장인물]
- 护送 hùsòng 동 호송하다
- 玄奘 Xuánzàng
  고유 현장[당나라 승려, 『서유기』의 등장인물]
- 西天 xītiān 명 서천[인도(印度)의 다른 이름]
- 取经 qǔjīng 동 스님이 인도에 가서 불경을 구해오다
- 脑海 nǎohǎi 명 머리, 뇌리
- 浮现 fúxiàn 동 (뇌리에) 떠오르다
- 结队 jiéduì 동 대오를 짓다, 무리를 이루다
- 骆驼 luòtuo 명 낙타
- 穿越 chuānyuè 동 넘다, 통과하다
- 情景 qíngjǐng 명 정경, 광경
- 变化无常 biànhuà wúcháng
  성 변화무상하다
- 汗水 hànshuǐ 명 땀
- 促进 cùjìn 동 촉진하다
- 敦煌 Dūnhuáng 고유 둔황[지명]
- 千佛洞 Qiānfódòng
  고유 쳰포동[둔황시 밍사산(鸣沙山)에 있는 동굴 이름]

- 书籍 shūjí 명 서적, 책
- 抢 qiǎng 동 빼앗다
- 僧侣 sēnglǚ 명 승려, 스님
- 躲避 duǒbì 동 숨다, 피하다
- 佛经 fójīng 명 불교 경전
- 石窟 shíkū 명 석굴
- 表哥 biǎogē 명 사촌오빠, 사촌형
- 博士 bóshì 명 박사
- 班门弄斧 bān mén nòng fǔ
  성 공자 앞에서 문자 쓰다
- 何况 hékuàng 접 더군다나, 하물며
- 详细 xiángxì 형 상세하다, 자세하다
- 堂 táng 양 시간, 회[수업 횟수를 셀 때 쓰임]
- 著作 zhùzuò 명 저서, 작품
- 猪八戒 Zhū Bājiè
  고유 저팔계[『서유기』의 등장인물]
- 沙悟净 Shā Wùjìng
  고유 사오정[『서유기』의 등장인물]
- 历险 lìxiǎn 동 모험하다, 위험을 겪다
- 定论 dìnglùn 명 정론, 정설
- 寻找 xúnzhǎo 동 찾다, 구하다
- 本原 běnyuán 명 근원, 본질
- 见闻录 jiànwénlù 명 견문록
- 添加 tiānjiā 동 첨가하다, 보태다
- 编著 biānzhù 동 저술하다, 편저하다

제1강세, 제2강세, 띄어 읽기로 리듬을 느끼며 다음 문장을 익혀 보세요.　🎧 08-02

1

这条路 // 不仅 / 是中国 /
Zhè tiáo lù bùjǐn shì Zhōngguó

向西方 / 运送丝绸的道路,
xiàng xīfāng yùnsòng sīchóu de dàolù,

也是 / 东西方 / 进行物质 / 和文化交流的 / 重要桥梁。
yě shì dōngxīfāng jìnxíng wùzhì hé wénhuà jiāoliú de zhòngyào qiáoliáng.

그 길은 중국이 서방으로 비단을 운송하던 길일뿐만 아니라 동서양이 물질과 문화를 교류하던 중요한 교량이기도 해요.

2

只要想到 / 丝绸之路,
Zhǐyào xiǎng dào sīchóu zhī lù,

我的脑海里 / 就会浮现出 / 商人们 / 结队同行,
wǒ de nǎohǎi li jiù huì fúxiàn chū shāngrénmen jiéduì tóngxíng,

骑着骆驼 / 穿越高山 / 和沙漠的情景。
qí zhe luòtuo chuānyuè gāoshān hé shāmò de qíngjǐng.

실크로드를 생각하면 내 머릿속에는 상인들이 열을 지어 함께 낙타를 타고 높은 산과 사막을 건너는 장면이 떠올라요.

3

《西游记》// 是一部 / 自古以来 / 为大众 / 所喜爱的著作,
《Xīyóujì》shì yí bù zìgǔ yǐlái wèi dàzhòng suǒ xǐ'ài de zhùzuò,

写的是 // 孙悟空、 / 猪八戒、 / 沙悟净 /
xiě de shì Sūn Wùkōng、Zhū Bājiè、Shā Wùjìng

保护玄奘 / 西天取经的故事。
bǎohù Xuánzàng xītiān qǔjīng de gùshi.

《서유기》는 예로부터 대중에게 사랑받던 작품으로, 손오공과 저팔계, 사오정이 현장을 모시고 서역으로 불경을 구하러 가는 이야기다.

1 　　　　　　　　　　　　　　　　　　　　　　　　　　🎧 08-03

이동환　昨天我在电视上看到有关丝绸之路的纪录片，
　　　　Zuótiān wǒ zài diànshì shang kàn dào yǒuguān sīchóu zhī lù de jìlùpiàn,

　　　　真想亲眼去看一看。
　　　　zhēn xiǎng qīnyǎn qù kàn yi kàn.

마링　　这条路不仅是中国向西方运送丝绸的道路，
　　　　Zhè tiáo lù bùjǐn shì Zhōngguó xiàng xīfāng yùnsòng sīchóu de dàolù,

　　　　也是东西方进行物质和文化交流的重要桥梁。
　　　　yě shì dōngxīfāng jìnxíng wùzhì hé wénhuà jiāoliú de zhòngyào qiáoliáng.

이동환　没错，《西游记》中孙悟空护送玄奘去西天取经所经的
　　　　Méicuò, 《Xīyóujì》 zhōng Sūn Wùkōng hùsòng Xuánzàng qù xītiān qǔjīng suǒ jīng de

　　　　也是丝绸之路。
　　　　yě shì sīchóu zhī lù.

마링　　嗯。只要想到丝绸之路，我的脑海里就会浮现出商人们
　　　　Èng.　Zhǐyào xiǎng dào sīchóu zhī lù, wǒ de nǎohǎi li jiù huì fúxiàn chū shāngrénmen

　　　　结队同行，骑着骆驼穿越高山和沙漠的情景。
　　　　jiéduì tóngxíng, qí zhe luòtuo chuānyuè gāoshān hé shāmò de qíngjǐng.

　　　　沙漠的气候时冷时热，变化无常，
　　　　Shāmò de qìhòu shí lěng shí rè, biànhuà wúcháng,

　　　　是他们用无数的汗水促进了东西方的交流。
　　　　shì tāmen yòng wúshù de hànshuǐ cùjìn le dōngxīfāng de jiāoliú.

이동환　电视上说，丝绸之路途经敦煌，敦煌有一个十分有名
　　　　Diànshì shang shuō, sīchóu zhī lù tújīng Dūnhuáng, Dūnhuáng yǒu yí ge shífēn yǒumíng

　　　　的地方叫"千佛洞"，千佛洞中有很多珍贵的古代书籍，
　　　　de dìfang jiào "Qiānfódòng", Qiānfódòng zhōng yǒu hěn duō zhēnguì de gǔdài shūjí,

　　　　后来这些书籍被英国和法国抢走，现在大部分保存在
　　　　hòulái zhèxiē shūjí bèi Yīngguó hé Fǎguó qiǎngzǒu, xiànzài dàbùfen bǎocún zài

　　　　英国和法国的图书馆和博物馆里。
　　　　Yīngguó hé Fǎguó de túshūguǎn hé bówùguǎn li.

마링　　对。11世纪，僧侣们为躲避战争离开此地时把大量的
　　　　Duì.　Shíyī shìjì, sēnglǚmen wèi duǒbì zhànzhēng líkāi cǐdì shí bǎ dàliàng de

　　　　珍贵佛经和书籍藏入了千佛洞中，千佛洞直到1900年
　　　　zhēnguì fójīng hé shūjí cáng rù le Qiānfódòng zhōng, Qiānfódòng zhídào yī jiǔ líng líng nián

才被世人发现。由此还出现了一门新的学科叫"敦煌学"，
cái bèi shìrén fāxiàn.　Yóucǐ hái chūxiàn le yì mén xīn de xuékē jiào "Dūnhuángxué",

专门研究敦煌书籍和敦煌石窟艺术。
zhuānmén yánjiū Dūnhuáng shūjí hé Dūnhuáng shíkū yìshù.

이동환　你去过敦煌？怎么知道得这么多？
　　　　Nǐ qù guo Dūnhuáng? Zěnme zhīdao de zhème duō?

마링　我表哥是研究敦煌学的博士生，
　　　Wǒ biǎogē shì yánjiū Dūnhuángxué de bóshìshēng,

这些知识都是我表哥告诉我的。
zhèxiē zhīshi dōu shì wǒ biǎogē gàosu wǒ de.

이동환　闹半天，我白说了这么多，原来是"班门弄斧"。
　　　　Nào bàntiān, wǒ bái shuō le zhème duō, yuánlái shì "bān mén nòng fǔ".

连你都知道这么多，更何况你表哥呢，
Lián nǐ dōu zhīdao zhème duō, gèng hékuàng nǐ biǎogē ne,

改天我们一起去找你表哥，让他给我们详细讲一讲有关
gǎitiān wǒmen yìqǐ qù zhǎo nǐ biǎogē, ràng tā gěi wǒmen xiángxì jiǎng yi jiǎng yǒuguān

敦煌和丝绸之路的知识怎么样？
Dūnhuáng hé sīchōu zhī lù de zhīshi zěnmeyàng?

마링　没问题，包在我身上。我跟我表哥商量商量，
　　　Méi wèntí, bāo zài wǒ shēn shàng.　Wǒ gēn wǒ biǎogē shāngliang shāngliang,

让他抽点儿时间给我们上一堂"敦煌之课"。
ràng tā chōu diǎnr shíjiān gěi wǒmen shàng yì táng "Dūnhuáng zhī kè".

《西游记》是一部自古以来为大众所喜爱的著作，写的是
《Xīyóujì》shì yí bù zìgǔ yǐlái wèi dàzhòng suǒ xǐ'ài de zhùzuò, xiě de shì

孙悟空、猪八戒、沙悟净保护玄奘西天取经的故事。而书中的
Sūn Wùkōng、Zhū Bājiè、Shā Wùjìng bǎohù Xuánzàng xītiān qǔjīng de gùshi. Ér shū zhōng de

历险故事则更是让人数也数不完，说也说不尽。书中的玄奘，
lìxiǎn gùshi zé gèngshì ràng rén shǔ yě shǔ bù wán, shuō yě shuō bú jìn. Shū zhōng de Xuánzàng,

是唐朝的著名僧人、翻译家。玄奘出家后阅读了大量佛经，
shì Tángcháo de zhùmíng sēngrén、fānyìjiā. Xuánzàng chūjiā hòu yuèdú le dàliàng fójīng,

但因翻译佛经各不相同，难得定论，便决定到印度去寻找
dàn yīn fānyì fójīng gè bù xiāngtóng, nándé dìnglùn, biàn juédìng dào Yìndù qù xúnzhǎo

佛教经典的本原。玄奘途经丝绸之路，历时十六年，终于从
fójiào jīngdiǎn de běnyuán. Xuánzàng tújīng sīchóu zhī lù, lìshí shíliù nián, zhōngyú cóng

印度取回真经回到大唐。《西游记》则是在玄奘所做的见闻录
Yìndù qǔ huí zhēnjīng huí dào dà Táng. 《Xīyóujì》 zé shì zài Xuánzàng suǒ zuò de jiànwénlù

的基础上，添加了作者的丰富想象编著而成的。
de jīchǔ shang, tiānjiā le zuòzhě de fēngfù xiǎngxiàng biānzhù ér chéng de.

2 의 내용을 바탕으로 대답해 봅시다.

1 《西游记》的主要内容是什么？

2 玄奘前往印度的主要目的是什么？

时……时……

'~했다가 ~했다가 한다'라는 뜻으로 상반되는 동사나 형용사가 온다. 상반되는 상황이 번갈아 일어남을 나타낸다.

沙漠的气候时冷时热，变化无常。
Shāmò de qìhòu shí lěng shí rè, biànhuà wúcháng.

最近韩国队的成绩时好时坏。
Zuìjìn Hánguó duì de chéngjì shí hǎo shí huài.

队 duì 팀, 단체

'时……时……'를 활용하여 문장을 완성해 보세요.

① 电脑恐怕出问题了，速度_____。

② 雨季到了，天气_____。

③ 今天的雨真奇怪，_____。

直到……

'~까지 줄곧'이라는 뜻으로, 어느 특정 시간까지 상태가 계속되었음을 나타낸다. 뒤에는 단어나 절이 올 수 있다.

千佛洞直到1900年才被世人发现。
Qiānfódòng zhídào yī jiǔ líng líng nián cái bèi shìrén fāxiàn.

直到今天，我才真正懂得父母对我的一片苦心。
Zhídào jīntiān, wǒ cái zhēnzhèng dǒngde fùmǔ duì wǒ de yí piàn kǔxīn.

苦心 kǔxīn 고심, 애틋한 마음

박스 안의 표현 중 알맞은 하나를 넣어 문장을 완성해 보세요.

> 直到生孩子的那一天　　直到天亮　　直到今天

① _____，她还在上班。

② _____，这本书仍然受到大家的欢迎。

③ _____，他才勉强入睡。
rùshuì 잠들다

白……

'괜히' '쓸데없이'라는 뜻으로, 한 일이 효과가 없음을 나타낸다.

闹半天，我白说了这么多，原来是"班门弄斧"。
Nào bàntiān, wǒ bái shuō le zhème duō, yuánlái shì "bān mén nòng fǔ".

她有了新的男朋友，我对她付出的所有努力都白费了。
Tā yǒu le xīn de nánpéngyou, wǒ duì tā fùchū de suǒyǒu nǔlì dōu bái fèi le.

'白'와 괄호 안의 표현을 활용하여 문장을 완성해 보세요.

① 这种药不灵，_____。(花钱)
　　bù líng 효과가 없다
② 今天去找老张，可是他不在，_____。(跑)

③ 今天忙着准备接待客人，可是客人没来，_____。(忙)

何况

'하물며'라는 뜻으로 반문의 용법으로 쓰인다. 앞 절의 내용과 뒤 절의 내용을 비교할 때 뒤 절의 내용이 한층 더함을 나타내며 뒤 절의 앞에 쓴다. '何况' 앞에는 종종 '更'이 온다.

连你都知道这么多，更何况你表哥呢。
Lián nǐ dōu zhīdao zhème duō, gèng hékuàng nǐ biǎogē ne.

广东话连很多中国人都听不懂，更何况外国人了。
Guǎngdōnghuà lián hěn duō Zhōngguórén dōu tīng bu dǒng, gèng hékuàng wàiguórén le.

그림을 보고 '何况'을 활용하여 문장을 완성해 보세요.

①  ②　　　　　　　　　③

在山路上开车本来就很危

险，更_____

_____。

连大人都拿不动，更____

_____。

骑车都来不及，更_____

_____。

회화 가지를 치다

1 旅游胜地

A 今年暑假你打算去哪儿玩儿?
Jīnnián shǔjià nǐ dǎsuan qù nǎr wánr?

B 我想去看看《三国演义》中的一些主要地点。
Wǒ xiǎng qù kànkan 《Sānguó Yǎnyì》 zhōng de yìxiē zhǔyào dìdiǎn.

★ 바꿔 말하기

B 我想坐火车去西藏看看
Wǒ xiǎng zuò huǒchē qù Xīzàng kànkan

俗话说:"上有天堂,下有苏杭",我想去苏州和杭州逛逛
Súhuà shuō: "shàng yǒu tiāntáng, xià yǒu SūHáng", wǒ xiǎng qù Sūzhōu hé Hángzhōu guàngguang

2 中国的气候

A 去哪儿才能体验中国多种多样的气候呢?
Qù nǎr cái néng tǐyàn Zhōngguó duōzhǒng duōyàng de qìhòu ne?

B 冬天去素有"冰城"之称的哈尔滨吧。
Dōngtiān qù sù yǒu "bīngchéng" zhī chēng de Hā'ěrbīn ba.

★ 바꿔 말하기

B 夏天去素有"东方夏威夷"之称的海南岛吧
Xiàtiān qù sù yǒu "dōngfāng Xiàwēiyí" zhī chēng de Hǎinándǎo ba

如果你想体验沙漠的气候,那就去塔克拉玛干沙漠吧
Rúguǒ nǐ xiǎng tǐyàn shāmò de qìhòu, nà jiù qù Tǎkèlāmǎgān Shāmò ba

3 读书

A 这本书这么快就看完了! 怎么样? 有意思吗?
Zhè běn shū zhème kuài jiù kàn wán le! Zěnmeyàng? Yǒuyìsi ma?

B 作者的想象力十分丰富。
Zuòzhě de xiǎngxiànglì shífēn fēngfù.

★ 바꿔 말하기

B 太有意思了,我看得非常投入 | 结局真让人出乎意料
Tài yǒuyìsi le, wǒ kàn de fēicháng tóurù | Jiéjú zhēn ràng rén chūhūyìliào

단어 西藏 Xīzàng 시짱, 티베트(Tibet) | 哈尔滨 Hā'ěrbīn 하얼빈 | 夏威夷 Xiàwēiyí 하와이 | 海南岛 Hǎinándǎo 하이난 섬 |
塔克拉玛干沙漠 Tǎkèlāmǎgān Shāmò 타클라마칸 사막 | 投入 tóurù 몰입하다 | 出乎意料 chūhūyìliào 예상을 벗어나다

연습 **실력이 늘다**

听和说 🎧 08-06

1 根据录音内容，回答下列问题。

① 李东焕为什么想去丝绸之路？ _____

② 我为什么想去丝绸之路？ _____

③ 暑假我和谁一起去丝绸之路？ _____

2 请利用下列词语，简单地说明录音的内容。

丝绸之路　《西游记》　实存地点

_____

_____

3 请给我们介绍一下有关"丝绸之路"的知识。

写和说

1 请利用下列生词造句，并大声朗读。

① 直到……　→ _____

② 白……　→ _____

③ 何况　→ _____

读和说

1 请阅读下面的短文，并选择恰当的句子填空。

丝绸之路是东西方物质、文化交流的重要桥梁。中国通过这条道路出口的货物中，丝绸和茶叶最具代表性，___①___，"丝绸之路"也因此而得名。丝绸之路不仅是商贸大道，___②___。此外，佛教、伊斯兰教等宗教也是通过丝绸之路传入中国及东亚地区的。___③___，位于丝绸之路的主要城市——敦煌出土了大量佛教经典。

得名 démíng 이름을 얻다 I 商贸 shāngmào 상업과 무역 I 东亚 Dōng Yà 동아시아 I 出土 chūtǔ 출토되다

ⓐ 其中又以丝绸为主

ⓑ 正是如此

ⓒ 还促进了亚欧各国和中国的友好往来
Yà'Ōu 아시아 유럽

2 请参考上面的短文，简单地介绍一下"丝绸之路"。

_____

_____

想和说

1 请根据下面的漫画内容，与同桌进行对话。

_____

_____

불교문화의 유적지, 둔황석굴

둔황(敦煌, Dūnhuáng)은 간쑤성(甘肅省, Gānsū Shěng) 서부의 사막 지대에 위치한 도시로, 중국과 중앙아시아를 잇는 실크로드의 관문이다. 고대 동서 문물과 문화 교류의 거점도시로서, 특히 둔황 석굴 등의 불교 유적지로 유명하다. 둔황석굴은 모가오쿠(莫高窟, Mògāokū) 혹은 쳰포동(千佛洞, Qiānfódòng)으로도 불리는데, 둔황시 근교 밍사산(鳴沙山, Míngshā Shān) 기슭에 위치한다. 밍사 산은 모래가 쌓여 이루어진 산으로 멀리서 보면 거대한 황금빛 용의 모양을 하고 있다.

바람이 불면 모래알이 서로 부딪치며 마치 우는 듯한 소리를 낸다고 해서 밍사산으로 불린다. 어느 날 낙준(乐僔, Lè Zǔn)이라는 승려가 해질 무렵 밍사산 동쪽 기슭에 이르렀는데, 석양에 산봉우리가 온통 황금빛으로 빛나며 그 속에 마치 천만 존의 부처님이 빛을 내는 것 같았다고 한다. 그는 이 장엄한 광경을 보고 이 산의 절벽에 첫 번째 석굴을 만들었다. 둔황석굴은 총 1,600여 미터의 길이에 490여 개의 석굴, 벽화도 45,000㎡에 달하여 세계에서 규모가 가장 방대하고 유물이 풍부한 불교 성지이며, 그 자체가 하나의 거대한 미술관이라고 할 수 있다.

쳰포동은 해상교통이 발달하고 실크로드가 점차 쇠락하게 되면서 역사 속에서 사라졌다. 그러다가 청나라 때 이곳의 한 동굴에서 모래가 흘러내리며 그 안에 보존되어 있던 수많은 경전, 문서, 직물 등이 발견되었다. 사막이 건조하여 이러한 유물들은 온전한 상태로 보전되어 있었다. 이후 영국, 프랑스, 러시아 등의 탐사단이 이곳을 발굴하여 쳰포동의 진귀한 유물은 여러 국가의 박물관과 도서관으로 흩어지게 되었다. 이곳에서 발견된 방대한 불교 경전 및 고문헌과 둔황의 예술작품은 당시의 역사·문화·사회를 연구하는 중요한 자료로서, '둔황학(敦煌学)'이라는 전문적인 학문으로 발전하게 되었다.

간쑤성에 있는 둔황 모가오쿠

09

北京是从何时开始
成为中国首都的呢?

베이징은 언제부터
중국의 수도가 되었던 건가요?

1

중국의 수도와
관련된 표현

2

'可见'을 이용한
결론 도출 표현

3

'명사구+了'
구문 표현

- 末代 mòdài 명 왕조의 마지막 대
- 紫禁城 Zǐjìnchéng 고유 자금성[명·청대의 황궁]
- 背景 bèijǐng 명 배경
- 讲述 jiǎngshù 동 이야기하다, 서술하다
- 修建 xiūjiàn 동 건설하다, 시공하다
- 王宫 wánggōng 명 왕궁, 궁궐
- 首都 shǒudū 명 수도
- 燕京 Yānjīng 고유 옌징[베이징의 옛 이름]
- 渊源 yuānyuán 명 뿌리, 근원
- 都城 dūchéng 명 수도, 도읍지
- 城址 chéngzhǐ 명 성터, 도시가 있는 곳
- 遗址 yízhǐ 명 유적
- 修缮 xiūshàn 동 보수하다, 수리하다
- 扩建 kuòjiàn 동 증축하다, 확장하다
- 建都 jiàndū 동 수도를 세우다
- 鼎盛 dǐngshèng 형 아주 흥성하다
- 悠久 yōujiǔ 형 유구하다, 아득하게 오래다
- 经历 jīnglì 동 경험하다, 경과하다
- 众多 zhòngduō 형 매우 많다
- 朝代 cháodài 명 조대
- 洛阳 Luòyáng 고유 뤄양[지명]
- 安阳 Ānyáng 고유 안양[지명]
- 杭州 Hángzhōu 고유 항저우[지명]

- 古都 gǔdū 명 고도, 옛 도읍
- 可见 kějiàn 접 ~라는 것을 알 수 있다
- 不失为 bùshīwéi 동 ~라고 칠 수 있다, 간주할 수 있다
- 王侯 wánghóu 명 왕과 제후
- 定都 dìngdū 동 수도를 정하다
- 防止 fángzhǐ 동 방지하다
- 战略 zhànlüè 명 전략
- 要塞 yàosài 명 요새, 요충지
- 诸多 zhūduō 형 많은
- 说不过 shuō bu guò 말로는 이겨낼 수 없다
- 瞧你说的 qiáo nǐ shuō de 동 뭘, 천만에
- 发祥地 fāxiángdì 명 발상지, 발원지
- 迁都 qiāndū 동 천도하다
- 掌握 zhǎngwò 동 장악하다, 통제하다
- 政权 zhèngquán 명 정권
- 要地 yàodì 명 요지
- 重镇 zhòngzhèn 명 요충지, 주요 도시
- 荟萃 huìcuì 동 모이다
- 拥有 yōngyǒu 동 가지다, 소유하다
- 名胜古迹 míngshèng gǔjì 명 명승고적
- 人文 rénwén 명 인문, 인류의 문화
- 景观 jǐngguān 명 경관, 경치

제1강세, 제2강세, 띄어 읽기로 리듬을 느끼며 다음 문장을 익혀 보세요. 🎧 09-02

1

要说北京 / 作为 / 全中国的首都 / 是从元朝开始的,
Yàoshuō Běijīng zuòwéi quán Zhōngguó de shǒudū shì cóng Yuáncháo kāishǐ de,

其城址 // 位于 / 今北京市市区,
qí chéngzhǐ wèiyú jīn Běijīng Shì shìqū,

北至 / 元大都城遗址, // 南至 / 长安街, // 东西至 / 二环路。
běi zhì Yuán dàdūchéng yízhǐ, nán zhì Cháng'ānjiē, dōngxī zhì Èrhuánlù.

베이징이 전 중국의 수도가 된 것은 원대부터예요. 그 성터는 지금 베이징 시내에 위치해 있고, 북쪽으로는 원대 수도 유적지까지, 남쪽으로는 창안제까지, 동서로는 얼환루까지 이르렀어요.

2

定都时 // 不仅要考虑 / 是否 / 为防止 / 外侵的 / 战略要塞,
Dìngdū shí bùjǐn yào kǎolǜ shìfǒu wèi fángzhǐ wàiqīn de zhànlüè yàosài,

还要考虑 / 当地的物资 / 是否丰富、
hái yào kǎolǜ dāngdì de wùzī shìfǒu fēngfù、

经济 / 是否发达、 // 交通 / 是否便利 / 等诸多问题。
jīngjì shìfǒu fādá、 jiāotōng shìfǒu biànlì děng zhūduō wèntí.

도읍을 정할 때는 외침을 막는 전략적 요새인지를 고려할 뿐만 아니라 해당 지역의 물자가 풍부한지, 경제가 발달했는지, 교통이 편리한지 등의 제반 문제를 고려했어요.

3

北京 / 荟萃了 / 自元明清以来的 / 中华文化,
Běijīng huìcuì le zì Yuán Míng Qīng yǐlái de Zhōnghuá wénhuà,

拥有 / 众多 / 名胜古迹 / 和人文景观,
yōngyǒu zhòngduō míngshèng gǔjì hé rénwén jǐngguān,

是 / 中国的政治、 / 文化 / 和国际交流中心。
shì Zhōngguó de zhèngzhì、 wénhuà hé guójì jiāoliú zhōngxīn.

베이징은 원, 명, 청대 이후의 중화문화가 결집되어 있고, 많은 명승고적과 인문 경관을 갖추고 있어서 중국의 정치, 문화 및 국제교류의 중심이다.

1 .... 🎧 09-03

왕훙웨이　你看过电影《末代皇帝》吧?
Nǐ kàn guo diànyǐng《Mòdài Huángdì》ba?

장민주　那当然。这部电影不正是以我们身后的紫禁城为背景,
Nà dāngrán. Zhè bù diànyǐng bú zhèngshì yǐ wǒmen shēnhòu de Zǐjìnchéng wéi bèijǐng,

讲述了清朝最后一代皇帝的故事吗❶?
jiǎngshù le Qīngcháo zuìhòu yí dài huángdì de gùshi ma?

对了,紫禁城是在清朝修建的吧?
Duì le, Zǐjìnchéng shì zài Qīngcháo xiūjiàn de ba?

왕훙웨이　这你可猜错了。
Zhè nǐ kě cāi cuò le.

紫禁城虽为清朝的王宫,却始建于明朝。
Zǐjìnchéng suī wéi Qīngcháo de wánggōng, què shǐ jiàn yú Míngcháo.

장민주　那么北京是从何时开始成为中国首都的呢?
Nàme Běijīng shì cóng héshí kāishǐ chéngwéi Zhōngguó shǒudū de ne?

北京又称"燕京",这又与北京的历史有怎样的渊源呢?
Běijīng yòu chēng "Yānjīng", zhè yòu yǔ Běijīng de lìshǐ yǒu zěnyàng de yuānyuán ne?

왕훙웨이　西周时期北京为燕国的都城,因此又叫"燕京"。要说
Xīzhōu shíqī Běijīng wéi Yānguó de dūchéng, yīncǐ yòu jiào "Yānjīng".　　Yàoshuō

北京作为全中国的首都是从元朝开始的,其城址
Běijīng zuòwéi quán Zhōngguó de shǒudū shì cóng Yuáncháo kāishǐ de, qí chéngzhǐ

位于今北京市市区,北至元大都城遗址,南至长安街,
wèiyú jīn Běijīng Shì shìqū, běi zhì Yuán dàdūchéng yízhǐ, nán zhì Cháng'ānjiē,

东西至二环路。明朝和清朝不断对北京城进行了修缮
dōngxī zhì Èrhuánlù. Míngcháo hé Qīngcháo búduàn duì Běijīng chéng jìnxíng le xiūshàn

和扩建,至清末北京成为当时世界上最大的城市。
hé kuòjiàn, zhì Qīng mò Běijīng chéngwéi dāngshí shìjiè shang zuì dà de chéngshì.

장민주　我听说西安又叫"长安",也曾经是中国的首都。
Wǒ tīngshuō Xī'ān yòu jiào "Cháng'ān", yě céngjīng shì Zhōngguó de shǒudū.

왕훙웨이　没错,西安是中国历史上建都时间最长、建都朝代最多、
Méicuò, Xī'ān shì Zhōngguó lìshǐ shang jiàndū shíjiān zuì cháng、jiàndū cháodài zuì duō、

影响力最大的都城。中国历史上四个最鼎盛的朝代周、
yǐngxiǎnglì zuì dà de dūchéng. Zhōngguó lìshǐ shang sì ge zuì dǐngshèng de cháodài Zhōu、

秦、汉、唐均建都于西安。
Qín、Hàn、Táng jūn jiàndū yú Xī'ān.

장민주 中国的历史悠久，经历过众多朝代，首都也一定不少吧？
Zhōngguó de lìshǐ yōujiǔ, jīnglì guo zhòngduō cháodài, shǒudū yě yídìng bùshǎo ba?

왕훙웨이 嗯，洛阳、南京、安阳、杭州等也都是古都。
Èng, Luòyáng、Nánjīng、Ānyáng、Hángzhōu děng yě dōu shì gǔdū.

其中洛阳和南京是10多个朝代的首都，
Qízhōng Luòyáng hé Nánjīng shì shí duō ge cháodài de shǒudū,

其他城市都曾是5个朝代的首都。
qítā chéngshì dōu céng shì wǔ ge cháodài de shǒudū.

可见西安、洛阳、南京和北京不失为中国的"四大古都"。
Kějiàn Xī'ān、Luòyáng、Nánjīng hé Běijīng bùshīwéi Zhōngguó de "sì dà gǔdū".

장민주 王侯定都，肯定要考虑当地的地理条件吧？
Wánghóu dìngdū, kěndìng yào kǎolǜ dāngdì de dìlǐ tiáojiàn ba?

왕훙웨이 没错，定都时不仅要考虑是否为防止外侵的战略要塞，
Méicuò, dìngdū shí bùjǐn yào kǎolǜ shìfǒu wèi fángzhǐ wàiqīn de zhànlüè yàosài,

还要考虑当地的物资是否丰富、经济是否发达、
hái yào kǎolǜ dāngdì de wùzī shìfǒu fēngfù、jīngjì shìfǒu fādá、

交通是否便利等诸多问题。
jiāotōng shìfǒu biànlì děng zhūduō wèntí.

장민주 要说中国的历史，恐怕谁都说不过你。
Yào shuō Zhōngguó de lìshǐ, kǒngpà shéi dōu shuō bu guò nǐ.

왕훙웨이 瞧你说的，这都什么时代了，网上有很多这方面的知识。
Qiáo nǐ shuō de, zhè dōu shénme shídài le, wǎngshàng yǒu hěn duō zhè fāngmiàn de zhīshi.

中原地区是中华文明的发祥地。夏、商、周三朝各
Zhōngyuán dìqū shì Zhōnghuá wénmíng de fāxiángdì.　Xià、Shāng、Zhōu sān cháo gè

建都于中原中心地带的西安和洛阳。其后，晋、汉、唐虽曾
jiàndū yú zhōngyuán zhōngxīn dìdài de Xī'ān hé Luòyáng.　Qíhòu, Jìn、Hàn、Táng suī céng

迁都，但城址也都位于中原。从辽、金、元开始北方民族逐渐
qiāndū, dàn chéngzhǐ yě dōu wèiyú zhōngyuán. Cóng Liáo、Jīn、Yuán kāishǐ běifāng mínzú zhújiàn

掌握政权，由于东北地区是北方民族的战略要地，因此他们
zhǎngwò zhèngquán, yóuyú dōngběi dìqū shì běifāng mínzú de zhànlüè yàodì, yīncǐ tāmen

把首都从汉族中央政权所处的中原移到了东北地区，而
bǎ shǒudū cóng Hànzú zhōngyāng zhèngquán suǒ chǔ de zhōngyuán yí dào le dōngběi dìqū, ér

北京作为全中国的首都则始于元朝，从那时开始北京一直
Běijīng zuòwéi quán Zhōngguó de shǒudū zé shǐ yú Yuáncháo, cóng nàshí kāishǐ Běijīng yìzhí

是中国北方的军事和商业重镇。北京荟萃了自元明清以来的
shì Zhōngguó běifāng de jūnshì hé shāngyè zhòngzhèn. Běijīng huìcuì le zì Yuán Míng Qīng yǐlái de

中华文化，拥有众多名胜古迹和人文景观，是中国的政治、
Zhōnghuá wénhuà, yōngyǒu zhòngduō míngshèng gǔjì hé rénwén jǐngguān, shì Zhōngguó de zhèngzhì、

文化和国际交流中心。
wénhuà hé guójì jiāoliú zhōngxīn.

2 의 내용을 바탕으로 대답해 봅시다.

1 为什么中国古代的首都主要集中在中原地区？
2 请说一说北京作为首都有哪些特点。

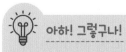 아하! 그렇구나!

❶ 不正是……吗? : '바로 ~가 아니냐?'라는 반문의 의미를 나타낸다.

116

要说

어떤 대상이나 상황을 처음 제기할 때 쓰는 표현으로, '~에 대해서 말하자면'이라는 뜻이다.

要说北京作为全中国的首都是从元朝开始的，其城址位于今北京市市区，北至元大都城遗址，南至长安街，东西至二环路。
Yàoshuō Běijīng zuòwéi quán Zhōngguó de shǒudū shì cóng Yuáncháo kāishǐ de, qí chéngzhǐ wèiyú jīn Běijīng Shì shìqū, běi zhì Yuán dàdūchéng yízhǐ, nán zhì Cháng'ānjiē, dōngxī zhì Èrhuánlù.

要说他的这辆老爷车，的确不省油。
Yàoshuō tā de zhè liàng lǎoyechē, díquè bù shěng yóu.

老爷车 lǎoyechē 고물차

박스 안의 표현 중 알맞은 하나를 넣어 문장을 완성해 보세요.

进入太空　服务态度　关心学生
tàikōng 우주

① 要说＿＿＿＿＿＿＿＿＿，至少有两个国家比中国早。

② 要说＿＿＿＿＿＿＿＿＿，还要数我们学校的李老师。

③ 要说＿＿＿＿＿＿＿＿＿，那家餐厅可是数一数二的。

可见

앞 부분의 내용에 근거하여 결론을 이끌어 낼 때 쓴다.

可见西安、洛阳、南京和北京不失为中国的"四大古都"。
Kějiàn Xī'ān、Luòyáng、Nánjīng hé Běijīng bùshīwéi Zhōngguó de "sì dà gǔdū".

"朝穿皮袄午穿纱，抱着火炉吃西瓜"，**可见**，沙漠地区的温度变化是十分剧烈的。
"Zhāo chuān pí'ǎo wǔ chuān shā, bào zhe huǒlú chī xīguā", kějiàn, shāmò dìqū de wēndù biànhuà shì shífēn jùliè de.

皮袄 pí'ǎo 모피로 안을 댄 중국식 윗옷 | 火炉 huǒlú 화로, 난로 | 剧烈 jùliè 극렬하다, 심하다

'可见'과 괄호 안의 표현을 활용하여 문장을 완성해 보세요.

① 中国有很多方言，只有普通话是全国通用的语言，＿＿＿＿＿＿＿＿。(普通话，重要)

② 中国人结婚、过节都喜欢穿红色的衣服，＿＿＿＿＿＿＿＿。(红色，喜庆、吉祥)

③ 如今中国的商品遍及世界各地，＿＿＿＿＿＿＿＿。(出口大国)
biànjí 골고루 퍼지다

……不过

'不过'가 동사 뒤에 부가되어 어떤 행위나 동작으로 상대를 능가할 수 없음을 나타낸다.

要说中国的历史，恐怕谁都说不过你。
Yào shuō Zhōngguó de lìshǐ, kǒngpà shéi dōu shuō bu guò nǐ.

他不相信，具有这么多优势的国有企业搞不过乡镇企业。
Tā bù xiāngxìn, jùyǒu zhème duō yōushì de guóyǒu qǐyè gǎo bu guò xiāngzhèn qǐyè.

优势 yōushì 우세, 우위 | 国有企业 guóyǒu qǐyè 국유기업 | 乡镇企业 xiāngzhèn qǐyè 향진기업

그림을 보고 '不过'를 활용하여 문장을 완성해 보세요.

①

我们班他写诗写得最好，
谁_____。

②

别看老人家年纪大，可干
起农活来，两三个小伙子
_____。

③

我们班他跑得最快，谁
_____。

명사구+了

명사성 성분이 '了'를 동반하여 변화의 의미를 나타내는 경우 술어로 쓰일 수 있다. 이 경우 일반적으로 어떤 순서나 수량에 이르게 되었음을 나타낸다.

瞧你说的，这都什么时代了。
Qiáo nǐ shuō de, zhè dōu shénme shídài le.

两年多了，他几乎每天早上都要到湖边去散步。
Liǎng nián duō le, tā jīhū měitiān zǎoshang dōu yào dào húbiān qù sànbù.

湖边 húbiān 호숫가

박스 안의 표현 중 알맞은 하나를 넣어 문장을 완성해 보세요.

> 开学已经好几天了　都春天了　三十多本了

① 我买的书已经_____。

② _____，可天气怎么还是那么冷？

③ _____，可她的课桌还空着。

课桌 kèzhuō 교실 책상

118

회화 가지를 치다

1 旅行

A 北京有哪些地方值得一看?
Běijīng yǒu nǎxiē dìfang zhíde yí kàn?

B 如果不去故宫,你肯定后悔。
Rúguǒ bú qù Gùgōng, nǐ kěndìng hòuhuǐ.

★ 바꿔 말하기

B 可看的地方太多了,简直不知该从哪儿说起
Kě kàn de dìfang tài duō le, jiǎnzhí bùzhī gāi cóng nǎr shuō qǐ

我给你当导游,一定会让你大饱眼福的
Wǒ gěi nǐ dāng dǎoyóu, yídìng huì ràng nǐ dà bǎo yǎnfú de

2 询问航班

A 有没有直达桂林的航班?
Yǒu méiyǒu zhídá Guìlín de hángbān?

B 一星期有两班直达桂林的飞机。
Yì xīngqī yǒu liǎngbān zhídá Guìlín de fēijī.

★ 바꿔 말하기

B 没有直达的航班,要在其他城市转机
Méiyǒu zhídá de hángbān, yào zài qítā chéngshì zhuǎnjī

您可以在网上查找航班
Nín kěyǐ zài wǎngshàng cházhǎo hángbān

3 城市

A 这个城市可真大呀!
Zhè ge chéngshì kě zhēn dà ya!

B 这儿曾是中国古代众多朝代的首都。
Zhèr céng shì Zhōngguó gǔdài zhòngduō cháodài de shǒudū.

★ 바꿔 말하기

B 改革开放以后这儿成了重要的经济中心
Gǎigé kāifàng yǐhòu zhèr chéng le zhòngyào de jīngjì zhōngxīn

不久前这儿与周边地区进行了合并,扩大了行政区域
Bùjiǔ qián zhèr yǔ zhōubiān dìqū jìnxíng le hébìng, kuòdà le xíngzhèng qūyù

단어 大饱眼福 dà bǎo yǎnfú 실컷 보고 즐기다 | 询问 xúnwèn 알아보다, 문의하다 | 直达 zhídá 곧바로 가다, 직통하다 | 桂林 Guìlín 구이린 | 航班 hángbān 운행표 | 转机 zhuǎnjī 비행기를 갈아타다 | 合并 hébìng 합병하다 | 扩大 kuòdà 확대하다, 넓히다

실력이 늘다

1 请根据录音内容，回答下列问题。

① 英兰让我在网上查找什么？ _____

② 英兰在网上查找什么？ _____

③ 我为什么佩服英兰？ _____

2 请利用下列词语，简单地说明录音的内容。

> 打交道　历史　文化　查找

_____

_____

3 请你给大家介绍一个你所熟悉的中国城市。

写和说

1 请利用下列生词造句，并大声朗读。

① 要说　→ _____

② ……不过　→ _____

③ 可见　→ _____

读和说

1 请阅读下面的短文，并选择恰当的句子填空。

> 我觉得要想了解中国，一定要去北京。北京自元代开始作为中国的首都，荟萃了中华文化，不仅____①____，也是中国同世界各国进行经济交流和文化交流的重要窗口。北京____②____，是全球拥有世界文化遗产最多的城市，同时北京也云集了各种东西方的现代文明。因此，在北京我们可以____③____。
>
> 窗口 chuāngkǒu 창구 ｜ 遗产 yíchǎn 유산 ｜ 云集 yúnjí 구름같이 모여 들다

ⓐ 拥有众多名胜古迹和人文景观

ⓑ 是中国政治、经济的中心

ⓒ 感受古今之变，中西之美

2 请参考上面的短文给大家介绍一下中国的首都北京。

_____

_____

想和说

1 请根据下面的漫画内容，与同桌进行对话。

_____

_____

세계적인 도시, 장안

우리말에 '장안의 화제'라는 말이 있는데, 이는 '세상에 알려진 유명한 이야기'를 뜻한다. 여기서 '장안(長安)'은 어디일까? 그것은 중국 고대 도읍지로서 현재 산시성(陝西省) 시안시(西安市)에 해당하는 지역이다. 장안은 17개의 조대에 걸쳐서 도읍지의 역할을 했는데, 연수로 따지면 1,200년이 넘는다. 그 중 당대(唐代)에 이르러서는 최대의 규모와 절정의 문화를 보여주었다. '장안의 화제'에서 '장안'은 특히 당대의 수도를 지칭하는데, 우리말 관용표현에도 장안이라는 표현이 쓰인 것은 당대에 장안이 세계적으로 얼마나 유명했던 도시였는지를 실감하게 한다.

중국인들은 장안을 아테네·로마·카이로와 더불어 세계문명의 4대 고도 중 하나로서 자랑스러워한다. 당대의 장안은 실제로 세계적으로 가장 크고 가장 번화한 국제도시였다. 인구는 역사상 처음으로 백만에 육박했고, 외국인도 3만 명에 이르렀다고 하니 그 규모가 얼마나 컸는지를 가히 짐작할 수 있다. 이는 고대 로마보다도 더 큰 규모다. 또한 당시의 문화 풍물·정치 제도·음식 등이 세계 각지에 전파되어 서양과 동양의 상업과 문화교류의 중심지였다고 말할 수 있다.

장안은 오늘날 시안(西安)이라 부른다. 당대 이후 다른 명칭으로 불리다가 명(明)의 태조(太祖)에 이르러 서안부(西安府)로 개명하게 되었는데, 오늘날의 명칭은 여기에서 기원한 것이다. 장안이라는 명칭은 현재 지명으로 사용되고 있지는 않지만 과거의 명성은 아직도 그대로 전해지고 있다. 오늘날 중국 각 도시를 다니다 보면 도시마다 도로명으로 장안이라는 명칭이 사용되는 것을 볼 수 있는데, 동서를 관통하는 중심대로인 베이징의 창안제(長安街)가 가장 대표적인 예다.

장안(현재의 시안)의 도시 성벽

10

为什么说唐诗是中国古代诗歌的顶峰呢?

왜 당시(唐诗)를 중국 고대 시가의
절정이라고 하나요?

이 과의 학습 목표

1 당시(唐诗)와
관련된 표현

2 'A有A的……B有B
的……' 구문 표현

3 '何尝'을 이용한
반문 표현

단어 시작이 반이다

🎧 10-01

- 忽然间 hūránjiān 🔵갑자기
- 情调 qíngdiào 🔵분위기, 정서
- 发晕 fāyūn 🔵현기증이 나다, 어지럽다
- 李白 Lǐ Bái 🔵이백[당대(唐代)의 시인]
- 形容 xíngróng 🔵형용하다, 묘사하다
- 引人入胜 yǐnrén rùshèng 🔵사람을 매료시키다
- 风韵 fēngyùn 🔵운치, 풍격
- 仿佛 fǎngfú 🔵마치 ~인 듯
- 身临其境 shēn lín qí jìng 🔵그 장소에 직접 가다
- 描写 miáoxiě 🔵묘사하다
- 诗句 shījù 🔵시, 시구
- 劝酒 quànjiǔ 🔵술을 권하다
- 感召 gǎnzhào 🔵감화시키다
- 庸俗 yōngsú 🔵비속하다, 저속하다
- 杜甫 Dù Fǔ 🔵두보[당대(唐代)의 시인]
- 风趣 fēngqù 🔵해학, 재미
- 忧虑 yōulǜ 🔵걱정하다, 우려하다
- 苦难 kǔnàn 🔵고난
- 顶峰 dǐngfēng 🔵정상, 최고봉
- 精练 jīngliàn 🔵간결하다, 간명하다
- 广泛 guǎngfàn 🔵폭넓다, 광범위하다
- 诗歌 shīgē 🔵시, 시가

- 前所未有 qián suǒ wèiyǒu 🔵미증유의, 공전의
- 吟诗 yínshī 🔵시를 읊다
- 修身养性 xiūshēn yǎngxìng 🔵심신을 수양하다
- 启迪 qǐdí 🔵깨우치다, 일깨우다
- 无穷无尽 wúqióng wújìn 🔵무궁무진하다
- 比喻 bǐyù 🔵비유하다
- 王羲之 Wáng Xīzhī 🔵왕희지[진나라의 서예가]
- 赏花 shǎnghuā 🔵꽃을 감상하다, 꽃구경하다
- 奏 zòu 🔵연주하다
- 乐曲 yuèqǔ 🔵악곡
- 歌词 gēcí 🔵가사
- 陈旧 chénjiù 🔵낡다, 오래되다
- 枯燥 kūzào 🔵지루하다, 무미건조하다
- 酩酊大醉 mǐngdǐng dà zuì 🔵곤드레만드레 취하다
- 乐章 yuèzhāng 🔵악장
- 赞美 zànměi 🔵찬양하다, 칭송하다
- 恩泽 ēnzé 🔵은덕, 은혜

124

제1강세, 제2강세, 띄어 읽기로 리듬을 느끼며 다음 문장을 익혀 보세요. 🎧10-02

①

李白的诗 / 的确 / 别有风韵，
Lǐ Bái de shī díquè biéyǒu fēngyùn,

听了他的诗 // 就仿佛 /
tīng le tā de shī jiù fǎngfú

身临其境似的。
shēn lín qí jìng shìde.

이백의 시는 확실히 운치가 있어서 그의 시를 들으면 마치 그 장소에 직접 간 듯해요.

②

唐诗 / 音节和谐、 / 文字精练、 /
Táng shī yīnjié héxié、 wénzì jīngliàn、

题材广泛、 / 内容丰富，
tícái guǎngfàn、 nèiróng fēngfù,

它把中国 / 古曲诗歌 / 推到了 / 前所未有的高度。
tā bǎ Zhōngguó gǔqǔ shīgē tuī dào le qián suǒ wèiyǒu de gāodù.

당시는 음절이 조화롭고 글이 간결하며, 소재가 다양하고 내용이 풍부하여 중국 고전시가를 역사상 유례없는 높은 경지로 끌어올렸어요.

③

吟诗 // 不仅 / 可以修身养性，
Yínshī bùjǐn kěyǐ xiūshēn yǎngxìng,

也可以 / 让我们 / 从中受到 / 许多启迪，
yě kěyǐ ràng wǒmen cóngzhōng shòu dào xǔduō qǐdí.

比如： // "欲穷千里目， / 更上一层楼"。
Bǐrú: "yù qióng qiānlǐ mù, gèng shàng yì céng lóu".

시를 읊으면 몸과 마음을 수양할 수 있을 뿐만 아니라, 그 속에서 많은 깨우침을 얻게 되죠. 예를 들면, '천 리를 내다보려면, 한 층을 더 올라가라'라고 했듯이 말이에요.

1 🎧 10-03

추이시우란
这儿可真是"别有天地非人间"哪！
Zhèr kě zhēn shì "biéyǒu tiāndì fēi rénjiān" na!

이동환
你怎么忽然间变得这么有情调啊！
Nǐ zěnme hūránjiān biàn de zhème yǒu qíngdiào a!

추이시우란
这句诗出自李白的《山中问答》，用来形容风景引人入胜。
Zhè jù shī chūzì Lǐ Bái de 《Shān zhōng wèndá》, yònglái xíngróng fēngjǐng yǐnrén rùshèng.

이동환
虽然我听别的古诗头会发晕，但李白的诗的确别有风韵，
Suīrán wǒ tīng bié de gǔshī tóu huì fāyūn, dàn Lǐ Bái de shī díquè biéyǒu fēngyùn,

听了他的诗就仿佛身临其境似的。
tīng le tā de shī jiù fǎngfú shēn lín qí jìng shìde.

听说李白很喜欢喝酒，是吗？
Tīngshuō Lǐ Bái hěn xǐhuan hē jiǔ, shì ma?

추이시우란
没错。李白的诗中有很多描写酒和月亮的诗句。
Méicuò.　Lǐ Bái de shī zhōng yǒu hěn duō miáoxiě jiǔ hé yuèliang de shījù.

如《月下独酌》用向月亮"劝酒"的天真想象感召着
Rú 《Yuè xià dúzhuó》 yòng xiàng yuèliang "quànjiǔ" de tiānzhēn xiǎngxiàng gǎnzhào zhe

被庸俗的生活所淹没了的美好人性。
bèi yōngsú de shēnghuó suǒ yānmò le de měihǎo rénxìng.

이동환
唐代还有一位伟大的现实主义诗人叫杜甫，对吧？
Tángdài hái yǒu yí wèi wěidà de xiànshí zhǔyì shīrén jiào Dù Fǔ, duì ba?

추이시우란
是的。他们的诗风格不同，李白有李白的风趣，
Shì de.　Tāmen de shī fēnggé bùtóng, Lǐ Bái yǒu Lǐ Bái de fēngqù,

杜甫有杜甫的特点。与诗仙李白相比，
Dù Fǔ yǒu Dù Fǔ de tèdiǎn.　Yǔ shīxiān Lǐ Bái xiāngbǐ,

杜甫更多的是对国家的忧虑及对老百姓苦难生活的同情。
Dù Fǔ gèng duō de shì duì guójiā de yōulǜ jí duì lǎobǎixìng kǔnàn shēnghuó de tóngqíng.

因此他的诗被称作"诗史"。
Yīncǐ tā de shī bèi chēngzuò "shīshǐ".

이동환
为什么说唐诗是中国古代诗歌的顶峰呢？
Wèishénme shuō Táng shī shì Zhōngguó gǔdài shīgē de dǐngfēng ne?

추이시우란 唐诗音节和谐、文字精练、题材广泛、内容丰富，
Táng shī yīnjié héxié、wénzì jīngliàn、tícái guǎngfàn、nèiróng fēngfù,

它把中国古曲诗歌推到了前所未有的高度。
tā bǎ Zhōngguó gǔqǔ shīgē tuī dào le qián suǒ wèiyǒu de gāodù.

听我这么一说，你是不是也想再多学几首古诗了？
Tīng wǒ zhème yì shuō, nǐ shì bu shì yě xiǎng zài duō xué jǐ shǒu gǔshī le?

이동환 我又何尝不想学，只不过没有时间罢了。
Wǒ yòu hécháng bù xiǎng xué, zhǐbúguò méiyǒu shíjiān bà le.

추이시우란 吟诗不仅可以修身养性，也可以让我们从中受到许多启迪。
Yínshī bùjǐn kěyǐ xiūshēn yǎngxìng, yě kěyǐ ràng wǒmen cóngzhōng shòu dào xǔduō qǐdí.

比如："欲穷千里目，更上一层楼❶"。
Bǐrú: "yù qióng qiānlǐ mù, gèng shàng yì céng lóu".

이동환 这句诗我知道，意思是要想看到无穷无尽的美丽景色，
Zhè jù shī wǒ zhīdao, yìsi shì yào xiǎng kàn dào wúqióng wújìn de měilì jǐngsè,

应当再登上一层楼，比喻想要取得更大的成功，
yīngdāng zài dēng shàng yì céng lóu, bǐyù xiǎng yào qǔdé gèng dà de chénggōng,

就要付出更多的努力。
jiù yào fùchū gèng duō de nǔlì.

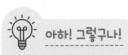 아하! 그렇구나!

❶ 欲穷千里目，更上一层楼 : 당대(唐代) 시인 왕지환(王之涣)의 《등관작루(登鹳雀楼)》에 나오는 구절이다.

"一觞一咏"出自王羲之的《兰亭集序》，旧指文人边喝酒
"yì shāng yì yǒng" chūzì Wáng Xīzhī de 《Lántíngjíxù》, jiù zhǐ wénrén biān hē jiǔ

边吟诗。被称为唐诗双璧的李白和杜甫就有五百多首诗中
biān yínshī. Bèi chēngwéi Táng shī shuāng bì de Lǐ Bái hé Dù Fǔ jiù yǒu wǔbǎi duō shǒu shī zhōng

出现过"酒"，而李白更是以"一斗诗百篇"而闻名。传说有一天
chūxiàn guo "jiǔ", ér Lǐ Bái gèngshì yǐ "yì dǒu shī bǎi piān" ér wénmíng.　Chuánshuō yǒu yì tiān

唐玄宗和杨贵妃在宫中赏花，但宫中所奏乐曲的歌词
Táng Xuánzōng hé Yáng Guìfēi zài gōng zhōng shǎnghuā, dàn gōng zhōng suǒ zòu yuèqǔ de gēcí

陈旧枯燥，便派人去找李白。而那天李白从早上就开始饮酒，
chénjiù kūzào, biàn pàirén qù zhǎo Lǐ Bái.　Ér nà tiān Lǐ Bái cóng zǎoshang jiù kāishǐ yǐnjiǔ,

奉诏进宫时已酩酊大醉，听到玄宗命自己写新乐章，则说
fèng zhào jìngōng shí yǐ mǐngdǐng dà zuì, tīng dào Xuánzōng mìng zìjǐ xiě xīn yuèzhāng, zé shuō

有酒才能作诗。玄宗命人拿来好酒，李白于是作《清平调词》，
yǒu jiǔ cái néng zuòshī.　Xuánzōng mìng rén nálái hǎo jiǔ, Lǐ Bái yúshì zuò 《Qīngpíngdiàocí》,

赞美杨贵妃并感谢唐玄宗的恩泽。
zànměi Yáng Guìfēi bìng gǎnxiè Táng Xuánzōng de ēnzé.

2 의 내용을 바탕으로 대답해 봅시다.

1 "一觞一咏"是什么意思？
2 请讲述李白和《清平调词》的故事。

发……

'发' 뒤에 단음절 동사나 형용사가 부가되어 어떤 상태가 드러남을 의미한다. 주로 유쾌하지 않은 뜻을 나타낸다.

我听别的古诗头会发晕。
Wǒ tīng bié de gǔshī tóu huì fāyūn.

他很爱笑，甚至在他发怒的时候，看上去也像在微笑。
Tā hěn àixiào, shènzhì zài tā fānù de shíhou, kàn shàngqu yě xiàng zài wēixiào.

发怒 fānù 성내다 | 微笑 wēixiào 미소짓다

그림을 보고 '发'를 활용하여 문장을 완성해 보세요.

①

②

③

糖吃多了容易_____

_____。

最近不少年轻人都为找不

到工作_____。

每次应聘失败后，他都站

在大街边_____。

……似的

'마치 ~와 같다'라는 뜻으로, 구나 절의 뒤에 부가하여 직접 술어가 되거나 다른 술어를 수식할 수 있다. 앞에는 '仿佛' '像' '好像' 등이 와서 호응하는 경우가 많다.

李白的诗的确别有风韵，听了他的诗就仿佛身临其境似的。
Lǐ Bái de shī díquè biéyǒu fēngyùn, tīng le tā de shī jiù fǎngfú shēn lín qí jìng shìde.

老李静静地看着她，就好像第一次看到她这个人似的。
Lǎo Lǐ jìngjìng de kàn zhe tā, jiù hǎoxiàng dì yí cì kàn dào tā zhè ge rén shìde.

괄호 안의 표현을 바르게 배열하여 문장을 완성해 보세요.

① 他走走停停，_____。(突然 / 仿佛 / 什么 / 想起 / 似的)

② 他没向我打招呼，_____。(我 / 好像 / 不认识 / 似的)

③ 我们大声喊了他半天，他也没回头，_____。
(好像 / 没 / 似的 / 根本 / 听见)

A有A的……，B有B的……

A와 B가 각자 나름대로의 특성이 있다는 뜻을 나타낸다.

> **他们的诗风格不同，李白有李白的风趣，杜甫有杜甫的特点。**
> Tāmen de shī fēnggé bùtóng, Lǐ Bái yǒu Lǐ Bái de fēngqù, Dù Fǔ yǒu Dù Fǔ de tèdiǎn.

> **国有企业和乡镇企业大有大的难处，小有小的优势。**
> Guóyǒu qǐyè hé xiāngzhèn qǐyè dà yǒu dà de nánchù, xiǎo yǒu xiǎo de yōushì.

难处 nánchù 곤란, 고충

박스 안의 단어를 활용하여 'A有A的……，B有B的……'의 형식으로 문장을 완성해 보세요.

> 穷　富　高　矮　大　小

① ＿＿＿＿＿用处，＿＿＿＿＿特长，我们不可重大轻小，也不可因小失大。

② 要说个子，＿＿＿＿＿好处，＿＿＿＿＿优点，一切要从本身的条件出发。

③ 金钱并不代表幸福，俗话说："＿＿＿＿＿苦，＿＿＿＿＿愁"。

何尝

'어찌 ~할 수 있겠는가?'라는 뜻으로 반문의 용법으로 쓰이며, 부사 '又'와 호응하는 경우가 많다.

> **我又何尝不想学，只不过没有时间罢了。**
> Wǒ yòu hécháng bù xiǎng xué, zhǐbúguò méiyǒu shíjiān bà le.

> **我何尝去过那样的地方？**
> Wǒ hécháng qù guo nàyàng de dìfang?

괄호 안의 표현을 '何尝'을 사용한 표현으로 바꾸어 보세요.

① 我的心情＿＿＿＿＿＿＿＿＿＿＿？(当然是这样)

② 我＿＿＿＿＿＿＿＿＿＿＿，但任务还没完成。(当然想休息)

③ 同事不理解，父母不理解，兄弟姐妹＿＿＿＿＿＿＿＿＿＿＿？(当然不能理解)

🎧 10-05

1 中国文学

A 你为什么对中国文学这么感兴趣？
Nǐ wèishénme duì Zhōngguó wénxué zhème gǎnxìngqù?

B 看古代著作可以修身养性。
Kàn gǔdài zhùzuò kěyǐ xiūshēn yǎngxìng.

★ 바꿔 말하기

B 因为诗词的内容丰富、韵律优美
Yīnwèi shīcí de nèiróng fēngfù、 yùnlǜ yōuměi

中国小说，特别是武侠小说很吸引人
Zhōngguó xiǎoshuō, tèbié shì wǔxiá xiǎoshuō hěn xīyǐn rén

2 作业

A 老师给你们留了什么作业？
Lǎoshī gěi nǐmen liú le shénme zuòyè?

B 老师让我们写一篇有关"文化大革命"的调查报告。
Lǎoshī ràng wǒmen xiě yì piān yǒuguān "Wénhuà Dà Gémìng" de diàochá bàogào.

★ 바꿔 말하기

B 每人做一份有关中国方言的PPT
měirén zuò yí fèn yǒuguān Zhōngguó fāngyán de PPT

分组调查中国教育体制的变革
fēnzǔ diàochá Zhōngguó jiàoyù tǐzhì de biàngé

3 推荐书籍

A 你为什么向我推荐这本书？
Nǐ wèishénme xiàng wǒ tuījiàn zhè běn shū?

B 这是刚出版的小说，描述了当代中国人的生活。
Zhè shì gāng chūbǎn de xiǎoshuō, miáoshù le dāngdài Zhōngguórén de shēnghuó.

★ 바꿔 말하기

B 中国古典名著的白话版，里面的内容很有教育意义
Zhōngguó gǔdiǎn míngzhù de báihuàbǎn, lǐmiàn de nèiróng hěn yǒu jiàoyù yìyì

汉语教材，内容实用、丰富，难易度安排得也十分合理
Hànyǔ jiàocái, nèiróng shíyòng、 fēngfù, nányìdù ānpái de yě shífēn hélǐ

단어

优美 yōuměi 우아하고 아름답다 | 武侠小说 wǔxiá xiǎoshuō 무협 소설 | 文化大革命 Wénhuà Dà Gémìng 문화대혁명 |
分组 fēnzǔ 조를 나누다 | 变革 biàngé 변혁 | 描述 miáoshù 묘사하다 | 名著 míngzhù 명저, 명작 | 合理 hélǐ 합리적이다

听和说 🎧 10-06

1 请根据录音内容，回答下列问题。

① 我每周参加什么活动？ _____

② 我是怎么对中国文学产生兴趣的？ _____

③ 我将来有什么打算？ _____

2 请利用下列词语，简单地说明录音的内容。

> 学习小组　　阅读　　翻译

_____

_____

3 请你给大家介绍一下你熟悉的中国作家或作品。

写和说

1 请利用下列生词造句，并大声朗读。

① ……似的　→ _____

② A有A的……，B有B的……　→ _____

③ 何尝　→ _____

读和说

1 请阅读下面的短文，并选择恰当的句子填空。

> 　　最近金东焕对成语产生了极大的兴趣。他觉得中国的成语和韩国的成语十分相似，而且意义接近，易于记忆。此外，每个成语都有自己的起源，而且____①____。所以他无论去哪儿，____②____，在和中国朋友交谈的时候自然也不会忘记使用成语。每当和金东焕交谈时，中国朋友都会为____③____而惊叹不已。这进一步提高了金东焕学习成语的兴趣，所以他打算大学毕业后考研攻读中国古典文学。
>
> 惊叹不已 jīngtàn bùyǐ 경탄을 금치 못하다 | 考研 kǎoyán 대학원에 응시하다 | 攻读 gōngdú 전공하다

ⓐ 金东焕懂得这么多成语

ⓑ 手里都会拿着一本成语词典

ⓒ 很多都是有趣的故事

2 请参考上面的短文给大家介绍两个中国成语。

_____

_____

想和说

1 请根据下面的漫画内容，与同桌进行对话。

_____

_____

낭만주의 유랑 시인, 이백

'달아 달아 밝은 달아 이태백이 놀던 달아'라는 노래가 있듯이 이백(李白)은 이태백이란 이름으로 우리에게 더 잘 알려져 있다. 태백(太白)은 이백의 자(字)고, 그의 호(号)는 청련거사(靑蓮居士)다. 그는 중국을 대표하는 낭만주의 시인으로서 '시선(诗仙)'으로 불린다.

이백은 어릴 적부터 유달리 재주가 뛰어났고 포부와 야망이 컸다. 인생 대부분을 중국의 많은 지역을 유랑하며 보내면서 각지의 명인들을 만나고 추천을 받아 높은 관직에 올라 자신의 정치적 이상과 포부를 실현하고자 했다. 그러나 오랫동안 기회가 오지 않아 절망 속에서 지내다가 마침내 현종(玄宗)의 부름을 받아 장안으로 들어와 한림(翰林)의 직책을 맡기에 이른다. 이때가 그의 생애에서 가장 행복했던 시기일 수 있었지만, 그의 곧은 성격과 그를 시기하던 무리들로 인해 얼마 있지 않아 바로 궁에서 쫓겨나게 되었다. 그 후 다시 짧은 관직 생활을 하기도 했지만 안사의 난 후에는 모반 사건에 연루되어 한동안 유배 생활을 겪기도 했다.

이백은 호주가(好酒家)로도 유명한데, 1,000수가 넘는 시 중에서 음주에 관련된 것이 200수 가까이 된다. 그가 술에 취해 강에 비친 달을 잡으려다가 물에 빠져 죽었다는 고사가 있을 정도니 이백과 술은 뗄 수 없는 관계일 것이다. 이백의 음주 시 한 수를 음미해 보자.

> 两人对酌山花开,　꽃 핀 산속에서 두 사람이 대작하네
> 一杯一杯复一杯。　한 잔 한 잔 다시 또 한 잔
> 我醉欲眠卿且去,　나는 취해서 잠이 오니 그대 잠시 갔다가
> 明朝有意抱琴来。　내일 아침 뜻이 있으면 거문고 갖고 다시 오게나
>
> 〈山中与幽人对酌 산중에서 은사(隐士)와의 대작〉

↳ 시선(诗仙) 이백의 동상

11

方言与普通话
还有哪些不同之处?

방언과 표준어에는
또 어떤 다른 점이 있나요?

이 과의 학습 목표

1
중국의 방언 및
표준어와 관련된 표현

2
'才……又……'
구문 표현

3
'不免'을 이용한
결과나 상황 발생 표현

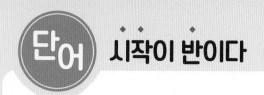
- 泄气 xièqì 통 기가 죽다, 낙담하다
- 广东话 Guǎngdōnghuà 고유 광둥어
- 普通话 pǔtōnghuà 명 현대 중국 표준어
- 例如 lìrú 통 예를 들면
- 北京话 Běijīnghuà 고유 베이징어
- 声调 shēngdiào 명 성조
- 谢天谢地 xiè tiān xiè dì 성 천만다행이다, 고맙기 그지없다
- 大批 dàpī 형 대량의
- 红薯 hóngshǔ 명 고구마
- 江西 Jiāngxī 고유 장시[지명]
- 江苏 Jiāngsū 고유 장쑤[지명]
- 福建 Fújiàn 고유 푸젠[지명]
- 区分 qūfēn 통 구분하다, 나누다
- 公鸡 gōngjī 명 수탉
- 母鸡 mǔjī 명 암탉
- 地域 dìyù 명 지역
- 辽阔 liáokuò 형 광활하다, 끝없이 넓다
- 院校 yuànxiào 명 단과 대학과 대학교, 교육기관
- 一律 yílǜ 부 일률적으로, 모두
- 范围 fànwéi 명 범위
- 结交 jiéjiāo 통 친구가 되다, 사귀다
- 境内 jìngnèi 명 국내, 나라 안

- 初学 chūxué 통 처음 배우기 시작하다
- 惊讶 jīngyà 형 놀랍다, 의아스럽다
- 不免 bùmiǎn 부 피하지 못하다
- 倍受 bèishòu 통 한층 더 받다, 더욱더 받다
- 挫折 cuòzhé 명 좌절, 실패
- 语音 yǔyīn 명 발음, 음성
- 标准音 biāozhǔnyīn 명 표준음
- 等于 děngyú 통 ~와 같다, ~와 마찬가지다
- 土音 tǔyīn 명 사투리 발음
- 说成 shuōchéng 통 ~라고 말하다
- 儿化音 érhuàyīn 명 얼화음
- 天桥 tiānqiáo 명 육교
- 难以 nányǐ 형 ~하기 어렵다
- 推广 tuīguǎng 통 확대하다, 널리 보급하다

리듬을 만나다

제1강세, 제2강세, 띄어 읽기로 리듬을 느끼며 다음 문장을 익혀 보세요. 🎧 11-02

①

中国／有许多方言，//方言间的差异／也很大，
Zhōngguó yǒu xǔduō fāngyán, fāngyán jiān de chāyì yě hěn dà,

例如//北京话／只有／四个声调，
lìrú Běijīnghuà zhǐyǒu sì ge shēngdiào,

而有些／南方方言／有八个／甚至九个声调。
ér yǒuxiē nánfāng fāngyán yǒu bā ge shènzhì jiǔ ge shēngdiào.

중국에는 방언이 많고 방언 간의 차이도 커요. 예를 들면, 베이징어에는 네 개의 성조가 있지만 어떤 남방 방언 중에는 여덟 개, 심지어 아홉 개의 성조가 있는 것도 있어요.

②

这没什么，//其实／我有一大批／外地朋友，
Zhè méi shénme, qíshí wǒ yǒu yí dà pī wàidì péngyou,

他们／受方言的影响，
tāmen shòu fāngyán de yǐngxiǎng,

普通话的发音／也不是很准确。
pǔtōnghuà de fāyīn yě bú shì hěn zhǔnquè.

큰 문제 아니에요. 실제로 나는 다른 지역 친구들이 많은데, 그들은 방언의 영향을 받아서 표준어 발음이 아주 정확하지는 않아요.

③

很多／初学汉语的人//第一次到北京／
Hěn duō chūxué Hànyǔ de rén dìyī cì dào Běijīng

都很惊讶地发现／自己听不懂／老北京人的发音，
dōu hěn jīngyà de fāxiàn zìjǐ tīng bu dǒng lǎo Běijīngrén de fāyīn,

不免会有／倍受挫折之感。
bùmiǎn huì yǒu bèishòu cuòzhé zhī gǎn.

중국어를 막 배우기 시작한 많은 사람들은 처음 베이징에 와서 자신이 베이징 토박이의 발음을 알아듣지 못하는 것에 놀라 큰 좌절감을 느끼곤 한다.

1 .... 🎧 11-03

장민주 学了这么长时间的汉语，刚才的电影还是一句都没听懂，
Xué le zhème cháng shíjiān de Hànyǔ, gāngcái de diànyǐng háishi yí jù dōu méi tīng dǒng,

真让人泄气。
zhēn ràng rén xièqì.

우더화 别泄气，刚才电影里说的都是广东话，你当然听不懂啦。
Bié xièqì, gāngcái diànyǐng li shuō de dōu shì Guǎngdōnghuà, nǐ dāngrán tīng bu dǒng la.

장민주 广东话？我才学会了一点儿普通话，难道又要学广东话？
Guǎngdōnghuà? Wǒ cái xué huì le yìdiǎnr pǔtōnghuà, nándào yòu yào xué Guǎngdōnghuà?

우더화 你别担心，其实我也听不懂。中国有许多方言，
Nǐ bié dānxīn, qíshí wǒ yě tīng bu dǒng. Zhōngguó yǒu xǔduō fāngyán,

方言间的差异也很大，例如北京话只有四个声调，
fāngyán jiān de chāyì yě hěn dà, lìrú Běijīnghuà zhǐyǒu sì ge shēngdiào,

而有些南方方言有八个甚至九个声调。
ér yǒuxiē nánfāng fāngyán yǒu bā ge shènzhì jiǔ ge shēngdiào.

장민주 谢天谢地，普通话只有四个声调，这回我可没什么不满
Xiè tiān xiè dì, pǔtōnghuà zhǐyǒu sì ge shēngdiào, zhè huí wǒ kě méi shénme bùmǎn

可言了。不瞒你说❶，我连这四个声调有时都搞不准。
kěyán le. Bùmán nǐ shuō, wǒ lián zhè sì ge shēngdiào yǒushí dōu gǎo bu zhǔn.

우더화 这没什么，其实我有一大批外地朋友，他们受方言的影响，
Zhè méi shénme, qíshí wǒ yǒu yí dà pī wàidì péngyou, tāmen shòu fāngyán de yǐngxiǎng,

普通话的发音也不是很准确。
pǔtōnghuà de fāyīn yě bú shì hěn zhǔnquè.

장민주 除了发音以外，方言与普通话还有哪些不同之处？
Chú le fāyīn yǐwài, fāngyán yǔ pǔtōnghuà hái yǒu nǎxiē bùtóng zhī chù?

우더화 除此之外，各个方言对于同一事物的称呼也有所不同，
Chú cǐ zhīwài, gègè fāngyán duìyú tóngyī shìwù de chēnghu yě yǒusuǒ bùtóng,

比如普通话的"红薯"，江西人称为"番薯"，
bǐrú pǔtōnghuà de "hóngshǔ", Jiāngxīrén chēngwéi "fānshǔ",

江苏南部叫作"山芋"，而福建人则称其为"地瓜"。
Jiāngsū nánbù jiàozuò "shānyù", ér Fújiànrén zé chēng qí wéi "dìguā".

又如，北京话区分"吃"与"喝"，而在上海话中都用作"吃"。
Yòu rú, Běijīnghuà qūfēn "chī" yǔ "hē", ér zài Shànghǎihuà zhōng dōu yòng zuò "chī".

北京话说"公鸡"、"母鸡"，而广东话说"鸡公"、"鸡母"。
Běijīnghuà shuō "gōngjī"、"mǔjī", ér Guǎngdōnghuà shuō "jīgōng"、"jīmǔ".

北京话说"我先走"，而广东话说"我走先"。
Běijīnghuà shuō "wǒ xiān zǒu", ér Guǎngdōnghuà shuō "wǒ zǒu xiān".

장민주　中国地域辽阔、方言众多，
Zhōngguó dìyù liáokuò、fāngyán zhòngduō,

各地区的人们是怎样进行交流的呢？
gè dìqū de rénmen shì zěnyàng jìnxíng jiāoliú de ne?

우더화　中国有普通话呀。在中国，上至大学，下至小学，
Zhōngguó yǒu pǔtōnghuà ya. Zài Zhōngguó, shàng zhì dàxué, xià zhì xiǎoxué,

各地院校一律使用普通话对学生进行教育。
gèdì yuànxiào yílǜ shǐyòng pǔtōnghuà duì xuésheng jìnxíng jiàoyù.

장민주　中国有能在全国范围内使用的统一语言，真了不起呀！
Zhōngguó yǒu néng zài quánguó fànwéi nèi shǐyòng de tǒngyī yǔyán, zhēn liǎobuqǐ ya!

我也要努力学好普通话，结交中国各地的朋友。
Wǒ yě yào nǔlì xué hǎo pǔtōnghuà, jiéjiāo Zhōngguó gèdì de péngyou.

우더화　是啊，等你学好普通话，
Shì a, děng nǐ xué hǎo pǔtōnghuà,

我们一起来一次中国境内游，怎么样？
wǒmen yìqǐ lái yí cì Zhōngguó jìngnèi yóu, zěnmeyàng?

很多初学汉语的人第一次到北京都很惊讶地发现自己
Hěn duō chūxué Hànyǔ de rén dìyī cì dào Běijīng dōu hěn jīngyà de fāxiàn zìjǐ

听不懂老北京人的发音，不免会有倍受挫折之感。其实普通话
tīng bu dǒng lǎo Běijīngrén de fāyīn, bùmiǎn huì yǒu bèishòu cuòzhé zhī gǎn. Qíshí pǔtōnghuà

虽然以北京语音为标准音，但普通话并不等于北京话。北京话
suīrán yǐ Běijīng yǔyīn wéi biāozhǔnyīn, dàn pǔtōnghuà bìng bù děngyú Běijīnghuà. Běijīnghuà

有许多土音，比如：老北京人把"和"说成"han"，把"告诉"说成
yǒu xǔduō tǔyīn, bǐrú: lǎo Běijīngrén bǎ "hé" shuōchéng "han", bǎ "gàosu" shuōchéng

"gaosong"。北京话儿化音也很多，如：地——地儿、天桥——
"gaosong". Běijīnghuà érhuàyīn yě hěn duō, rú: dì—dìr, tiānqiáo—

天桥儿。这些土音和儿话，不仅让其他方言区的人难以接受，
tiānqiáor. Zhèxiē tǔyīn hé érhuà, bùjǐn ràng qítā fāngyánqū de rén nányǐ jiēshòu,

也给普通话的推广带来许多麻烦。不过，随着时间的推移，
yě gěi pǔtōnghuà de tuīguǎng dàilái xǔduō máfan. Búguò, suízhe shíjiān de tuīyí,

人们会逐渐适应这些土音和儿话的。
rénmen huì zhújiàn shìyìng zhèxiē tǔyīn hé érhuà de.

2 의 내용을 바탕으로 대답해 봅시다.

1 初学汉语的人刚到北京时为什么听不懂北京话？

2 北京话和普通话有哪些不同？

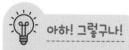

● 不瞒你说: 문장의 앞에 쓰여 '솔직히 말하면'의 뜻을 나타낸다.

才……又……

'겨우 ~만 하고서 또 ~한다'라는 뜻으로 하나의 성과를 이루지도 못하고 다른 일을 함을 나타낸다.

我才学会了一点儿普通话，难道又要学广东话？
Wǒ cái xué huì le yìdiǎnr pǔtōnghuà, nándào yòu yào xué Guǎngdōnghuà?

他才把车门修好，却又坏了尾灯。
Tā cái bǎ chēmén xiū hǎo, què yòu huài le wěidēng.

尾灯 wěidēng 미등

그림을 보고 알맞은 표현을 넣어서 문장을 완성해 보세요.

①

②

③

① 住院才半个月，他＿＿＿＿ ＿＿＿＿，带病参加训练。

② 从家回来才两天，她＿＿＿ ＿＿＿＿＿＿＿＿＿＿。

③ 你不会才学了十分钟，就 ＿＿＿＿＿＿＿＿吧？

没什么……

'没什么'의 뒤에 긍정이나 부정 표현을 부가하여 '별로 ~할 것이 없다'라는 뜻을 나타낸다.

谢天谢地，普通话只有四个声调，这回我可没什么不满可言了。
Xiè tiān xiè dì, pǔtōnghuà zhǐyǒu sì ge shēngdiào, zhè huí wǒ kě méi shénme bùmǎn kěyán le.

这个学校的老师都很关心学生，我们家长没什么不放心的。
Zhè ge xuéxiào de lǎoshī dōu hěn guānxīn xuésheng, wǒmen jiāzhǎng méi shénme bú fàngxīn de.

'没什么……'와 괄호 안의 표현을 활용하여 문장을 완성해 보세요.

① 您讲得很清楚，我们＿＿＿＿＿＿＿＿＿＿。（问）

② 这家宾馆的设施非常好，我＿＿＿＿＿＿＿＿＿＿。（满意）
   shèshī 시설

③ 这次考试大家考得都很好，取得好成绩＿＿＿＿＿＿＿＿＿＿。（骄傲）

大/小+양사

명사가 나타내는 사물의 부분 또는 그 집합체의 크기를 구분하거나 사물을 담는 용기의 크기를 구분하기 위해서 양사의 앞에 '大' '小'를 부가할 수 있다.

我有一大批外地朋友，他们受方言的影响，普通话的发音也不是很准确。
Wǒ yǒu yí dà pī wàidì péngyou, tāmen shòu fāngyán de yǐngxiǎng, pǔtōnghuà de fāyīn yě bú shì hěn zhǔnquè.

这么一小间屋子怎么能住得下五个人？
Zhème yì xiǎo jiān wūzi zěnme néng zhù de xià wǔ ge rén?

● 그림을 보고 '大/小+양사'의 형식을 활용하여 문장을 완성해 보세요.

①

你给我的＿＿＿＿＿＿
＿＿＿＿，是当不了午餐的。

②

他渴坏了，＿＿＿＿＿＿
＿＿＿＿＿＿＿＿＿＿。

③

我＿＿＿＿＿＿＿＿＿＿
＿＿＿＿＿＿，我们一起吃吧。

不免

어떤 원인으로 인해서 자연히 어떤 결과나 상황이 발생하게 됨을 나타낸다.

很多初学汉语的人第一次到北京都很惊讶地发现自己听不懂老北京人的发音，不免会有倍受挫折之感。
Hěn duō chūxué Hànyǔ de rén dìyī cì dào Běijīng dōu hěn jīngyà de fāxiàn zìjǐ tīng bu dǒng lǎo Běijīngrén de fāyīn, bùmiǎn huì yǒu bèi shòu cuòzhé zhī gǎn.

今年雨下得特别多，庄稼不免受了很大影响。
Jīnnián yǔ xià de tèbié duō, zhuāngjia bùmiǎn shòu le hěn dà yǐngxiǎng.

● 그림을 보고 '不免'을 활용하여 문장을 완성해 보세요.

①

他第一次上台做报告，心里＿＿＿＿＿＿＿＿。

②

刚进入大学，大家对新环境＿＿＿＿＿＿＿＿。

③

晚上一个人走在大街上，＿＿＿＿＿＿＿＿。

142

회화 · 가지를 치다

1 方言

A 这一地区的方言和普通话有哪些不同？
Zhè yí dìqū de fāngyán hé pǔtōnghuà yǒu nǎxiē bùtóng?

B 这儿的方言声调比普通话多，发音和普通话完全不同。
Zhèr de fāngyán shēngdiào bǐ pǔtōnghuà duō, fāyīn hé pǔtōnghuà wánquán bùtóng.

★ 바꿔 말하기

B 描述同一事物时所使用的生词和普通话有些出入
Miáoshù tóngyī shìwù shí suǒ shǐyòng de shēngcí hé pǔtōnghuà yǒuxiē chūrù

在语序方面有很多地方和普通话不同
Zài yǔxù fāngmiàn yǒu hěn duō dìfang hé pǔtōnghuà bùtóng

2 交际

A 那两个人为什么请你当翻译？
Nà liǎng ge rén wèishénme qǐng nǐ dāng fānyì?

B 因为他们俩使用不同的方言。
Yīnwèi tāmen liǎ shǐyòng bùtóng de fāngyán.

★ 바꿔 말하기

B 其中一个是一点儿汉语都不懂的外国人
qízhōng yí ge shì yìdiǎnr Hànyǔ dōu bù dǒng de wàiguórén

他们俩的普通话发音都不大准确
tāmen liǎ de pǔtōnghuà fāyīn dōu búdà zhǔnquè

3 学汉语

A 你是怎么学习汉语的？
Nǐ shì zěnme xuéxí Hànyǔ de?

B 我每天早上都听三十分钟的汉语广播。
Wǒ měitiān zǎoshang dōu tīng sānshí fēnzhōng de Hànyǔ guǎngbō.

★ 바꿔 말하기

B 在学校选了几门汉语课 | 一周两次，和中国朋友练习口语
zài xuéxiào xuǎn le jǐ mén Hànyǔ kè | yì zhōu liǎng cì, hé Zhōngguó péngyou liànxí kǒuyǔ

 단어 出入 chūrù 차이, 오차 | 语序 yǔxù 어순 | 交际 jiāojì 교제, 의사소통 | 广播 guǎngbō 라디오 방송

听和说 🎧11-06

1 请根据录音内容，回答下列问题。

① 我的汉语水平怎么样？ _____

② 为什么中国政治经济学这门课让我感到十分头疼？ _____

③ 上这门课的时候谁给了我很多帮助？ _____

2 请利用下列词语，简单地说明录音的内容。

> 普通话　同乡　请教

_____

_____

3 请你简单地说一说学习汉语的心得。

xīndé 소감, 느낀 점

写和说

1 请利用下列生词造句，并大声朗读。

① 才……又……　→ _____

② 没什么……　→ _____

③ 不免　→ _____

读和说

1 请阅读下面的短文，并选择恰当的句子填空。

> 中国自古以来，地域辽阔，方言众多。因此，___①___。据史料记载，"雅言"是中国最早的古代通用语，相当于现在的普通话。雅言最初是以周朝地方语言为基础的。据说___②___，他的三千弟子来自四面八方，而孔子正是用雅言来讲学的。中原雅言的历史长达一千五百多年。周以后，___③___，雅言的基础方言也随之有所改变。由于历代王朝都大力推广雅言，雅言在唐宋时期，发展到了最高峰，就连当时的周边各国也都争相学习中原雅言。
>
> 史料 shǐliào 역사 연구 자료 ┃ 记载 jìzǎi 기록하다 ┃ 雅言 yǎyán 표준말 ┃ 争相 zhēngxiāng 서로 앞다투어

ⓐ 孔子在鲁国讲学

ⓑ 从古时起就十分重视各地方言的统一

ⓒ 各朝随着国都的迁移
　　　guódū 수도　qiānyí 이전하다

2　请你给大家介绍一下韩国的方言。

_____

_____

想和说

1　请根据下面的漫画内容，与同桌进行对话。

_____

_____

해학이 넘치는 표현, 헐후어

헐후어(歇后语, xiēhòuyǔ)는 중국인이 창조한 독특한 언어 형식으로서 간결한 묘사와 해학적인 표현이 그 특징이다. 하나의 헐후어는 앞뒤 두 부분으로 나뉘는데, 앞부분은 수수께끼처럼 원래의 뜻을 직접적으로 보여 주지 않고, 뒷부분에서 그 표현하고자 하는 뜻을 구체적으로 나타낸다. 헐후어는 뒷부분을 감추고 앞부분만으로 그 의미를 맞추게 하는 재미있는 관용어인 셈이다.

헐후어의 종류에는 해음자를 이용한 것, 비유를 사용한 것, 고사를 인용한 것 등이 있는데, 예를 들면 다음과 같다.

和尚打伞(héshang dǎsǎn) —— 无法无天(wúfǎ wútiān)

'和尚打伞'은 '스님이 우산을 쓰다'라는 뜻이고, 머리카락이 없어서 '无发'인데 발음이 유사한 '无法'가 연상되고 우산으로 하늘을 가리어 '无天' 하게 되니 '법도 하늘도 무시하고 제멋대로 한다'라는 의미를 나타낸다.

脱裤子放屁(tuō kùzi fàngpì) —— 多此一举(duō cǐ yì jǔ)

'脱裤子放屁'는 '바지를 벗고 방귀를 뀌다'라는 뜻이니 '불필요한 일을 하다(多此一举)'라는 의미를 비유한 것이다.

刘备借荆州(Liú Bèi jiè Jīngzhōu) —— 只借不还(zhǐ jiè bù huán)

'刘备借荆州'는 유비가 손권에게 징저우(荆州)의 땅을 빌렸다는 역사적인 고사를 토대로 '빌려가면 돌려주지 않는다'라는 뜻을 나타낸다. 하지만 역사 기록에 의하면 빌렸던 땅을 돌려주었으니 유비가 이 말을 들으면 억울할 것이다.

우산을 쓰고 있는 스님들

12

복습 Ⅱ

🎧 12-01

① **중국 무술**

1 我父亲年轻的时候，他可是响誉世界的武打演员。
Wǒ fùqīn niánqīng de shíhou, tā kěshì xiǎngyù shìjiè de wǔdǎ yǎnyuán.

2 中国武术的确有着独特的魅力，武术是怎样产生的呢？
Zhōngguó wǔshù díquè yǒu zhe dútè de mèilì, wǔshù shì zěnyàng chǎnshēng de ne?

3 可我真不明白，少林寺诵经拜佛就是了，为什么还练武术？
Kě wǒ zhēn bù míngbai, Shàolín Sì sòngjīng bàifó jiùshì le, wèishénme hái liàn wǔshù?

4 今年暑假我们俩闲着也是闲着，不如一起去少林寺看看怎么样？
Jīnnián shǔjià wǒmen liǎ xián zhe yě shì xián zhe, bùrú yìqǐ qù Shàolín Sì kànkan zěnmeyàng?

5 这可真是个好建议，我们还可以顺便去周围的城市看一看。
Zhè kě zhēn shì ge hǎo jiànyì, wǒmen hái kěyǐ shùnbiàn qù zhōuwéi de chéngshì kàn yi kàn.

② **실크로드**

1 昨天我在电视上看到有关丝绸之路的纪录片，真想亲眼去看一看。
Zuótiān wǒ zài diànshì shang kàn dào yǒuguān sīchóu zhī lù de jìlùpiàn, zhēn xiǎng qīnyǎn qù kàn yi kàn.

2 沙漠的气候时冷时热，变化无常，是他们用无数的汗水促进了东西方的交流。
Shāmò de qìhòu shí lěng shí rè, biànhuà wúcháng, shì tāmen yòng wúshù de hànshuǐ cùjìn le dōngxīfāng de jiāoliú.

3 闹半天，我白说了这么多，原来是"班门弄斧"。
Nào bàntiān, wǒ bái shuō le zhème duō, yuánlái shì "bān mén nòng fǔ".

4 连你都知道这么多，更何况你表哥呢。
Lián nǐ dōu zhīdao zhème duō, gèng hékuàng nǐ biǎogē ne.

5 我跟我表哥商量商量，让他抽点儿时间给我们上一堂"敦煌之课"。
Wǒ gēn wǒ biǎogē shāngliang shāngliang, ràng tā chōu diǎnr shíjiān gěi wǒmen shàng yì táng "Dūnhuáng zhī kè".

③ **중국의 수도**

1 要说北京作为全中国的首都是从元朝开始的，其城址位于今北京市市区。
Yàoshuō Běijīng zuòwéi quán Zhōngguó de shǒudū shì cóng Yuáncháo kāishǐ de, qí chéngzhǐ wèiyú jīn Běijīng Shì shìqū.

2 西安是中国历史上建都时间最长、建都朝代最多、影响力最大的都城。
Xī'ān shì Zhōngguó lìshǐ shang jiàndū shíjiān zuì cháng, jiàndū cháodài zuì duō, yǐngxiǎnglì zuì dà de dūchéng.

3 中国的历史悠久，经历过众多朝代，首都也一定不少吧？

Zhōngguó de lìshǐ yōujiǔ, jīnglì guo zhòngduō cháodài, shǒudū yě yídìng bùshǎo ba?

4 要说中国的历史，恐怕谁都说不过你。

Yào shuō Zhōngguó de lìshǐ, kǒngpà shéi dōu shuō bu guò nǐ.

5 瞧你说的，这都什么时代了，网上有很多这方面的知识。

Qiáo nǐ shuō de, zhè dōu shénme shídài le, wǎngshàng yǒu hěn duō zhè fāngmiàn de zhīshi.

4 중국문학

1 你怎么忽然间变得这么有情调啊！

Nǐ zěnme hūránjiān biàn de zhème yǒu qíngdiào a!

2 李白的诗的确别有风韵，听了他的诗就仿佛身临其境似的。

Lǐ Bái de shī díquè biéyǒu fēngyùn, tīng le tā de shī jiù fǎngfú shēn lín qí jìng shìde.

3 他们的诗风格不同，李白有李白的风趣，杜甫有杜甫的特点。

Tāmen de shī fēnggé bùtóng, Lǐ Bái yǒu Lǐ Bái de fēngqù, Dù Fǔ yǒu Dù Fǔ de tèdiǎn.

4 我又何尝不想学，只不过没有时间罢了。

Wǒ yòu hécháng bù xiǎng xué, zhǐbúguò méiyǒu shíjiān bà le.

5 吟诗不仅可以修身养性，也可以让我们从中受到许多启迪。

Yínshī bùjǐn kěyǐ xiūshēn yǎngxìng, yě kěyǐ ràng wǒmen cóngzhōng shòu dào xǔduō qǐdí.

5 중국의 언어

1 我才学会了一点儿普通话，难道又要学广东话？

Wǒ cái xué huì le yìdiǎnr pǔtōnghuà, nándào yòu yào xué Guǎngdōnghuà?

2 谢天谢地，普通话只有四个声调，这回我可没什么不满可言了。

Xiè tiān xiè dì, pǔtōnghuà zhǐyǒu sì ge shēngdiào, zhè huí wǒ kě méi shénme bùmǎn kěyán le.

3 其实我有一大批外地朋友，他们受方言的影响，普通话的发音也不是很准确。

Qíshí wǒ yǒu yí dà pī wàidì péngyou, tāmen shòu fāngyán de yǐngxiǎng, pǔtōnghuà de fāyīn yě bú shì hěn zhǔnquè.

4 在中国，上至大学，下至小学，各地院校一律使用普通话对学生进行教育。

Zài Zhōngguó, shàng zhì dàxué, xià zhì xiǎoxué, gèdì yuànxiào yílù shǐyòng pǔtōnghuà duì xuésheng jìnxíng jiàoyù.

5 等你学好普通话，我们一起来一次中国境内游，怎么样？

Děng nǐ xué hǎo pǔtōnghuà, wǒmen yìqǐ lái yí cì Zhōngguó jìngnèi yóu, zěnmeyàng?

다음 장면을 중국어로 표현해 보세요.

1

참고단어 : 跆拳道

2

참고단어 : 四大古都

3

一寸光阴一寸金

참고단어 : 时间

4

HONGKONG

广东话

참고단어 : 广东话

1 주어진 표현을 사용하여 대화를 완성해 보세요.

① A: 这次旅行还要准备些什么?

　　B: _____。(就是了)

② A: 虽然我是天津人，可是没吃过狗不理包子。你呢?

　　B: _____。(何况)

③ A: 这次比赛他能不能夺冠?
　　　　　　　　　우승을 쟁취하다

　　B: _____。(⋯⋯不过)

④ A: 你不想学汉语吗?

　　B: _____。(何尝)

⑤ A: 对于我所做的说明，大家还有没有什么问题?

　　B: _____。(没什么)

2 단문을 읽고 괄호 안의 단어가 들어갈 곳을 찾아 보세요.

❶ 太极拳是　　ⓐ　　最受中国人喜爱的传统武术之一。轻灵圆活、松柔慢匀，　　ⓑ　　动如"行云流水，连绵不断"。"太极"一词则来源于易经的"阴阳动静之理"。太极拳与其他武术的不同之处　　ⓒ　　，它以静制动、以柔克刚，在准确地感觉对方来势后再作出反应，借对方的力量而攻击对方。(在于)

❷ 从辽、金、元开始北方民族逐渐掌握政权，　　ⓐ　　东北地区是北方民族的战略要地，因此他们把首都从汉族中央政权所处的中原移到了东北地区，而　　ⓑ　　北京作为全中国的首都则始于元朝，　　ⓒ　　从那时开始北京一直是中国北方的军事和商业重镇。(由于)

3 어순을 바르게 배열하여 문장을 완성해 보세요.

❶ 可以 / 顺便 / 去周围的城市 / 还 / 看一看 / 我们

_____

❷ 用 / 促进了 / 东西方的交流 / 无数的汗水 / 他们

_____

❸ 却 / 清朝的王宫 / 明朝 / 虽为 / 始建于 / 紫禁城

_____

❹ 现实主义诗人 / 伟大的 / 杜甫 / 唐代 / 还有 / 叫 / 一位

_____

❺ 一律 / 进行 / 普通话 / 教育 / 使用 / 各地院校 / 对学生

_____

4 다음 각 글에는 틀린 곳이 세 군데씩 있습니다. 찾아서 바르게 고쳐 보세요.

❶ 《西游记》是一部自古以来为大众被喜爱的著作,写是孙悟空、猪八戒、沙悟净保护玄奘西天取经的故事。而书中的历险故事则更是让人数也数不完,说也说不尽。书中的玄奘,是唐朝的著名僧人、翻译家。玄奘出家后阅读了大量佛经,但因翻译佛经各不相同,难得定论,便决定了到印度去寻找佛教经典的本原。

❷ "一觞一咏"出从王羲之的《兰亭集序》,旧指文人边喝酒边吟诗。被称为唐诗双璧的李白和杜甫就有五百多首诗中出现过"酒",而李白更是以"一斗诗百篇"而闻名。传说有一天唐玄宗和杨贵妃在宫中赏花,但宫中所奏乐曲的歌词陈旧枯燥,便派去人找李白。而那天李白从早就开始饮酒,奉诏进宫时已酩酊大醉,听了玄宗命自己写新乐章,则说有酒才能作诗。

후통의 기원

베이징의 전통 가옥이 밀집된 곳에 가면 후통(胡同, hútòng)이라는 골목길을 구경할 수 있다. 후통의 역사는 원나라가 베이징을 도읍지로 삼던 시기로 거슬러 올라가니 약 800년의 역사를 가진 셈이다. 원나라가 중국을 통일한 후, 대도(大都, 현재의 베이징)에 도읍을 정하고 정비하는 과정에서 내성(內城)의 거주지를 50개로 나누어 팡(坊, fāng)이라고 불렀다. 팡과 팡 사이의 길은 그 넓이에 따라 따제(大街, dàjiē), 샤오제(小街, xiǎojiē), 후통이라고 불렀는데 후통은 그 중 가장 좁은 길이었다. 원대에는 베이징에 400여 개의 후통을 만들었고, 명대 이후로는 천여 개로 증가했다고 한다.

'후통'이라는 말은 한자를 보고 그 의미를 추측하기가 쉽지 않은데, 왜 그렇게 불렀을까? 원래 이 말은 '우물'이라는 뜻을 가진 몽골어 단어를 음역한 것이다. 우물 백성의 생활에서 아주 중요한 것이어서 당시 거주지를 정해 건물을 짓고 길을 낼 때면 먼저 우물을 팔 곳을 정했고, 길마다 반드시 우물이 있었기에 후통이라고 부른 것이다. 세월이 흐르면서 그 우물들은 이미 대부분 사라졌지만 후통이란 명칭은 여전히 사용되고 있다. 후통의 이름 중에는 몽골어를 그대로 번역한 명칭이 아직도 많이 남아 있으며, 우물이란 뜻의 한자 '징(井, jǐng)'을 써서 만든 것도 많이 보이는데 첸징(前井, qiánjǐng), 허우징(后井, hòujǐng), 다징(大井, dàjǐng), 샤오징(小井, xiǎojǐng), 슈앙징(双井, shuāngjǐng) 등이 그 예다.

후통은 '쓰후통(死胡同)'과 '훠후통(活胡同)'으로 나뉘는데, 쓰후통은 한쪽이 막힌 막다른 골목이고 훠후통은 다른 길로 다시 이어지는 골목이다. 후통은 길이 복잡하고 구분하기 어려워 한 번 들어가면 길을 잃고 원래의 장소를 찾아 돌아오기가 어렵다고 하니, 후통을 구경할 때는 주의해야 한다.

베이징 후통

부록

- ◆ 본문 해석
- ◆ 모범 답안 및 녹음 대본
- ◆ 단어 색인

01 중국인의 성씨에 이렇게 많은 유래가 있는지 몰랐어요.

회화 내 입에서 춤추다

①

이동환 어제 나는 새 친구를 한 명 알게 되었는데, 독특하게도 성은 쓰고 이름은 마광이에요.

추이시우란 하하. 아니에요. 그의 성은 '쓰마'고 이름이 '광'이에요. 복성이 드물긴 하지만 중국에는 거의 백 개에 가까운 복성이 있어요. 예를 들면, 어우양, 황푸, 돤무, 타이스, 궁양, 궁쑨, 셴위, 쓰쿵 등이에요.

이동환 그런 거였군요. 어제 그의 이름을 듣고 이해가 가지 않아 줄곧 답답했어요. 그의 부모님께서 왜 그에게 이렇게 이상한 이름을 지어 주셨을까 하고요!

추이시우란 사실 중국에는 성씨가 많을 뿐만 아니라, 성씨마다 각자의 기원이 있어요. 예를 들면, 춘추시대 제나라 공족대부가 동곽, 남곽, 서곽, 북곽에 각각 거주했는데, 그래서 자신들이 거주하는 곳을 성씨로 삼았어요. '쓰마'는 관직을 성씨로 삼은 것인데, 심지어 우, 부, 타오, 장, 투 등의 기술직도 후에 모두 성씨가 되었어요.

이동환 중국인의 성씨에 이렇게 많은 유래가 있는지 몰랐어요. 참, 중국인들은 이름을 지을 때 이름의 의미를 중시할 뿐만 아니라 되도록 해음자의 간섭도 피하려고 한다던데, 그런가요?

추이시우란 맞아요. 중국인은 이름을 지을 때 나쁜 뜻을 가진 단어와 발음이 똑같거나 비슷한 단어를 피할 뿐만 아니라 이름 전체의 운율적 조화도 매우 중시해요. 한국인은 이름을 지을 때 각 한자의 의미를 중시하지만, 중국인은 각 한자의 함의를 중시할 뿐만 아니라 한자가 조합된 전체 의미도 매우 중요시해요.

이동환 당신 이름은 아주 좋은 것 같아요. '추이시우란'은 의미가 풍부할 뿐만 아니라 듣기도 아주 좋은데요.

추이시우란 제 이름은 아빠가 지어 주셨어요. 예전에는 사람들이 이름을 한번 잘못 지으면 평생의 운명에 영향을 미칠 수 있다고 여겨

서 모두들 돈을 써서 작명가에게 아이의 사주팔자에 따라 이름을 지어달라고 부탁했어요. 하지만 우리 아빠는 그것이 미신이라며 직접 제 이름을 지어 주셨어요.

이동환 나중에 나도 아이가 생기면 꼭 아이에게 의미도 풍부하고 중국어로, 한국어로 읽어도 듣기 좋은 이름을 지어줄 거예요.

②

중국인은 이름을 지을 때 각 글자의 함의뿐만 아니라 이름 전체의 조화 여부를 매우 중요시한다. 그래서 이름을 지을 때 전체가 단어를 이루는 말을 쓰는 경우도 적지 않다. 예를 들면, '왕성리' '장젠서' 등이 그러하다. 중국인의 이름은 시대의 변천에 따라 다른 특징을 보인다. 1949년 중화인민공화국이 수립되고, 그해에 태어난 아이들은 '젠궈' '제팡'이라 불리는 경우가 비교적 많았다. 1950년에서 1953년은 한국전쟁 시기여서 '위안차오' '캉메이'라고 불리는 경우가 많았고, 1961년부터는 경제건설이 시작되어 '졍셩' '창궈'라고 불리는 경우가 많았다. 그러나 개혁개방 이후, 사람들이 개성을 추구하기 시작하면서 '산산' '샤오위' '신이'와 같이 특색 있는 이름이 갈수록 많아졌다.

표현 날개를 달다

- 直
  - 어제 그의 이름을 듣고 이해가 가지 않아 줄곧 답답했어요. 그의 부모님께서 왜 그에게 이렇게 이상한 이름을 지어 주셨을까 하고요!
  - 아이가 이런 말을 하는 것을 듣고 나는 줄곧 울고 싶었다.

- 甚至
  - '쓰마'는 관직을 성씨로 삼은 것인데, 심지어 우, 부, 타오, 장, 투 등의 기술직도 후에 모두 성씨가 되었어요.
  - 그는 모든 시간을 다 이용해서 글을 썼는데, 심지어 방학 기간에조차 쉬려 하지 않았다.

- 一旦……(就)
  - 사람들은 이름을 한번 잘못 지으면 평생의 운명에 영향을 미칠 수 있다고 여긴다.
  - 우리 이렇게 오래 함께 지냈는데, 이별하게 되면 어떻게 슬프지 않겠어요?

- 于
    - 1949년 중화인민공화국이 수립되고, 그 해에 태어난 아이들은 '젠궈' '제팡'이라 불리는 경우가 비교적 많았다.
    - 티베트 고원은 중국의 서남부에 위치하고 있다.

회화 가지를 치다

① 작명

A 중국인은 이름을 지을 때 어떤 부분을 가장 중시하나요?

B <u>각 한자의 함의</u>를 매우 중시해요.

★ <u>이름의 전체 의미가 조화로운지</u>를
  <u>이름이 듣기 좋고 부르기 좋은지</u>를

② 호칭

A 내가 그(그녀)를 어떻게 불러야 하죠?

B 당신들은 동료니까 그냥 <u>그의 이름을 부르세요</u>.

★ <u>그는 명망이 있으니 왕 선생님이라고 부르세요</u>
  <u>그녀와 당신의 어머니는 잘 아시니까 왕 아주머니라고 부르세요</u>

③ 작명의 금기

A 중국인은 이름을 지을 때 무엇을 가장 꺼리나요?

B <u>부모 또는 손윗사람과 이름이 같아서는 안 돼요</u>.

★ <u>일반적으로 잘 쓰이지 않는 글자를 쓰지 않아요</u>
  <u>나쁜 뜻을 가진 글자와 해음인 한자를 쓰지 않아요</u>

02 중국인은 염제와 황제를 중화민족의 시조로 여겨요.

회화 내 입에서 춤추다

①

장민주 어제 텔레비전에서 '염황자손'이라는 단어를 봤는데, '염황'이 무슨 뜻이에요?

우더화 '염황'이란 바로 염제와 황제를 말해요. 중국인은 염제와 황제를 중화민족의 시조로 보고 염제와 황제의 후예로 여겨 자신들을 '염황자손'이라고 불러요.

장민주 아, 마치 한국의 '단군신화' 같은 거군요. 한국인은 자신을 단군의 후예라고 여겨요. 염제와 황제에 관련된 이야기를 들려줄 수 있나요?

우더화 좋아요. 전설에 먼 옛날 염제와 황제는 각각 두 부족의 수장이었대요. 후에 두 부족 간에 전쟁이 나서 황제의 부족이 염제의 부족을 이기고 두 부족이 '한족'으로 융합되었지요. 그래서 한족은 자신을 '염황자손'이라고도 하고, '황제자손'이라고도 해요. 참, 당신이 방금 말한 '단군신화'는 무슨 내용인가요?

장민주 한국에서 예로부터 전해 내려오는 신화예요. 전설에 따르면 곰과 호랑이가 하느님의 아들인 환웅을 찾아와서 자신들을 인간으로 변하게 해달라고 부탁했대요. 그래서 환웅은 곰과 호랑이에게 마늘과 쑥을 주고서 이걸 먹으면서 백일 동안 동굴에 있으면 인간이 될 수 있다고 했지요. 호랑이는 중간에 포기해서 사람이 되지 못했지만 곰은 견뎌내서 여자로 변했어요. 그리고 환웅과 결혼한 후 아들을 낳고, 단군이라고 이름을 지었지요. 단군은 바로 우리 한민족의 시조예요.

우더화 염제와 황제의 전설 외에 중국에는 또 여와가 사람을 만들었다는 전설이 있어요. 전설에 따르면 여와가 진흙으로 자신을 본떠서 사람을 만들었다고 해요.

장민주 사실 우리 동양뿐만 아니라 서양의 각 나라에도 모두 유사한 전설이 있어요. 종교 이야기에도 이러한 전설이 많은데, 예를 들면 성경에 나오는 '노아의 방주'에 관한 이야기 등이요.

우더화 알고 보니 민족마다 다 유사한 전설이 있네요!

장민주 내 생각에 이런 전설이 있는 이유는 이런 전설을 통해서 민족의 공동체 의식을 강조하고 민족을 더욱 단결시킬 수 있기 때문인 것 같아요.

우더화 당신 말에 정말 일리가 있네요.

②

세계 각국에는 홍수와 관련된 전설이 많다. 성경에 이런 이야기가 있다. 노아는 신에게서 홍수에 관한 소식을 듣고는 가족과 함께 방주를 만들어 여러 동물들을 방주에 태웠다. 며칠 후 홍수로 지구 상의 모든 생물이 수몰되었다. 얼마의 시간이 지나고 나서 노아는 홍수가 물러갔을 거라 생각하고, 비둘기 한 마리를 보내 소식을 알아보게 했다. 저녁에 비둘기가 돌아왔는데 입에 올리브 잎 하나를 물고 있는 것으로 보아 지상의 물이 다 빠진 것이 분명했다. 그래서 노아의 온 가족과 방주 안의 동물들은 다시 육지로 돌아왔다. 이때부터 사람들은 비둘기와 올리브 가지로 평화를 상징하게 되었다.

표현 날개를 달다

• 所谓……
  - '염황'이란 바로 염제와 황제를 말해요.
  - 설마 이것이 소위 말하는 '사랑'인가요?

• 好比……
  - 이것은 마치 한국의 '단군신화' 같은 거군요.
  - 군왕은 배와 같고 백성은 물과 같은데, 물은 배를 띄울 수도 있고 배를 뒤집을 수도 있다.

• ……下来
  - 이것은 한국에서 예로부터 전해 내려오는 신화예요.
  - 곰은 견뎌내서 여자로 변했어요.

• 之所以……
  - 내 생각에 이런 전설이 있는 이유는 이런 전설을 통해서 민족의 공동체 의식을 강조하고 민족을 더욱 단결시킬 수 있기 때문인 것 같아요.
  - 그는 이직을 했는데, 팀장과 잘 맞지 않았기 때문이다.

회화 가지를 치다

1 중국의 상징

  A 어떤 것들이 중국의 상징이 될 수 있나요?

  B 용이요. 중국인은 자신을 '용의 후손'이라고 칭해요.

  ★ 중국을 이야기하면 나는 판다가 떠올라요
    만리장성이 중국의 대표라고 할 수 있죠

2 대홍수 전설

  A 대홍수와 관련된 전설에는 무엇이 있나요?

  B 중국에는 여와가 하늘을 메웠다는 전설이 있어요.

★ 중국에는 우 임금의 치수에 관한
  성경에는 노아의 방주에 관한

3 종교

  A 당신은 어떤 종교를 믿나요?

  B 저는 불교를 믿어요. 부처님이 중생을 구제한다고 믿거든요.

  ★ 기독교 / 하느님의 존재를 믿거든요
    이슬람교 / 알라신을 신봉하거든요

---

03 중국인은 왜 이렇게 붉은색을 좋아하나요?

회화 내 입에서 춤추다

1

이동환   며칠 전에 중국친구의 결혼식에 갔었는데, 결혼식에서 중국인들이 붉은색 폭죽을 터뜨릴 뿐만 아니라 신랑, 신부도 붉은색 전통의상을 입었고, 축의금까지도 붉은색 축의 봉투에 넣더라고요. 중국인은 왜 이렇게 붉은색을 좋아하나요?

마링   당신 그러고도 중국통이에요? 어떻게 그것도 몰라요? 중국인이 붉은색을 좋아하는 것은 붉은색이 열정과 행운, 생명력을 상징하기 때문이에요. 나는 전에 한국친구의 결혼식에 갔다가 한국인들이 축의금을 흰색 봉투에 넣는 것을 보고 깜짝 놀랐어요. 왜냐하면 중국에서는 부의금만 흰색 봉투에 넣거든요.

이동환   보아하니 나라마다 제각기 다른 특색이 있군요. 생각해 보니 중국어에는 '红' 자가 들어가는 단어가 꽤 많네요. 예를 들어서 어떤 스타가 유명해지면 '走红'이라고 말하고, 윗사람에게 신임을 받거나 중용된 사람을 '红人'이라고 하는 등 말이에요.

마링   아는 게 정말 많군요. 그런데 붉은색 이외에도 중국인은 황색도 좋아해요. 황색은 부와 권력을 상징하기 때문이죠.

이동환   어쩐지 중국 사극에서 황제들이 모두 황색 옷을 입더라고요.

마링	맞아요. 봉건사회에서는 황제만 황색을 사용할 수 있었어요. 그래서 '황색은 귀하게 여긴다'라는 말이 있어요.
이동환	하지만 황색이라고 다 좋은 것을 나타내는 것은 아니죠? 예를 들어 '황색소설' '황색영화'에서 '황색'은 음란물을 가리키잖아요.
마링	그건 나중에 생긴 의미예요. 미국의 《황색아이》라는 신문에서 저속한 만화를 많이 연재했었는데, 사람들이 이 신문을 '황색신문'이라고 불렀거든요. 그 후로 황색에 '음란하다'라는 뜻이 생겨났어요.
이동환	중국인은 잔치를 치를 때 흰색을 꺼리지만, 우리 한국인은 예로부터 흰색 옷을 즐겨 입어서 '백의민족'이라고 불렸어요. 흰색은 우리 한민족의 상징이에요.
마링	나는 각 나라의 색채와 관련된 단어에 담긴 문화적 의미를 알고 싶어요.
이동환	그거야 걱정할 거 없죠. 우리 함께 인터넷으로 검색해 보면 되지 않겠어요?

② ....

민족마다 그들이 좋아하는 색채가 있다. 한국인은 흰색을 좋아하지만, 중국인은 붉은색과 노란색을 특히 좋아한다. 한국 국기는 흰색 바탕으로, 한국인의 순결함과 평화에 대한 열망을 상징한다. 중국 국기는 바탕이 붉은색으로, 혁명을 상징한다. 한국인은 결혼할 때 흰색 웨딩드레스를 입는다. 중국인은 원래 흰색을 기피해서 보통 붉은색 위주의 복장을 입었다. 하지만 서양의 영향을 받아서 나중에는 흰색 웨딩드레스도 선택하기 시작했다. 자동차도 마찬가지라서 한국의 차는 줄곧 절반 이상이 흰색이나 검은색이었다. 예전에 중국에서 한눈에 들어오는 것은 붉은색, 노란색, 파란색 등 화려한 색상의 차들이었다. 하지만 지금은 거리마다 끊임없이 오가는 차량의 흐름에서 대부분이 흰색과 검은색 차들이다.

표현 날개를 달다

• 还……呢
- 당신 그러고도 중국통이에요? 어떻게 그것도 몰라요?
- 빅세일이라더니, 고작 20% 할인이네.

• 各有各的……
- 보아하니 나라마다 제각기 다른 특색이 있군요.
- 부부도 각자의 자유가 있어야 한다.

• 受……
- 윗사람에게 신임을 받거나 중용된 사람을 '红人'이라고 하는 등 말이에요.
- 태권도는 외국에서 인기가 많다.

• 则
- 한국인은 흰색을 좋아하지만, 중국인은 붉은색과 노란색을 특히 좋아한다.
- 말하기는 쉽지만 하려면 그렇게 쉽지 않다.

회화 가지를 치다

1 **의복의 색깔**

A 당신이 말한 사람이 누구예요?
B 연보라색 원피스를 입은 저 여자예요.
★ 분홍색 모자를 쓴
  베이지색 정장을 입은

2 **다른 색깔에 대한 느낌**

A 당신은 무슨 색 옷을 즐겨 입나요?
B 저는 붉은색을 즐겨 입어요. 붉은색 옷은 열정이 가득한 느낌을 주잖아요.
★ 노란색 / 노란색 옷은 아주 귀여워 보이잖아요
  검은색 / 검은색 옷은 단정한 느낌을 주잖아요

3 **색깔 조합**

A 내가 오늘 입은 셔츠와 치마의 색깔이 그런대로 잘 어울리죠?
B 흰색에 파란색이 시원해 보이네요.
★ 흰색에 검은색은 너무 수수해
  검은색에 파란색은 별로 어울리지 않아

04 중국인은 해음어에 민감한 것 같아요.

회화 내 입에서 춤추다

1

장민주 왜 여자 구두를 샀어요? 혹시 여자친구에게 선물하려는 거예요?

우더화 당연하죠. 내 여자친구는 외모면 외모, 인품이면 인품 다 좋아서 예쁜 물건이면 모두 사서 선물하고 싶어요.

장민주 하지만 한국에서는 연인들 사이에서는 신발을 선물하지 않아요. 한국에는 상대방에게 신발을 선물하면 상대방이 그 신발을 신고 도망간다는 이야기가 있기 때문이죠. 게다가 남자와 여자는 안목이 달라서 남자는 예쁘다고 생각해도 여자가 반드시 좋아하는 건 아니에요.

우더화 그런 것까지 따져야 하는 건 아니겠죠. 중국에서는 연인들끼리 배를 나눠 먹지 않아요. '分梨(배를 나누다)'와 '이별'을 의미하는 '分离'가 발음이 같기 때문이에요.

장민주 중국인은 해음어에 민감한 것 같아요. 몇 가지 예를 더 들어 줄 수 있어요?

우더화 중국인은 선물할 때 시계를 주지 않아요. '表'는 '钟'이라고도 하는데, '送钟(시계를 선물하다)'은 장례를 치르다의 '送终'과 해음이 되기 때문이죠.

장민주 중국식당에서 물고기가 그려진 여러 가지 채색 도안을 자주 볼 수 있는데, 이것도 해음과 관련이 있나요?

우더화 맞아요. '鱼'가 '余'와 해음이 되어서, '有鱼(물고기가 있다)'는 '有余(여유가 있다)'를 나타내지요. 즉, 경제 사정이 빠듯하지 않고 항상 넉넉하다는 뜻이에요.

장민주 또 듣자 하니 중국인이 특히 '8'을 좋아하는 것은 '发财(부자가 되다)'의 '发'가 '8'과 해음이 되기 때문이라고 하던데, 그런가요?

우더화 맞아요. 그래서 중국인의 전화번호나 차량 번호에도 '8'이 있는 걸 좋아하죠. 베이징 올림픽 개막식 시간도 2008년 8월 8일 저녁 8시였어요.

장민주 정말 재미있네요. 또 있어요?

우더화 결혼식 날 사람들이 신방의 침대 위에 대추와 밤을 가득 뿌려 놓는 것은 '枣栗子(대추, 밤)'와 얼른 귀한 자식을 낳으라는 뜻의 '무立子'가 해음이 되기 때문이에요.

장민주 당신 중국 문화에 정통하군요! 한국에도 비슷한 풍습이 있어요. 결혼식에서 신부가 치마폭으로 신랑의 부모가 던져주는 대추와 밤을 받는 거예요.

2

중국에는 해음과 관련된 풍습이 많다. 남방에서는 설날에 年糕를 먹는다. 年糕는 '年年糕'라고도 하는데, '年年高(해마다 높아진다)'와 해음이 되어서 사람들의 생활이 해마다 향상된다는 의미를 담고 있다. 중국인은 섣달 그믐날에 온 가족이 함께 모여서 年夜饭을 먹는다. 年夜饭에는 생선이 빠질 수 없는데, 그 중 가장 흔한 것은 잉어(鲤鱼)다. 이는 '鱼(생선)'와 '余(여유)'가 해음이고 '鲤(잉어)'와 '利(이익)'가 해음이기 때문으로, 이윤이 풍부하고 해마다 여유롭기를 바라는 것이다. 이 밖에 중국의 일부 지역에서는 설을 지낼 때 饺子를 먹는다. 饺子는 한밤중 자시(子时)가 될 때까지 기다렸다가 먹는데, 이는 옛 해와 새해가 서로 교차하는 시각이기 때문으로, '饺'는 '交'와 해음이고 '子'는 '子时'이기 때문이다. 이때 饺子를 먹는 것은 '온 가족이 화목하고 뜻하는 바대로 이루어진다'라는 의미가 있다.

표현 날개를 달다

- 要A有A，要B有B
- -
- 내 여자친구는 외모면 외모, 인품이면 인품 다 좋아요.
- 우리는 기술이면 기술, 경험이면 경험 모두 그들보다 훨씬 강하다.
- 그는 외모면 외모, 인품이면 인품 모두 별로인데, 샤오진이 왜 그를 좋아하는지 나는 도저히 이해할 수 없다.

- 再说
- - - - - -
- 게다가 남자와 여자는 안목이 달라요.
- 다롄은 매우 아름답고, 게다가 너도 좀 쉬어야 하니 우리 함께 다롄으로 여행 가는 거 어때?

- 未必……
  - 남자는 예쁘다고 생각해도 여자가 반드시 좋아하는 건 아니에요.
  - 그가 말한 것이 반드시 믿을 만한 것은 아니다.

- 不至于……
  - 그런 것까지 따져야 하는 건 아니겠죠.
  - 만약 빨리 병원에 가서 진찰을 받았다면 이 지경에까지 이르지는 않았을 것이다.

회화 가지를 치다

1 **숫자와 관련된 해음**

A 중국인은 어떤 숫자를 좋아해요?

B 중국인은 8을 좋아해요. 8이 '发财'의 '发'와 해음이기 때문이죠.

★ 6 / 6이 '流'와 발음이 비슷해서 순조롭다는 의미를 나타내기 때문이죠
9 / 9가 '久'와 발음이 같아서 오래도록 건강하게 장수한다는 의미를 나타내기 때문이죠

2 **금기**

A 중국인은 어떤 금기가 있나요?

B 중국인은 시계를 선물하는 것을 기피해요. '送钟'과 장례를 지낸다는 의미인 '送终'이 해음이기 때문이에요.

★ '4' / '四'와 '사망하다'의 '死'가 해음이기
배를 나눠 먹는 것 / '分梨'와 이별을 뜻하는 '分离'가 해음이기

3 **풍습과 관련된 해음**

A 풍습과 관련된 해음에는 어떤 것이 있나요?

B 국수가 길어서 중국인은 생일 때 국수를 먹으며 '건강하게 장수하기'를 기원해요.

★ '汤元'은 '团圆(한데 모이다)'과 발음이 비슷해서 정월 대보름에 汤元을 먹는 풍습이 있어요
'苹果'의 '苹'이 '平安(평안하다)'의 '平'과 해음이어서 중국인은 선물할 때 사과를 즐겨 선물해요

---

05 ## 왜 경극을 보는 것을 '극을 본다'고도 하고 '극을 듣는다'고도 하나요?

회화 내 입에서 춤추다

1

추이시우란 중국에 온 후에 아직 경극 본 적 없죠? 주말에 같이 경극 보러 가는 거 어때요?

이동환 텔레비전에서 몇 번 봤는데 무슨 말을 하는지 전혀 못 알아듣겠고 재미가 하나도 없던데요.

추이시우란 전에는 나도 그렇게 생각했는데, 극장에 가서 직접 본 후에 생각이 많이 달라졌어요.

이동환 경극의 인물들은 왜 얼굴을 붉고 푸르게 칠한 거예요? 그들의 분장을 볼 때마다 웃음을 참을 수가 없어요.

추이시우란 그건 경극에서는 색깔마다 다 다른 의미가 있기 때문이에요. 붉은 얼굴은 충성을 나타내고, 검은 얼굴은 정직함을 나타내고, 흰 얼굴은 간사함을 나타내요.

이동환 그런 거였군요. 경극 배우들은 손에 또 종종 도구를 들고 있던데, 혹시 이 도구도 어떤 의미가 있는 거 아닌가요?

추이시우란 맞아요. 만약 배우가 손에 노를 들고 있다면 그가 배 위에 있다는 뜻이고, 만약 배우가 손에 채찍을 들고 있다면 그가 지금 말을 타고 있다는 뜻이죠. 경극에서 많은 동작과 도구는 모두 특정한 상징적인 의미가 있어요.

이동환 왜 경극을 보는 것을 '극을 본다'고도 하고 '극을 듣는다'고도 하나요? 두 가지가 무슨 차이가 있어요?

추이시우란 경극은 '唱, 念, 做, 打'를 중요시하는데, '唱'은 노래를 부르는 것이고, '念'은 대사, '做'는 동작, '打'는 무술 등의 기예를 가리키는 거예요. 하지만 경극은 '노래'가 위주여서 '극을 본다'고도 할 수 있고, '극을 듣는다'고도 할 수 있지요.

이동환 영화 《패왕별희》에서 경극의 여주인공을 다 남자가 연기하던데, 그건 왜 그래요?

추이시우란 옛날 사회에서는 여자는 연기를 할 수 없었지만, 지금은 남녀평등이라 남자든 여자든 모두 연기할 수 있어요. 백문이 불여일견이라고 나랑 같이 극장에 가서 보면

서 이야기하는 게 어때요? 주말의 이 경극은 유명 배우들이 출연해요. 만약을 대비해서 내가 특별히 인터넷으로 표를 두 장 예매했어요.

이동환　성의를 거절하기 어렵네요. 그럼 당신과 가서 '동방가극'의 정수를 한 번 체험해 보죠.

② ⋯⋯⋯⋯⋯⋯⋯⋯⋯⋯⋯⋯⋯⋯⋯⋯⋯⋯

변검은 사천극 예술 중 인물을 형상화하는 특수한 기법으로, 극 중 인물의 정서나 심리상태의 급격한 변화——공포, 분노, 절망 등을 표현하여 '모습이 마음을 따라 변화하는' 예술 효과를 거둔다. 변검은 세 번, 다섯 번, 심지어 아홉 번까지 가면을 바꾼다. 변검의 과정에서 연기자는 검은색, 흰색, 붉은색, 노란색, 파란색, 녹색, 금색 등 다른 색의 변화를 통해 극 중 인물의 정서 변화를 드러낸다. 어떤 연기자는 변검과 동시에 의상의 색도 바꿀 수 있다. 그 동작이 민첩해서 관중의 감탄과 갈채를 자아낸다.

표현　날개를 달다

- 由

  - 경극의 여주인공을 다 남자가 연기한다.
  - 우선 그녀를 당신 쪽으로 오라고 한 뒤, 당신이 그녀에게 일을 배분하세요.

- 为(了)⋯⋯起见

  - 만약을 대비해서 내가 특별히 인터넷으로 표를 두 장 예매했어요.
  - 그들 둘은 이름이 같아서 구별하기 위해 나는 그들의 이름 앞에 각각 '老'와 '小'를 붙인다.

- 用以

  - 변검은 사천극 예술 중 인물을 형상화하는 특수한 기법으로, 극 중 인물의 정서나 심리상태의 급격한 변화를 표현한다.
  - 그는 그의 관점을 증명하기 위해서 몇 가지 예시를 들었다.

- 使得

  - 그 동작이 민첩해서 관중의 감탄과 갈채를 자아낸다.
  - 그의 말은 모두를 깊이 감동시켰다.

회화　가지를 치다

① 영화 감상

　A 오늘 영화 어땠어요?
　B 여주인공의 연기가 너무 감동적이었어요.
　★ 줄거리가 너무 뻔해서 정말 재미없었어요
　　 마지막 장면이 인상 깊었어요

② 공공 예절

　A 극장에서는 어떤 사항들을 주의해야 하나요?
　B 공연 중에는 사진 촬영을 하면 안 돼요.
　★ 극장에 들어가기 전에 휴대전화를 꺼야 해요
　　 공연이 시작된 후에는 극장에 들어갈 수 없어요

③ 문화생활

　A 이번 주말에 뭐 할 거예요?
　B 한국 가수가 개인 콘서트를 한다는데, 가고 싶어요.
　★ 베이징전시관에서 이집트 유물전을 한다는데, 가서 보고 싶어요
　　 요즘 국가대극장에서《白毛女》를 공연한다고 하는데, 가서 보고 싶어요

07 중국 무술은 확실히 독특한 매력이 있어요.

회화　내 입에서 춤추다

①

장민주　이 사람은 누구예요? 몸이 정말 멋진데요!

우더화　그는 중국 무술사의 전설적인 인물이자, 할리우드 최고의 중국인 배우예요. 우리 아빠가 젊으셨을 때 그는 전 세계적으로 유명한 무술 배우였고, 그의 영향으로 'Kungfu'라는 단어가 영어사전에 실리기까지 했어요.

장민주　정말 대단하네요. 그럼 그는 지금 나이가 어떻게 되죠?

우더화　안타깝게도 그는 32세의 나이로 세상을 떠났어요.

장민주　중국 무술은 확실히 독특한 매력이 있어요. 무술은 어떻게 생기게 된 거예요?

우더화   무술은 원시사회에서 기원했어요. 당시 생산력이 낙후된 상황에서 사람들은 종족의 번영을 위해서 함께 모여 단련했고, 단련 과정에서 부단히 경험을 축적하여 여러 가지 무술 동작과 풍격을 형성함으로써 여러 문파를 만들었어요. 당대에 무과 제도를 실시하여 우수한 무술 인재를 선발한 것이 무술의 발전을 촉진하는 역할을 했지요.

장민주   그런데 소림사는 불경을 읽고 불공을 드리면 됐지, 왜 무술까지 연마하는지 이해가 되지 않아요.

우더화   그것은 당 초기에 소림사 승려 13명이 이세민을 도와 왕세충을 토벌하며 봉록을 받았고, 승려 상비병을 둘 수 있도록 특별히 허가를 받아서 소림무술의 발전을 이루었기 때문이에요. '소림'이라는 말은 이로 인해 한족 전통무술의 상징이 되었어요. 그뿐만 아니라 무술의 종류도 많은데, 예를 들면 사용하는 병기에 따라서 권술, 곤술, 창술, 도술 등으로 구분돼요.

장민주   당신 정말 학식이 풍부하군요! 소림 무술은 정말 위풍당당한 것 같아요. 일반인들도 그곳에 가서 무술을 배울 수 있다고 하던데, 나중에 기회가 되면 그곳에 가서 꼭 배워보고 싶어요.

우더화   올해 여름휴가 때 우리 한가로이 보내는 것도 좋지만, 함께 소림사에 가서 한 번 보는 게 어때요?

장민주   그거 정말 좋은 생각이네요. 우리 가는 김에 주변 도시도 좀 구경해요.

②··

태극권은 중국인에게 가장 사랑받는 전통무술 중 하나다. 민첩하고 매끄러우며, 부드럽고 완만하여 움직임이 '흐르는 구름과 흘러가는 물처럼 매우 자연스럽고 끊임이 없다'. '태극'이라는 말은 역경(易经)의 '음양 동정의 이치'에서 유래했다. 태극권이 다른 무술과 다른 점은 정적인 것으로 동적인 것을 제압하고 부드러움으로 강함을 이기며, 정확하게 상대방의 공격을 파악한 후에 반응하고 상대방의 힘을 이용하여 상대를 공격한다는 데 있다. 태극권은 많은 문파가 있으나 그 중에서 진식, 양식, 손식, 오식, 무식의 다섯 파가 대표적이다. 태극권 이론은 도교 사상에서 기원하며, 그 중 '부드러움으로써 강함을 이긴다'와 같은 내용은 노장철학에서 기원한다. 그래서 태극권을 '국수'라고도 부른다.

표현 **날개를 달다**

• 在……下
  - 그의 영향으로 'Kungfu'라는 단어가 영어사전에 실리기까지 했어요.
  - 이 논문은 박 교수님의 지도 하에 완성된 것이다.

• ……就是了
  - 소림사는 불경을 읽고 불공을 드리면 됐지, 왜 무술까지 연마했죠?
  - 세상의 문제는 결코 복잡하지 않다. 좀 넓게 생각하면 된다.

• 一肚子
  - 당신 정말 학식이 풍부하군요!
  - 그는 잔뜩 난 화를 풀 데가 없다.

• ……也是……不如
  - 올해 여름휴가 때 우리 한가로이 보내는 것도 좋지만, 함께 소림사에 가서 한 번 보는 게 어때요?
  - 내 생각에는 그냥 가만히 있기보다는 나가서 일을 찾는 편이 낫겠다.

회화 **가지를 치다**

1 **신체 단련**
  A 어떻게 이렇게 날씬해졌어요? 무슨 비법이라도 있어요?
  B 매일 아침에 수영장에 가서 수영해요.
  ★ 일주일에 두 번 헬스장에 가요
    적게 자주 먹고 운동을 많이 해요

2 **무술**
  A 왜 무술을 배우나요?
  B 신체를 단련하기 위해서요.
  ★ 스스로를 지키기
    중국문화를 체험하기

A 태극권을 배우고 싶은데, 태극권 도장이 어디에 있는지 알아요?

B 내가 선생님 한 분을 소개해 줄게요.

★ 학교에 태극권 수업이 있어요
아침에 공원에서 무료로 태극권을 배울 수 있어요

---

08 손오공이 현장을 모시고 서역으로 불경을 구하러 갈 때 거쳐 간 것도 실크로드지요.

회화 내 입에서 춤추다

① ....

이동환 어제 텔레비전에서 실크로드에 관한 다큐멘터리를 봤는데, 정말 가서 내 눈으로 직접 보고 싶어요.

마링 그 길은 중국이 서방으로 비단을 운송하던 길일뿐만 아니라 동서양이 물질과 문화를 교류하던 중요한 교량이기도 해요.

이동환 맞아요. 《서유기》에서 손오공이 현장을 모시고 서역으로 불경을 구하러 갈 때 거쳐간 것도 실크로드지요.

마링 네. 실크로드를 생각하면 내 머릿속에는 상인들이 열을 지어 함께 낙타를 타고 높은 산과 사막을 건너는 장면이 떠올라요. 사막의 기후는 추웠다가 더웠다가 변화무상했지만, 그들은 수많은 땀으로 동서양의 교류를 촉진했지요.

이동환 텔레비전에 나오길, 실크로드가 둔황을 지나가는데 둔황에는 '첸포동'이라는 아주 유명한 곳이 있고, 첸포동에는 진귀한 고대 서적이 많이 있었는데 후에 이 서적들은 영국과 프랑스에 빼앗겨서 지금은 대부분 영국과 프랑스의 도서관과 박물관에 보존되어 있대요.

마링 맞아요. 11세기에 승려들이 전쟁을 피하려고 이곳을 떠날 때 대량의 진귀한 불경과 서적을 첸포동 안에 숨겨 놨는데, 첸포동은 1900년에야 비로소 세인에게 발견되었지요. 이 때문에 전문적으로 둔황의 서적과 둔황의 석굴 예술을 연구하는 '둔

황학'이라는 새로운 학문이 출현했어요.

이동환 둔황에 가 봤어요? 어떻게 그렇게 많이 알고 있어요?

마링 우리 사촌오빠가 둔황학을 연구하는 박사과정 학생이에요. 이런 지식은 다 사촌오빠가 내게 알려준 거예요.

이동환 한참 떠들어댔는데, 쓸데없는 말을 많이 했군요. 알고 보니 '공자 앞에서 문자를 썼네요'. 당신도 이렇게 많이 알고 있는데 하물며 당신 사촌오빠는 어떻겠어요. 다음에 우리 같이 마링 씨 사촌오빠를 찾아가서 둔황과 실크로드에 관련된 지식을 자세히 설명해 달라고 하는 거 어때요?

마링 문제없어요. 나한테 맡겨요. 내가 사촌오빠에게 이야기해서 시간을 좀 내서 우리에게 '둔황 수업'을 한번 해 달라고 할게요.

② ....

《서유기》는 예로부터 대중에게 사랑받던 작품으로, 손오공과 저팔계, 사오정이 현장을 모시고 서역으로 불경을 구하러 가는 이야기다. 책 속의 모험 이야기는 이루 다 헤아릴 수 없고 이루 다 말할 수 없다. 책 속의 현장은 당나라 때의 유명한 승려이자 번역가다. 현장은 출가 후 많은 불경을 읽었지만, 불경의 번역이 각각 달라서 정설이 없자 인도로 가서 불교 경전의 본질을 찾기로 했다. 현장은 실크로드를 경유하며 16년의 세월을 거쳐 마침내 인도에서 진경을 가지고 당나라로 돌아왔다. 《서유기》는 현장이 만든 견문록의 기초 위에 작가의 풍부한 상상력을 가미하여 완성한 것이다.

표현 날개를 달다

● 时……时……
- 사막의 기후는 추웠다가 더웠다가 변화무상해요.
- 요즘 한국 팀의 성적은 좋았다가 나빴다가 한다.

● 直到……
- 첸포동은 1900년에야 비로소 세인에게 발견되었지요.
- 오늘에서야 나는 나에 대한 부모님의 애틋한 마음을 진정으로 깨달았다.

• 白……

- 한참 떠들어댔는데, 쓸데없는 말을 많이 했군요. 알고 보니 '공자 앞에서 문자를 썼네요'.
- 그녀는 새로운 남자친구가 생겼다. 내가 그녀에게 쏟은 모든 노력은 허사가 되었다.

• 何況

- 당신도 이렇게 많이 알고 있는데 하물며 당신 사촌오빠는 어떻겠어요.
- 광둥화는 많은 중국인들조차 알아듣지 못하는데 하물며 외국인은 어떻겠는가.

회화 **가지를 치다**

1 관광 명소

A 올해 여름방학 때 어디로 놀러 갈 거예요?

B 《삼국연의》에 나오는 중요한 역사적 장소를 가 볼 생각이에요.

★ 기차를 타고 티베트에 가 볼 생각이에요
옛말에 이르기를 '하늘에는 천당이 있고, 땅에는 쑤저우와 항저우가 있다'지요. 나는 쑤저우와 항저우에 가 보고 싶어요

2 중국의 기후

A 어디에 가면 중국의 다양한 기후를 체험할 수 있을까요?

B 겨울에 '얼음성'이라고 불리는 하얼빈에 가 보세요.

★ 여름에 '동방의 하와이'라고 불리는 하이난 섬에 가 보세요
사막의 기후를 체험하고 싶다면 타클라마칸 사막으로 가 보세요

3 독서

A 이 책을 벌써 다 읽었네요! 어때요? 재미있어요?

B 작가의 상상력이 아주 풍부해요.

★ 너무 재미있어서 완전히 몰입해서 봤어요
결말이 정말 뜻밖이었어요

---

09 베이징은 언제부터 중국의 수도가 되었던 건가요?

회화 **내 입에서 춤추다**

1

왕훙웨이 《마지막 황제》라는 영화 봤어요?

쟝민주 당연하죠. 우리 뒤에 있는 자금성을 배경으로 청대 마지막 황제의 이야기를 다룬 영화 아니에요? 참, 자금성은 청대에 지어진 거죠?

왕훙웨이 그건 아니에요. 자금성은 청대의 왕궁이긴 하지만, 명대에 지어졌어요.

쟝민주 그럼 베이징은 언제부터 중국의 수도가 되었던 건가요? 베이징을 '옌징'이라고도 부르는데, 이것은 베이징의 역사와 또 어떤 유래가 있는 거예요?

왕훙웨이 서주 시기에 베이징이 연나라의 수도였기 때문에 '옌징'이라고도 불러요. 베이징이 전 중국의 수도가 된 것은 원대부터예요. 그 성터는 지금 베이징 시내에 위치해 있고, 북쪽으로는 원대 수도 유적지까지, 남쪽으로는 창안제까지, 동서로는 얼환루까지 이르렀어요. 명대와 청대에 계속 베이징 성을 보수하고 확장해서 청대 말에 이르러서는 베이징이 당시 세계에서 가장 큰 도시가 되었어요.

쟝민주 듣자 하니 시안은 '장안'이라고도 부르고, 역시 이전에 중국의 수도였다고 하던데요.

왕훙웨이 맞아요. 시안은 중국 역사에서 수도였던 시간이 가장 길고, 수도였던 조대도 가장 많은 영향력이 가장 큰 도시였어요. 중국 역사에서 가장 흥성했던 네 개의 조대인 주, 진, 한, 당은 모두 시안에 도읍을 정했어요.

쟝민주 중국의 역사가 유구하고 많은 조대를 거쳤으니 수도도 분명 적지 않았겠죠?

왕훙웨이 네. 뤄양, 난징, 안양, 항저우 등도 모두 옛 도읍지예요. 그 중에서 뤄양과 난징은 10여 조대의 수도였고, 다른 도시는 5개 조대의 수도였어요. 시안, 뤄양, 난징, 베이징은 중국의 '4대 고도'로 손색이 없다고 할 수 있죠.

장민주	왕과 제후들이 도읍을 정할 때는 그 지역의 지리 조건을 반드시 고려했겠죠?
왕홍웨이	맞아요. 도읍을 정할 때는 외침을 막는 전략적 요새인지를 고려할 뿐만 아니라 해당 지역의 물자가 풍부한지, 경제가 발달했는지, 교통이 편리한지 등의 제반 문제를 고려했어요.
장민주	중국의 역사에 대해서는 아무도 당신을 능가하지 못할 것 같네요.
왕홍웨이	뭘요. 지금이 어느 시대인데요. 인터넷에 이 분야의 지식이 아주 많은 걸요.

② ··

중원 지역은 중화문명의 발상지다. 하, 상, 주 3대는 각각 중원 중심부의 시안과 뤄양에 도읍을 정했다. 그 후 진, 한, 당은 비록 천도했지만, 성터는 모두 중원에 위치했다. 요, 금, 원대부터 북방민족이 점차 정권을 잡기 시작했는데, 동북 지역이 북방민족의 전략적 요지였기 때문에 그들은 수도를 한족 중앙정권이 자리 잡은 중원에서부터 동북지역으로 옮겼다. 그리하여 베이징이 전 중국의 수도가 된 것은 원대부터이며, 그 때부터 베이징은 줄곧 중국 북방의 군사와 상업 요충지가 되었다. 베이징은 원, 명, 청대 이후의 중화문화가 결집되어 있고, 많은 명승고적과 인문 경관을 갖추고 있어서 중국의 정치, 문화 및 국제교류의 중심이다.

표현 날개를 달다

• 要说
  - 베이징이 전 중국의 수도가 된 것은 원대부터예요. 그 성터는 지금 베이징 시내에 위치해 있고, 북쪽으로는 원대 수도 유적지까지, 남쪽으로는 창안제까지, 동서로는 얼환루까지 이르렀어요.
  - 그의 이 낡은 차에 대해 말하자면, 확실히 기름을 아껴 쓰지 않는다.

• 可见
  - 시안, 뤄양, 난징, 베이징은 중국의 '4대 고도'로 손색이 없다고 할 수 있죠.
  - '오전에는 가죽 옷을 입고, 오후에는 베일을 쓰고, 난로를 끌어안고 수박을 먹는다'라고 할 정도로 사막 지역의 온도 변화는 매우 심하다.

• ······不过
  - 중국의 역사에 대해서는 아무도 당신을 능가하지 못할 것 같네요.
  - 이렇게 많은 우세점을 가진 국유기업이 향진기업을 이길 수 없다고 그는 믿지 않는다.

• 명사구+了
  - 뭘요. 지금이 어느 시대인데요.
  - 2년 여 동안, 그는 거의 매일 아침 호숫가를 산책하고 있다.

회화 가지를 치다

1️⃣ **여행**

A 베이징에서 어떤 곳이 볼만한가요?

B 고궁에 가지 않는다면 틀림없이 후회할 거예요.

★ 볼만한 곳이 너무 많아서 정말 어디부터 말해야 할지 모르겠네요
  내가 가이드 해 주면서 실컷 눈요기 시켜 줄게요

2️⃣ **항공편 문의**

A 구이린으로 가는 직항 항공편이 있나요?

B 일주일에 두 번 구이린으로 가는 직항 비행기가 있습니다.

★ 직항이 없어서 다른 도시에서 갈아타야 합니다
  인터넷에서 항공편을 찾아보실 수 있습니다

3️⃣ **도시**

A 이 도시는 정말 크네요!

B 이곳은 중국 고대 많은 조대의 수도였어요.

★ 개혁개방 이후 이곳은 중요한 경제중심지가 되었어요
  얼마 전에 이곳은 주변지역과 합병되어 행정구역이 확대되었어요

10 왜 당시(唐诗)를 중국 고대 시가의 절정이라고 하나요?

회화 내 입에서 춤추다

1

추이시우란 이곳은 정말 '인간세상이 아닌 별천지'로 구나!

이동환 왜 갑자기 이렇게 분위기를 잡아요!

추이시우란 이 시구는 이백의 〈산중문답〉에서 나온 건데, 풍경이 사람을 황홀한 경지로 이끄는 것을 묘사해요.

이동환 나는 다른 고시를 들으면 머리가 어지러운데, 이백의 시는 확실히 운치가 있어서 그의 시를 들으면 마치 그 장소에 직접 간 듯해요. 듣자 하니 이백은 술을 매우 좋아했다고 하던데, 그런가요?

추이시우란 맞아요. 이백의 시 중에는 술과 달을 묘사한 시구가 많아요. 예를 들면, 〈월하독작〉은 달을 향해 '술을 권하는' 천진한 상상을 통해 세속적인 생활에 묻힌 아름다운 인생을 감화시켜요.

이동환 당대에는 두보라는 위대한 현실주의 시인도 있었잖아요. 그렇죠?

추이시우란 그래요. 그들 시의 풍격은 서로 달라서, 이백은 이백만의 풍취가 있고 두보는 두보만의 특색이 있어요. 시선인 이백과 비교해서, 두보에게 더 많은 것은 국가에 대한 염려와 백성의 힘든 생활에 대한 동정이었어요. 그래서 그의 시는 '시사'라고도 불리죠.

이동환 왜 당시(唐诗)를 중국 고대 시가의 절정이라고 하나요?

추이시우란 당시는 음절이 조화롭고 글이 간결하며, 소재가 다양하고 내용이 풍부하여 중국 고전시가를 역사상 유례없는 높은 경지로 끌어올렸어요. 내 말을 듣고 보니 고시 몇 수를 배워 보고 싶지 않으세요?

이동환 내가 왜 배우고 싶지 않겠어요. 단지 시간이 없을 뿐이죠.

추이시우란 시를 읊으면 몸과 마음을 수양할 수 있을 뿐만 아니라, 그 속에서 많은 깨우침을 얻게 되죠. 예를 들면, '천 리를 내다보려면, 한 층을 더 올라가라'라고 했듯이 말이에요.

이동환 그 시구 알아요. 무궁무진한 아름다운 경치를 보려면 한 층을 더 올라가야 한다는 의미로, 더 큰 성공을 이루려면 더 많은 노력을 해야 함을 비유한 거잖아요.

2

'술 한 잔에 시 한 수'는 왕희지의 《난정집서》에 나오는 말로, 옛 문인이 술을 마시며 시를 읊었던 것을 가리킨다. 당시(唐诗)의 쌍벽이라고 불리는 이백과 두보의 500여 수의 시에서 '술'이 출현했으며, 이백은 '술 한 말에 시 백 편'이라는 말로 더욱 유명하다. 전설에 따르면, 어느 날 당 현종이 양귀비와 궁중에서 꽃을 감상했는데, 궁중 음악의 가사가 오래되고 따분하여 사람을 보내 이백을 찾았다. 그날 이백은 아침부터 술을 마셨고, 명을 받고 입궁했을 때는 이미 얼큰하게 취해있었는데, 새 악장을 쓰라는 현종의 명을 듣자 술이 있어야 시를 지을 수 있다고 말했다. 현종이 좋은 술을 가져오도록 명하자 이백은 《청평조사》를 지어서 양귀비를 찬미하고 당 현종의 은택에 감사했다.

표현 날개를 달다

• 发······
- 나는 다른 고시를 들으면 머리가 어지러워요.
- 그는 잘 웃는 사람이라 심지어 화를 낼 때도 미소를 짓고 있는 것 같아 보인다.

• ······似的
- 이백의 시는 확실히 운치가 있어서 그의 시를 들으면 마치 그 장소에 직접 간 듯해요.
- 라오 리는 마치 처음 보는 사람인 것처럼 가만히 그녀를 보고 있었다.

• A有A的······, B有B的······
- 그들 시의 풍격은 서로 달라서, 이백은 이백만의 풍취가 있고 두보는 두보만의 특색이 있어요.
- 국유기업과 향진기업은 크면 큰 대로 어려움이 있고 작으면 작은 대로 강점이 있다.

• 何尝
- 내가 왜 배우고 싶지 않겠어요. 단지 시간이 없을 뿐이죠.
- 내가 어찌 그런 곳에 가 봤겠어요?

① **중국문학**

A 당신은 왜 중국 문학에 이렇게 관심이 있나요?

B 고대 저서를 보면 심신을 수양할 수 있어서요.

★ 시의 내용이 풍부하고 운율이 아름다워서요
중국 소설, 특히 무협 소설은 사람을 매료시키잖아요

② **숙제**

A 선생님이 어떤 숙제를 내 주셨나요?

B 선생님은 우리에게 '문화대혁명'에 관련된 조사 보고서를 쓰라고 하셨어요.

★ 중국 방언과 관련된 PPT를 하나씩 만들어 오라고 하셨어요
중국 교육체제의 변화를 조별로 조사하라고 하셨어요

③ **도서 추천**

A 왜 나에게 이 책을 추천하는 거예요?

B 이것은 막 출판한 소설인데, 현대 중국인의 생활을 묘사했거든요.

★ 중국 고전 명저의 구어판인데, 안에 내용이 교육적 의의가 있거든요
중국어 교재인데, 내용이 실용적이고 풍부하며 난이도도 아주 적절하거든요

---

⑪ 방언과 표준어에는 또 어떤 다른 점이 있나요?

회화 **내 입에서 춤추다**

①

장민주 이렇게 오랫동안 중국어를 배웠는데, 방금 본 영화에서는 한 마디도 못 알아들었어요. 정말 맥이 빠지네요.

우더화 기 죽지 마요. 방금 영화 속의 말은 모두 광둥어니까 당연히 못 알아들었죠.

장민주 광둥어요? 이제 겨우 표준어를 조금 배웠는데, 설마 광둥어도 배워야 한단 말인가요?

우더화 걱정하지 마요. 실은 나도 못 알아들어요. 중국에는 방언이 많고 방언 간의 차이도 커요. 예를 들면, 베이징어에는 네 개의 성조가 있지만 어떤 남방 방언 중에는 여덟 개, 심지어 아홉 개의 성조가 있는 것도 있어요.

장민주 감사하게도 표준어에는 성조가 네 개밖에 없으니, 이제 나는 아무런 불만도 없어요. 솔직히 말하면 나는 이 네 개의 성조도 때때로 정확하게 말하지 못 해요.

우더화 큰 문제 아니에요. 실제로 나는 다른 지역 친구가 많은데, 그들은 방언의 영향을 받아서 표준어 발음이 아주 정확하지는 않아요.

장민주 발음 외에 방언과 표준어에는 또 어떤 다른 점이 있나요?

우더화 이 밖에 각 방언에는 같은 사물에 대한 호칭이 다른 것이 있어요. 예를 들면, 표준어에서는 고구마를 '红薯'라고 하지만, 장시 사람은 '番薯', 장쑤 남부에서는 '山芋', 푸젠 사람은 '地瓜'라고 해요. 또 다른 예로, 베이징어에서는 '吃'와 '喝'를 구분하지만 상하이어에서는 모두 '吃'를 써요. 베이징어에서는 '公鸡' '母鸡'라고 말하지만, 광둥어에서는 '鸡公' '鸡母'라고 말해요. 베이징어에서는 '我先走'라고 말하지만, 광둥어에서는 '我走先'이라고 말해요.

장민주 중국은 지역이 광활하고 방언도 많은데 각 지역 사람들은 어떻게 교류를 하죠?

우더화 중국에는 표준어가 있잖아요. 중국에서 위로는 대학교, 아래로는 초등학교까지 각 교육기관에서 일률적으로 표준어를 사용해서 학생들을 교육시켜요.

장민주 중국에 전국적으로 사용할 수 있는 통일된 언어가 있다니 정말 대단하네요! 나도 열심히 표준어를 배워서 중국 각지의 친구를 사귀고 싶어요.

우더화 그래요. 당신이 표준어에 정통하게 되면 우리 함께 중국 국내 여행을 한 번 가는 거 어때요?

② ⋯⋯⋯⋯⋯⋯⋯⋯⋯⋯⋯⋯⋯⋯⋯⋯⋯⋯⋯⋯⋯⋯⋯⋯

중국어를 막 배우기 시작한 많은 사람들은 처음 베이징에 와서 자신이 베이징 토박이의 발음을 알아듣지 못하는 것에 놀라 큰 좌절감을 느끼곤 한다. 사실 표준어는 비록 베이징 발음을 표준음으로 삼긴 했지만, 표준어는 베이징어와 같지 않다. 베이징어에는 토속어가 많은데, 예를 들면, 베이징 토박이는 '和(he)'를 'han'이라고 발음하고, '告诉(gaosu)'를 'gaosong' 이라고 발음한다. 베이징어에는 얼화음(儿化音)도 많은데, 예를 들면, '地'를 '地儿'로, '天桥'를 '天桥儿'로 발음한다. 이러한 토속어와 얼화는 다른 지역 사람들이 받아들이기 어려울 뿐만 아니라 표준어의 보급에 많은 어려움을 가져다 준다. 그러나 시간이 지날수록 사람들은 이러한 토속어와 얼화에 점차 적응할 것이다.

표현 날개를 달다

• 才⋯⋯又⋯⋯

- 나는 이제 겨우 표준어를 조금 배웠는데, 설마 광둥어도 배워야 한단 말인가요?
- 그는 이제야 차 문을 고쳤는데, 미등이 또 고장 났다.

• 没什么⋯⋯

- 감사하게도 표준어에는 성조가 네 개밖에 없으니, 이제 나는 아무런 불만도 없어요.
- 이 학교의 선생님들은 모두 학생에게 관심을 가지고 있으니, 우리 학부모님들은 걱정하실 것 없습니다.

• 大/小+양사

- 나는 다른 지역 친구가 많은데, 그들은 방언의 영향을 받아서 표준어의 발음이 아주 정확하지는 않아요.
- 이렇게 작은 방에서 어떻게 다섯 명이 살 수 있죠?

• 不免

- 중국어를 막 배우기 시작한 많은 사람들은 처음 베이징에 와서 자신이 베이징 토박이의 발음을 알아듣지 못하는 것에 놀라 큰 좌절감을 느끼곤 한다.
- 올해는 비가 유난히 많이 와서 농작물이 영향을 받지 않을 수 없었다.

회화 가지를 치다

① **방언**

A 이 지역의 방언과 표준어에는 어떤 다른 점이 있나요?

B 이곳의 방언은 성조가 표준어보다 많고, 발음은 표준어와 완전히 달라요.

★ 같은 사물을 묘사할 때 사용하는 단어가 표준어와 좀 달라요
  어순에서 많은 부분이 표준어와 달라요

② **소통**

A 저 두 사람은 왜 당신에게 통역을 부탁하나요?

B 두 사람이 서로 다른 방언을 사용하기 때문이죠.

★ 그 중 한 사람은 중국어를 전혀 모르는 외국인이기
  두 사람의 표준어 발음이 그다지 정확하지 않기

③ **중국어 학습**

A 당신은 어떻게 중국어를 공부했나요?

B 저는 매일 아침마다 30분씩 중국어 방송을 들었어요.

★ 학교에서 중국어 수업을 몇 과목 수강했어요
  일주일에 두 번 중국 친구와 회화 연습을 했어요

01 真没想到中国人的姓有这么多的来源。

표현 날개를 달다

• 直
  ① 累得直想哭
  ② 冻得直发抖
  ③ 我直想笑

• 甚至
  ① 小学生甚至连还没上学的孩子也来参加这项活动。
  ② 他吃得很慢，有时甚至一两个小时也吃不完一碗饭。
  ③ 他非常忙，很多日子都工作十个小时以上，有一次甚至连续工作了二十个小时。

• 一旦……(就)	• 于
① 发生故障	① (出)生于1881年
② 有了钱	② 位于太阳和月亮之间
③ 病情加重	③ 始建于1406年

연습 실력이 늘다

◆ 听和说

1 ① 可以直接称呼他们的职业或职位，也可在他们的职业或职位前加上姓氏。
  ② 一般叫"服务员"。
  ③ 中国人称呼同事的时候多在姓前加上"老、小"。

녹음 대본

中国和韩国在称呼上虽有很多共同点，但也存在不少区别。例如，在中国对医生、教授、科长、部长等，可单独称"医生"、"教授"、"科长"、"部长"，或在前面加上姓氏，称"王医生"、"李教授"、"张科长"等等。然而在韩国不能直呼所谓，必须在其后加上一个表示尊敬的词语。对服务人员，中国一般可称"服务员"，但韩国一般称服务员为"大妈"或"大叔"。中国人称呼同事的时候多在姓前加上"老、小"，如"老李"、"小张"，而韩国没有这样的说法。

2 中国和韩国在称呼上有很多不同。在中国可以用职业或职位称呼某人，在韩国必须要在职业或职位的后面加上一个表尊敬的词语。在中国称呼同事的时候多在姓前加上"老、小"，但韩国没有这样的说法。

◆ 读和说

1 ① ⓒ　　　② ⓑ　　　③ ⓐ

◆ 想和说

1 A 给孩子起名叫"贤淑"怎么样？
  B 我觉得不怎么样。"小英"怎么样？
  A 这个名字有点儿俗。要不这样，从我们俩喜欢的名字里各取一字，叫"贤英"，怎么样？
  B "贤英"很好听，意思也不错，就叫"贤英"吧。
  A 那就这么决定啦。

02 中国人把炎帝和黄帝视为中华民族的始祖。

표현 날개를 달다

• 所谓……	• 好比……
① 所谓的"三大件"	① 好比吃辣椒
② 所谓"历史"	② 好比鱼和水
③ 所谓的"动物园"	③ 好比医生看病

• ……下来	• 之所以……
① 继承下来	① 他之所以成功
② 保存下来	② 他之所以请假
③ 传下来	③ 电脑之所以受到人们的喜爱

연습 실력이 늘다

◆ 听和说

1 ① 老虎。
  ② 老虎是1988年首尔奥运会的吉祥物。
  ③ 20世纪。
  ④ 初生的小狗不怕虎。

老虎是韩国的象征，1988年首尔奥运会的吉祥物就是老虎。不仅如此，老虎也常常出现于韩国的传说、故事之中。韩国还有很多与老虎有关的俗语，比如用'初生的小狗不怕虎'来表示"初生牛犊不怕虎"。从20世纪起，老虎在韩国境内逐渐消失，现在只有在动物园才能看到老虎。虽然老虎在韩国境内逐渐消失，但在韩国人的意识之中，老虎仍是本民族的象征。

2 老虎既是韩国的象征，也是1988年首尔奥运会的吉祥物。韩国有很多与老虎有关的古代传说和俗语。虽然老虎在韩国境内逐渐消失，但在韩国人的意识中，老虎仍为本民族的象征。

◆ 读和说

1 ① ⓒ　　　② ⓐ　　　③ ⓑ

◆ 想和说

1 A 有哪些可以作为中国的象征？

B 龙，中国人称自己是"龙的传人"。那么有哪些可以作为韩国的象征呢？

A 老虎，你看整个韩半岛像不像一只老虎？

03 中国人为什么这么喜欢红色呢？

표현 날개를 달다

• 还……呢

① 还朋友呢

② 还学生呢

③ 还中文系的学生呢

• 各有各的……

① 各有各的故事

② 各有各的理由

③ 各有各的看法

• 受……

① 受家人的宠爱

② 受她的影响

③ 受过训练

• 则

① 7月份的平均气温则在26度以上

② 我自己则坐在地上

③ 则说要考虑考虑

◆ 听和说

1 ① 白色和黑色。

② 白色、灰色和黑色。

③ 虽然白色汽车最受人们的喜爱，但其他颜色的汽车所占比率也很高。

④ 白色的汽车最多。

据调查，全世界所售汽车中白色和黑色的汽车居首位，灰色的汽车紧跟其后。韩国人最喜欢白色的汽车，白色、灰色和黑色的汽车占韩国汽车销售总量的70%以上。在北美虽然白色汽车最受人们的喜爱，但其他颜色的汽车所占的比率也较高。中国人虽然喜欢红色，但在中国，白色的汽车最多，其次是黑色和灰色，而红色的汽车所占比率较低。

2 全世界销售量最多的汽车颜色是白色和黑色。韩国人最喜欢白色的汽车；在北美虽然白色汽车最受人们的喜爱，但其他颜色的汽车所占的比率也很高。在中国白色的汽车最多，红色的汽车却不多。

◆ 读和说

1 ① ⓑ　　　② ⓒ　　　③ ⓐ

◆ 想和说

1 A 你去哪儿？

B 我去参加朋友的婚礼。

A 这是什么？

B 这是我为朋友准备的份子钱。

A 中国人结婚时送份子钱一定要用红色的信封，奠仪才放在白色的信封里。

B 噢，原来是这样。

A 我这儿正好有一个红色的信封，给你吧。

B 谢谢。

04 中国人好像对谐音词很敏感。

표현 날개를 달다

• 要A有A，要B有B

① 要钱有钱，要时间有时间

② 要学问有学问，要气质有气质

③ 要演技没演技，要个性没个性

• 再说

① 再说时间也不早了

② 再说我身体也不太舒服

③ 再说离学校又比较近

• 未必……

① 美国队未必比我们强。

② 跳槽对年轻人来说未必是一件坏事。

③ 他未必是你想象中的那种人。

• 不至于……

① 不至于听不懂刚才她说的话

② 不至于生这么大的气吧

③ 不至于上不了课

연습 실력이 늘다

◆ 听和说

1 ① 因为7与"生气"的"气"谐音。

② 中国人最喜欢8，因为8与"发财"的"发"谐音。

③ 西方人最忌讳的数字是13，而中国人最忌讳的数字是与"死"相谐音的4。

④ 因为日语中9与"苦"谐音。

녹음 대본

　虽然数字只是一个表示数量的符号，但在各个国家数字都有着不同的文化内涵。西方人把7作为幸运数字并有"幸运之7"的说法。然而在中国，7与"生气"的"气"谐音，因此中国人不喜欢7，而喜欢与"发财"的"发"相谐音的8。西方人最忌讳的数字是13，而中国人最忌讳的

数字是与"死"相谐音的4。此外，中国人还喜欢9，因为9与"长久"的"久"谐音，但在日语中9与"苦"谐音，因此日本人很忌讳9。

2 数字在每个国家都有着不同的文化内涵，西方人和中国人喜欢的数字也有所不同。中国人常常因为谐音喜爱或回避某些数字。

◆ 读和说

1 ① ⓐ　　　② ⓒ　　　③ ⓑ

◆ 想和说

1 A 这个字怎么贴倒了？

　　B 你干什么呀？

　　A 你没看到这个字贴倒了吗？我把它正过来了。

　　B 哈，哈。这是故意倒过来贴的，因为"福倒"与"福到"谐音。

　　A 啊，原来是这样。

05 为什么看京剧既叫"看戏"也叫"听戏"呢？

표현 날개를 달다

• 由

① 由你自己选择

② 由我请客

③ 由我丈夫来做

• 为(了)……起见

① 为了保险起见

② 为了节省起见

③ 为了安全起见

• 用以

① 用以提高我的汉语水平

② 用以买书

③ 用以表示我对他的感谢

• 使得

① 使得他恢复了自信

② 使得道路更加拥挤

③ 使得我更加紧张

◆ 听和说

1 ① 下周回韩国。

② 中国的京剧脸谱。

③ 他给我介绍了不同颜色的脸谱所代表的人物特征。

④ 我觉得这个礼物很有中国特色。

녹음 대본

在中国的一年留学生活即将结束，我下周回韩国。我想给韩国的朋友们买一些礼物，但不知买什么好。幸好一位中国朋友说可以给我当参谋，我们决定今天一起去选礼物。中国朋友建议我买一些中国的京剧脸谱作礼物。中国朋友帮我挑选了一套有红、黄、蓝、绿、黑、白六种颜色的脸谱，还一一给我介绍了不同颜色的脸谱所代表的人物特征。我觉得这个礼物很有中国特色，我的韩国朋友们一定会非常喜欢，所以我给每个朋友买了一套。

2 当我正在考虑给韩国的朋友们买什么礼物好的时候，一位中国朋友建议我买京剧脸谱，并给我介绍了京剧脸谱不同颜色所代表的人物特征。我觉得京剧脸谱很有中国特色，所以我给每个朋友都买了一套。

◆ 读和说

1 ① ⓑ　　　② ⓒ　　　③ ⓐ

◆ 想和说

1 A 我有两张戏票，周末一起去看京剧，怎么样？

B 我以前在电视上看过，又吵又没意思。

A 以前我也这么觉得，可去戏院看演出以后我的想法有了很大的转变。

B 真的？那我和你一起去看京剧。

06 복습 Ⅰ

1 我给中国朋友介绍了"檀君神话"。熊一百天呆

在不见阳光的山洞里，以大蒜和艾草为食，终于变成了人，并与桓雄结婚后生下了檀君，檀君就是我们韩民族的始祖。

2 韩国朋友问我五星红旗为什么由红色和黄色组成，这些颜色代表什么意义。我告诉他红色象征革命，黄色表示中华民族为黄色人种。

3 韩国朋友问我中国人为什么喜欢有鲤鱼图案的画儿。我告诉他这是因为"鱼"和"余"谐音，"有鱼"代表"有余"，也就是说，手头不紧，常常绰绰有余的意思。

4 今天我和韩国朋友一起看京剧。这是韩国朋友第一次看京剧。他问我演员的手里为什么拿着浆，我告诉他这是京剧的一种象征手法，演员拿着浆说明他在船上。

1 ❶ 我非常满意，男的要学问有学问，要气质有气质。

❷ 那可不一定，男人觉得漂亮的，女人未必就喜欢。

❸ 还韩国人呢，连这位歌手都不知道。

❹ 为了保险起见，我们还是提前预订吧。

❺ 我们送她一件礼物，用以表达我们对她的感谢吧。

2 ❶ ⓑ　　　❷ ⓒ

3 ❶ 人们都认为一旦名字没起好就会影响人一生的命运。

❷ 真没想到中国人的姓有这么多的来源。

❸ 中国人把炎帝和黄帝视为中华民族的始祖。

❹ 至于份子钱也都要放在红色的贺仪信封里。

❺ 京剧人物为什么把自己的脸涂得又红又青？

4 ❶ 첫 번째 줄의 一头鸽子 → 一只鸽子

두 번째 줄의 但是 → 于是

세 번째 줄의 回来了陆地 → 回到了陆地

❷ 첫 번째 줄의 在一起聚 → 聚在一起

첫 번째 줄의 不能少鱼 → 少不了鱼

세 번째 줄의 因此这是 → 因为这是

07 中国武术的确有着独特的魅力。

표현 날개를 달다

- 在……下
  ① 帮助
  ② 主持
  ③ 诱惑

- ……就是了
  ① 尽全力就是了
  ② 我付钱就是了
  ③ 把电视关了就是了

- 一肚子
  ① 一肚子傲气
  ② 喝了一肚子闷酒
  ③ 一肚子不高兴

- ……也是……不如
  ① 闲着也是闲着
  ② 耗着也是耗着
  ③ 放着也是放着

연습 실력이 늘다

◆ 听和说

1 ① 看了一部李小龙主演的中国电影。
  ② 觉得这部电影十分感人。
  ③ 决定从这周末开始学太极拳。

녹음 대본

　　王明昨天看了一部李小龙主演的中国电影。这部电影的内容十分感人，主人公武艺高超、行动敏捷。看着李小龙强健的身体，王明忽然想到自己已经很久没有锻炼身体了。最近自己身边的很多朋友为了能够拥有一个强健的身体，每天都去健身房锻炼，但王明不喜欢做剧烈的运动。正巧，他的朋友马龙是太极拳高手，因此王明决定从这周末开始跟马龙学太极拳。

2 王明看完李小龙主演的电影后决心锻炼身体。但他不喜欢做剧烈的运动，所以他决定从这周末开始学太极拳。

◆ 读和说

1 ① ⓒ 　　② ⓐ 　　③ ⓑ

◆ 想和说

1 A 你的身材真棒！平时都做哪些运动？
  B 我每天都去健身房锻炼。

A 是吗？那你的体力应该很不错喽。来帮我挪挪这个箱子。

B 太重了，挪不动。

A 哼，原来你只有一个健康的外表啊！

08 孙悟空护送玄奘去西天取经所经的也是丝绸之路。

표현 날개를 달다

- 时……时……
  ① 时快时慢
  ② 时阴时晴
  ③ 时大时小

- 直到……
  ① 直到生孩子的那一天
  ② 直到今天
  ③ 直到天亮

- 白……
  ① 白花钱了
  ② 白跑了一趟
  ③ 白忙了半天

- 何况
  ① 何况下这么大的雨呢
  ② 何况小孩儿呢
  ③ 何况走路呢

연습 실력이 늘다

◆ 听和说

1 ① 因为他既想体验沙漠生活，也想亲眼目睹《西游记》的实存地点。
  ② 因为我小时候最喜欢看《西游记》，所以很想去看一看。
  ③ 李东焕和马玲的表哥。

녹음 대본

　　当我正在考虑暑假去哪儿旅行的时候，李东焕提议一起去"丝绸之路"。李东焕既想体验沙漠生活，也想亲眼目睹《西游记》的实存地点——"丝绸之路"。以前我只知道"丝绸之路"是一条中国古代的贸易大道，不知道这也是孙悟空保护玄奘法师去西域取经的道路。因为我小时候最喜欢看《西游记》，所以我也很想去"丝绸之路"看一看。正好马玲有一个表哥，是研究敦煌学的博士生，他说想和我们一起去"丝绸之路"，因此我们三个都非常希望假期能尽快到来。

2 当我正在考虑暑假去哪儿旅行的时候，李东焕提议一起去"丝绸之路"。因为我很喜欢《西游记》这本书，所以也想去亲眼看一看《西游记》的实存地点。到时候马玲的表哥也和我们一起去。

◆ 读和说

1 ① ⓐ 　　　② ⓒ 　　　③ ⓑ

◆ 想和说

1 A 这个暑假我去沙漠了。
   B 你去的是非洲撒哈拉大沙漠吗？
   A 不是，我去了"丝绸之路"。
   B 原来你去的是《西游记》的主人公们所历经的"丝绸之路"啊。

---

09 北京是从何时开始成为中国首都的呢？

표현 날개를 달다

• 要说
   ① 进入太空
   ② 关心学生
   ③ 服务态度

• 可见
   ① 可见，说好普通话有多么重要
   ② 可见，红色在中国象征喜庆、吉祥
   ③ 可见，中国已成为全世界重要的出口大国

• ……不过	• 명사구+了
① 都写不过他	① 三十多本了
② 也比不过他	② 都春天了
③ 都跑不过他	③ 开学已经好几天了

연습 실력이 늘다

◆ 听和说

1 ① 有关南京地理和民俗方面的知识。

② 有关南京历史和文化方面的知识。

③ 因为我觉得她在业务方面不仅经验丰富而且非常细心周到。

녹음 대본

　　我和英兰下周去南京出差。因为我们俩都没去过南京，所以今天英兰找到我，让我上网查一查南京的地理和民俗，她则负责查找南京的历史和文化。因为我们是去南京出差，不是去南京学习，所以我很纳闷为什么要上网查找这些知识。英兰告诉我要想和中国人打交道，必须首先了解中国的历史和文化。听了这番话，我很佩服英兰，觉得她在业务方面不仅经验丰富而且非常细心周到。

2 我和英兰下周去南京出差。英兰告诉我要想和中国人打交道，应该首先了解中国的历史和文化，所以我们俩决定在网上查找有关南京的各种知识。

◆ 读和说

1 ① ⓑ 　　　② ⓐ 　　　③ ⓒ

◆ 想和说

1 A 这次寒假我们去国外转转怎么样？
   B 好主意。那我们现在就去书店找一找有关旅游方面的书吧。
   A 好啊！
   B 你看这儿有一本介绍中国各大城市的书。
   A 我看还是买这本介绍北京的书吧。书里对北京的衣、食、住、行等各个方面都介绍得非常详细。

---

10 为什么说唐诗是中国古代诗歌的顶峰呢？

표현 날개를 달다

• 发……
   ① 发胖
   ② 发愁
   ③ 发呆

• ······似的

① 仿佛突然想起什么似的

② 好像不认识我似的

③ 好像根本没听见似的

• A有A的······，B有B的······

① 大有大的 / 小有小的

② 高有高的 / 矮有矮的

③ 穷有穷的 / 富有富的

• 何尝

① 又何尝不是这样呢

② 何尝不想休息

③ 又何尝能理解呢

연습 실력이 늘다

◆ 听和说

1 ① 我每周参加中国文学学习小组的活动。

② 我参加中国文学学习小组后阅读了很多中国的文学作品，从而感受到了中国文学的巨大魅力。

③ 我想当一名翻译，把中国好的文学作品翻译成韩文介绍给大家。

녹음 대본

我本来对中国文学不太感兴趣，但为了提高汉语阅读水平，我参加了中国文学学习小组。我每周一次和小组里的其他同学一起阅读中国的文学作品。通过小组活动，我不仅提高了汉语水平，还深深地感受到了中国文学的巨大魅力。我决心学好汉语，将来当一名翻译，把中国好的文学作品翻译成韩文介绍给大家。

2 我参加中国文学学习小组后对中国文学产生了极大的兴趣。我每周一次和小组里的其他同学一起阅读中国的文学作品。以后我想当一名翻译，把中国好的文学作品翻译成韩文介绍给大家。

◆ 读和说

1 ① ⓒ ② ⓑ ③ ⓐ

◆ 想和说

1 A 你在看《诗经》吗？

B 是的。可是有一个字，我实在不理解，查词典也找不到恰当的解释。

A 是吗？让我看看。这是古代汉字，查《现代汉语词典》当然找不到恰当的解释了。你应该查这本《古代汉语词典》。

B 原来是这样啊！啊，找到了，原来是这个意思呀！

11 方言与普通话还有哪些不同之处？

표현 날개를 달다

• 才······又······

① 就又跑出医院

② 就又开始想家了

③ 又想出去玩儿了

• 没什么······

① 没什么可问的

② 没什么不满意的

③ 没什么可骄傲的

• 大/小+양사

① 这几小块蛋糕

② 喝了一大杯水

③ 买了一大块面包

• 不免

① 不免有些紧张

② 不免感到陌生

③ 不免感到有些害怕

연습 실력이 늘다

◆ 听和说

1 ① 我的汉语水平不错。

② 因为我听不懂教授说的普通话。

③ 我的同桌王明。

녹음 대본

因为我汉语水平考试的成绩很高，所以刚到中国的时候，我觉得和中国大学生一起上课不会有太大的问题。但是让我头疼的是中国政治经济学这门课对我来说实在太难了，其实不是授课的内容难，而是我听不懂教授说的普通话。后来我才知道这位教授来自中国南方的一个小城，所以普通话的发音不是很好。幸好我的同桌王明和这位教授是同乡，所以上课时没听懂的地方，课后我可以向王明请教。

2 我的汉语水平不错，但是因为教中国政治经济学这门课的教授普通话说得不好，所以我常常听不懂。幸好我的同桌王明和这位教授是同乡，所以没听懂的地方我可以向王明请教。

◆ 读和说

1 ① ⓑ　　② ⓐ　　③ ⓒ

◆ 想和说

1 A 那位老人说的话，我怎么听也听不懂。

　　B 那位老人说的是上海话。上海话和普通话有很大的差异。

　　A 那你能听懂吗?

　　B 我学过上海话，能听懂。

　　A 你真了不起!

③ 放心吧，在我们学校他的水平最高，谁都比不过他。

④ 我何尝不想学汉语，只不过没有时间罢了。

⑤ 您讲得非常详细，我们没什么可问的了。

2 ❶ ⓒ　　　❷ ⓐ

3 ❶ 我们还可以顺便去周围的城市看一看。

　　❷ 他们用无数的汗水促进了东西方的交流。

　　❸ 紫禁城虽为清朝的王宫却始建于明朝。

　　❹ 唐代还有一位伟大的现实主义诗人叫杜甫。

　　❺ 各地院校一律使用普通话对学生进行教育。

4 ❶ 첫 번째 줄의 为大众被喜爱 → 为大众所喜爱

　　첫 번째 줄의 写是 → 写的是

　　네 번째 줄의 便决定了 → 便决定

　　❷ 첫 번째 줄의 出从王羲之 →出自王羲之

　　세 번째 줄의 便派去人找 → 便派人去找

　　네 번째 줄의 听了玄宗 → 听到玄宗

12 복습 Ⅱ

회화 문제로 다지기

1 小王给小红表演跆拳道。他拿来很多厚厚的瓦片，然后举起右手，握拳用力向瓦片砸去，可是瓦只碎了一片，小王觉得很没面子。

2 张民珠全家决定去中国旅行。他们打算游览中国的四大古都，了解中国的历史和文化。他们打算先去北京，然后去西安、洛阳和南京。

3 小张问小兰教室墙上贴的字是什么意思。小兰告诉他"光阴"就是"时间"，"一寸光阴一寸金"就是说，时间如同金子一样宝贵，我们应该珍惜时间。

4 我学过一点儿广东话，所以这次去香港出差的时候，我带上了我的广东话课本。我按照书上教的，用广东话问路，香港人很热情地给我指路。

어법 문제로 다지기

1 ❶ 不用准备什么，把你自己的东西准备好就是了。

　　❷ 连你这个天津人都没吃过，更何况我这个外国人了。

단어 색인

단어	한어병음	페이지(해당 과)

A

艾草	àicǎo	32(2과)
安阳	Ānyáng	112(9과)
奥运会	Àoyùnhuì	56(4과)

B

百闻不如一见	bǎi wén bùrú yí jiàn	68(5과)
拜佛	bàifó	88(7과)
班门弄斧	bān mén nòng fǔ	100(8과)
办喜事	bàn xǐshì	44(3과)
半夜	bànyè	56(4과)
扮演	bànyǎn	68(5과)
北京话	Běijīnghuà	136(11과)
背景	bèijǐng	112(9과)
倍受	bèishòu	136(11과)
本原	běnyuán	100(8과)
比喻	bǐyù	124(10과)
避讳	bìhui	20(1과)
避免	bìmiǎn	20(1과)
编著	biānzhù	100(8과)
鞭炮	biānpào	44(3과)
鞭子	biānzi	68(5과)
贬义词	biǎnyìcí	20(1과)
变化无常	biànhuà wúcháng	100(8과)
变换	biànhuàn	68(5과)
变脸	biànliǎn	68(5과)
变迁	biànqiān	20(1과)
标准音	biāozhǔnyīn	136(11과)
表哥	biǎogē	100(8과)
表演	biǎoyǎn	68(5과)
兵器	bīngqì	88(7과)
博士	bóshì	100(8과)
不免	bùmiǎn	136(11과)
不失为	bùshīwéi	112(9과)
不至于	búzhìyú	56(4과)
卜	bǔ	20(1과)
部落	bùluò	32(2과)

C

财富	cáifù	44(3과)
彩色	cǎisè	56(4과)
常见	chángjiàn	20(1과)
朝代	cháodài	112(9과)
车流	chēliú	44(3과)
车牌	chēpái	56(4과)
陈旧	chénjiù	124(10과)
称为	chēngwéi	44(3과)
成就	chéngjiù	88(7과)
成立	chénglì	20(1과)
城址	chéngzhǐ	112(9과)
宠信	chǒngxìn	44(3과)
出名	chūmíng	44(3과)
初学	chūxué	136(11과)
除夕	chúxī	56(4과)
川剧	chuānjù	68(5과)
川流不息	chuān liú bù xī	44(3과)
穿越	chuānyuè	100(8과)
传奇	chuánqí	88(7과)
传说	chuánshuō	32(2과)
创造	chuàngzào	32(2과)
春秋	Chūnqiū	20(1과)
纯洁	chúnjié	44(3과)
绰绰有余	chuò chuò yǒuyú	56(4과)
促进	cùjìn	100(8과)
挫折	cuòzhé	136(11과)

D

打败	dǎbài	32(2과)
大吃一惊	dà chī yì jīng	44(3과)
大批	dàpī	136(11과)
大街小巷	dàjiē xiǎoxiàng	44(3과)
道具	dàojù	68(5과)
等于	děngyú	136(11과)
低俗	dīsú	44(3과)
底色	dǐsè	44(3과)
地域	dìyù	136(11과)
奠仪	diànyí	44(3과)
顶峰	dǐngfēng	124(10과)
鼎盛	dǐngshèng	112(9과)
定都	dìngdū	112(9과)
定论	dìnglùn	100(8과)
动静	dòngjing	88(7과)
都城	dūchéng	112(9과)
独特	dútè	20(1과)
杜甫	Dù Fǔ	124(10과)
对方	duìfāng	56(4과)
敦煌	Dūnhuáng	100(8과)
躲避	duǒbì	100(8과)

E

| 恩泽 | ēnzé | 124(10과) |
| 儿化音 | érhuàyīn | 136(11과) |

F

发祥地	fāxiángdì	112(9과)
发晕	fānyūn	124(10과)
繁衍	fányǎn	88(7과)
范围	fànwéi	136(11과)
防止	fángzhǐ	112(9과)

仿佛	fǎngfú	124(10과)
仿照	fǎngzhào	32(2과)
放弃	fàngqì	32(2과)
分离	fēnlí	56(4과)
份子钱	fènziqián	44(3과)
丰厚	fēnghòu	56(4과)
风趣	fēngqù	124(10과)
风韵	fēngyùn	124(10과)
封建社会	fēngjiàn shèhuì	44(3과)
封赏	fēngshǎng	88(7과)
佛经	fójīng	100(8과)
服饰	fúshì	44(3과)
服装	fúzhuāng	44(3과)
浮现	fúxiàn	100(8과)
福建	Fújiàn	136(11과)
复姓	fùxìng	20(1과)

G

干扰	gānrǎo	20(1과)
感召	gǎnzhào	124(10과)
橄榄	gǎnlǎn	32(2과)
鸽子	gēzi	32(2과)
歌词	gēcí	124(10과)
革命	gémìng	44(3과)
个性	gèxìng	20(1과)
更生	gēngshēng	20(1과)
公鸡	gōngjī	136(11과)
公族大夫	gōngzú dàfū	20(1과)
攻击	gōngjī	88(7과)
古都	gǔdū	112(9과)
观看	guānkàn	68(5과)
官职	guānzhí	20(1과)
广东话	Guǎngdōnghuà	136(11과)

广泛	guǎngfàn	124(10과)
国粹	guócuì	88(7과)
国旗	guóqí	44(3과)

H

孩童	háitóng	44(3과)
含义	hányì	20(1과)
汉族	Hànzú	32(2과)
汗水	hànshuǐ	100(8과)
杭州	Hángzhōu	112(9과)
好莱坞	Hǎoláiwù	88(7과)
何况	hékuàng	100(8과)
和平	hépíng	32(2과)
和谐	héxié	20(1과)
贺仪	hèyí	44(3과)
喝彩	hècǎi	68(5과)
红人	hóngrén	44(3과)
红薯	hóngshǔ	136(11과)
洪水	hóngshuǐ	32(2과)
后裔	hòuyì	32(2과)
忽然间	hūránjiān	124(10과)
护送	hùsòng	100(8과)
华人	huárén	88(7과)
化妆	huàzhuāng	68(5과)
桓雄	Huánxióng	32(2과)
皇帝	huángdì	44(3과)
黄帝	Huángdì	32(2과)
荟萃	huìcuì	112(9과)
婚纱	hūnshā	44(3과)

J

吉祥	jíxiáng	44(3과)
纪录片	jìlùpiàn	100(8과)

技艺	jìyì	20(1과)
忌讳	jìhuì	44(3과)
奸诈	jiānzhà	68(5과)
检索	jiǎnsuǒ	44(3과)
见闻录	jiànwénlù	100(8과)
建都	jiàndū	112(9과)
建国	jiànguó	20(1과)
建设	jiànshè	20(1과)
江苏	Jiāngsū	136(11과)
江西	Jiāngxī	136(11과)
将近	jiāngjìn	20(1과)
讲究	jiǎngjiu	56(4과)
讲述	jiǎngshù	112(9과)
桨	jiǎng	68(5과)
匠	jiàng	20(1과)
交叉	jiāochā	56(4과)
结队	jiéduì	100(8과)
结交	jiéjiāo	136(11과)
解放	jiěfàng	20(1과)
尽收眼底	jìn shōu yǎndǐ	44(3과)
京剧	jīngjù	68(5과)
经历	jīnglì	112(9과)
惊恐	jīngkǒng	68(5과)
惊叹	jīngtàn	68(5과)
惊讶	jīngyà	136(11과)
精练	jīngliàn	124(10과)
精髓	jīngsuǐ	68(5과)
精通	jīngtōng	56(4과)
景观	jǐngguān	112(9과)
境内	jìngnèi	136(11과)
居住	jūzhù	20(1과)
举行	jǔxíng	56(4과)
剧院	jùyuàn	68(5과)
聚集	jùjí	88(7과)

绝望	juéwàng	68(5과)

K

开幕式	kāimùshì	56(4과)
抗美援朝	Kàng Měi Yuán Cháo	20(1과)
可见	kějiàn	112(9과)
枯燥	kūzào	124(10과)
苦难	kǔnàn	124(10과)
扩建	kuòjiàn	112(9과)

L

来势	láishì	88(7과)
老虎	lǎohǔ	32(2과)
老庄哲学	Lǎo Zhuāng Zhéxué	88(7과)
类似	lèisì	32(2과)
梨	lí	56(4과)
李白	Lǐ Bái	124(10과)
李世民	Lǐ Shìmín	88(7과)
鲤鱼	lǐyú	56(4과)
利润	lìrùn	56(4과)
历险	lìxiǎn	100(8과)
例如	lìrú	136(11과)
例子	lìzi	56(4과)
栗子	lìzi	56(4과)
连环画	liánhuánhuà	44(3과)
连绵不断	liánmián búduàn	88(7과)
连载	liánzǎi	44(3과)
恋人	liànrén	56(4과)
辽阔	liáokuò	136(11과)
流传	liúchuán	32(2과)
陆地	lùdì	32(2과)
洛阳	Luòyáng	112(9과)
骆驼	luòtuo	100(8과)

落后	luòhòu	88(7과)

M

门派	ménpài	88(7과)
描写	miáoxiě	124(10과)
敏感	mǐngǎn	56(4과)
敏捷	mǐnjié	68(5과)
名角	míngjué	68(5과)
名胜古迹	míngshèng gǔjì	112(9과)
酩酊大醉	mǐngdǐng dà zuì	124(10과)
末代	mòdài	112(9과)
母鸡	mǔjī	136(11과)

N

纳闷	nàmèn	20(1과)
乃至	nǎizhì	68(5과)
难以	nányǐ	136(11과)
恼怒	nǎonù	68(5과)
脑海	nǎohǎi	100(8과)
泥土	nítǔ	32(2과)
年糕	niángāo	56(4과)
年夜饭	niányèfàn	56(4과)
念白	niànbái	68(5과)
诺亚方舟	Nuòyà fāngzhōu	32(2과)
女士	nǚshì	56(4과)
女娲	Nǚwā	32(2과)

P

皮鞋	píxié	56(4과)
偏爱	piān'ài	44(3과)
普通话	pǔtōnghuà	136(11과)

Q

奇怪	qíguài	20(1과)
启迪	qǐdí	124(10과)
起源	qǐyuán	20(1과)
千佛洞	Qiānfódòng	100(8과)
迁都	qiāndū	112(9과)
前所未有	qián suǒ wèiyǒu	124(10과)
抢	qiǎng	100(8과)
桥梁	qiáoliáng	100(8과)
瞧你说的	qiáo nǐ shuō de	112(9과)
轻灵	qīnglíng	88(7과)
情调	qíngdiào	124(10과)
情景	qíngjǐng	100(8과)
情绪	qíngxù	68(5과)
请求	qǐngqiú	32(2과)
区别	qūbié	68(5과)
区分	qūfēn	136(11과)
取经	qǔjīng	100(8과)
取名	qǔmíng	20(1과)
去世	qùshì	88(7과)
权利	quánlì	44(3과)
劝酒	quànjiǔ	124(10과)

R

热爱	rè'ài	44(3과)
人品	rénpǐn	56(4과)
人文	rénwén	112(9과)
认同	rèntóng	32(2과)
融合	rónghé	32(2과)
如意	rúyì	56(4과)

S

撒满	sǎmǎn	56(4과)

色彩	sècǎi	44(3과)
僧侣	sēnglǚ	100(8과)
僧人	sēngrén	88(7과)
沙悟净	Shā Wùjìng	100(8과)
山洞	shāndòng	32(2과)
赏花	shǎnghuā	124(10과)
少林寺	Shàolín Sì	88(7과)
身材	shēncái	88(7과)
身临其境	shēn lín qí jìng	124(10과)
神话	shénhuà	32(2과)
甚至	shènzhì	20(1과)
声调	shēngdiào	136(11과)
圣经	shèngjīng	32(2과)
盛情难却	shèngqíng nán què	68(5과)
诗歌	shīgē	124(10과)
诗句	shījù	124(10과)
石窟	shíkū	100(8과)
始祖	shǐzǔ	32(2과)
视为	shìwéi	32(2과)
手头	shǒutóu	56(4과)
首都	shǒudū	112(9과)
首领	shǒulǐng	32(2과)
首位	shǒuwèi	88(7과)
书籍	shūjí	100(8과)
说不过	shuōbuguò	112(9과)
说成	shuōchéng	136(11과)
丝绸之路	sīchóu zhī lù	100(8과)
送礼	sònglǐ	56(4과)
送终	sòngzhōng	56(4과)
诵经	sòngjīng	88(7과)
塑造	sùzào	68(5과)
蒜	suàn	32(2과)
孙悟空	Sūn Wùkōng	100(8과)

T

檀君	Tánjūn	32(2과)
堂	táng	100(8과)
逃跑	táopǎo	56(4과)
陶	táo	20(1과)
讨伐	tǎofá	88(7과)
套路	tàolù	88(7과)
特定	tèdìng	68(5과)
特技	tèjì	68(5과)
体会	tǐhuì	68(5과)
天桥	tiānqiáo	136(11과)
天神	tiānshén	32(2과)
添加	tiānjiā	100(8과)
图案	tú'àn	56(4과)
涂	tú	68(5과)
屠	tú	20(1과)
土音	tǔyīn	136(11과)
团结	tuánjié	32(2과)
团圆	tuányuán	56(4과)
推广	tuīguǎng	136(11과)
推进	tuījìn	88(7과)

W

王宫	wánggōng	112(9과)
王侯	wánghóu	112(9과)
王世充	Wáng Shìchōng	88(7과)
王羲之	Wáng Xīzhī	124(10과)
威武	wēiwǔ	88(7과)
未必	wèibì	56(4과)
巫	wū	20(1과)
无穷无尽	wúqióng wújìn	124(10과)
武打	wǔdǎ	68(5과)
武举	wǔjǔ	88(7과)

X

西天	xītiān	100(8과)
西游记	Xīyóujì	100(8과)
喜庆	xǐqìng	56(4과)
戏	xì	68(5과)
戏院	xìyuàn	68(5과)
鲜艳	xiānyàn	44(3과)
闲	xián	88(7과)
相似	xiāngsì	20(1과)
详细	xiángxì	100(8과)
响誉	xiǎngyù	88(7과)
谐调	xiétiáo	20(1과)
谐音	xiéyīn	20(1과)
泄气	xièqì	136(11과)
谢天谢地	xiè tiān xiè dì	136(11과)
信封	xìnfēng	44(3과)
行云流水	xíng yún liúshuǐ	88(7과)
形容	xíngróng	124(10과)
姓氏	xìngshì	20(1과)
熊	xióng	32(2과)
修建	xiūjiàn	112(9과)
修缮	xiūshàn	112(9과)
修身养性	xiūshēn yǎngxìng	124(10과)
玄奘	Xuánzàng	100(8과)
选拔	xuǎnbá	88(7과)
寻找	xúnzhǎo	100(8과)

Y

淹没	yānmò	32(2과)
燕京	Yānjīng	112(9과)
炎帝	Yándì	32(2과)
炎黄子孙	YánHuáng zǐsūn	32(2과)
眼光	yǎnguāng	56(4과)

演唱	yǎnchàng	68(5과)
演戏	yǎnxì	68(5과)
要地	yàodì	112(9과)
要塞	yàosài	112(9과)
一律	yílǜ	136(11과)
遗址	yízhǐ	112(9과)
以柔克刚	yǐ róu kè gāng	88(7과)
易经	Yìjīng	88(7과)
意寓	yìyù	56(4과)
阴阳	yīnyáng	88(7과)
吟诗	yínshī	124(10과)
淫秽	yínhuì	44(3과)
引人入胜	yǐnrén rùshèng	124(10과)
拥有	yōngyǒu	112(9과)
庸俗	yōngsú	124(10과)
忧虑	yōulǜ	124(10과)
优秀	yōuxiù	88(7과)
悠久	yōujiǔ	112(9과)
有余	yǒuyú	56(4과)
于是	yúshì	20(1과)
语音	yǔyīn	136(11과)
预示	yùshì	56(4과)
寓意	yùyì	20(1과)
渊源	yuānyuán	112(9과)
院校	yuànxiào	136(11과)
乐曲	yuèqǔ	124(10과)
乐章	yuèzhāng	124(10과)
允许	yǔnxǔ	88(7과)
运送	yùnsòng	100(8과)
韵律	yùnlǜ	20(1과)
蕴涵	yùnhán	44(3과)

Z

再说	zàishuō	56(4과)

赞美	zànměi	124(10과)
葬礼	zànglǐ	56(4과)
枣儿	zǎor	56(4과)
则	zé	20(1과)
展现	zhǎnxiàn	68(5과)
战略	zhànlüè	112(9과)
战争	zhànzhēng	32(2과)
掌握	zhǎngwò	112(9과)
整体	zhěngtǐ	20(1과)
正直	zhèngzhí	68(5과)
政权	zhèngquán	112(9과)
直接	zhíjiē	68(5과)
中国通	Zhōngguótōng	44(3과)
中华民族	Zhōnghuá Mínzú	32(2과)
中途	zhōngtú	32(2과)
忠诚	zhōngchéng	68(5과)
种族	zhǒngzú	88(7과)
众多	zhòngduō	112(9과)
重用	zhòngyòng	44(3과)
重镇	zhòngzhèn	112(9과)
诸多	zhūduō	112(9과)
猪八戒	Zhū Bājiè	100(8과)
主角	zhǔjué	68(5과)
著作	zhùzuò	100(8과)
状态	zhuàngtài	68(5과)
子时	zǐshí	56(4과)
紫禁城	Zǐjìnchéng	112(9과)
宗教	zōngjiào	32(2과)
总结	zǒngjié	88(7과)
走红	zǒuhóng	44(3과)
奏	zòu	124(10과)
组合	zǔhé	20(1과)
作为	zuòwéi	32(2과)

최신
개정

다락원
중국어
마스터

박정구·백은희·마원나·샤오잉 공저

워크북

이름:

STEP

다락원

최신
개정

다락원
중국어
마스터

박정구·백은희·마원나·샤오잉 공저

·워크북·

STEP 6

다락원

다락원 홈페이지에서 MP3 파일
다운로드 및 실시간 재생 서비스

최신개정
다락원 중국어 마스터 STEP **6**
•워크북•

지은이 박정구, 백은희, 마원나, 샤오잉
펴낸이 정규도
펴낸곳 (주)다락원

기획·편집 오혜령, 이상윤
디자인 구수정, 최영란
일러스트 최석현

다락원 경기도 파주시 문발로 211
전화 (02)736-2031 (내선 250~252 / 내선 430, 435)
팩스 (02)732-2037
출판등록 1977년 9월 16일 제406-2008-000007호

정가 17,000원 (본서+워크북+MP3 다운로드)
ISBN 978-89-277-2308-0 14720
       978-89-277-2287-8 (set)

www.darakwon.co.kr
다락원 홈페이지를 방문하시면 상세한 출판 정보와 함께 동영상 강좌, MP3 자료 등 다양한 어학 정보를 얻으실 수 있습니다.

이 책의 구성과 활용법

예습하기

본문을 배우기 앞서 각 과에 나오는 단어를 써 보며 예습하는 코너입니다. 여러 번 쓰고 발음해 보는 연습 과정을 통해 단어를 암기해 보세요.

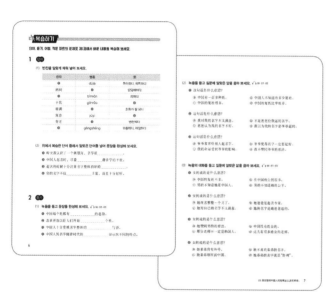

복습하기

본문의 단어·듣기·어법·작문의 네 가지 영역별 문제풀이를 통해 각 과에서 배운 내용을 복습해 보세요.

플러스 단어

각 과의 주제와 연관된 단어를 배우며 어휘량을 늘리고 자유로운 회화 표현을 구사해 보세요.

* 워크북의 정답 및 녹음 대본은 다락원 홈페이지(www.darakwon.co.kr)의 '학습자료 ▶중국어'에서 다운로드할 수 있습니다.

차례

- 이 책의 구성과 활용법 ··· 3

- 차례 ··· 4

01 真没想到中国人的姓有这么多的来源。 ························· 5
중국인의 성씨에 이렇게 많은 유래가 있는지 몰랐어요.

02 中国人把炎帝和黄帝视为中华民族的始祖。 ··············· 11
중국인은 염제와 황제를 중화민족의 시조로 여겨요.

03 中国人为什么这么喜欢红色呢? ······························· 17
중국인은 왜 이렇게 붉은색을 좋아하나요?

04 中国人好像对谐音词很敏感。 ································· 23
중국인은 해음어에 민감한 것 같아요.

05 为什么看京剧既叫"看戏"也叫"听戏"呢? ··············· 29
왜 경극을 보는 것을 '극을 본다'고도 하고 '극을 듣는다'고도 하나요?

07 中国武术的确有着独特的魅力。 ····························· 35
중국 무술은 확실히 독특한 매력이 있어요.

08 孙悟空护送玄奘去西天取经所经的也是丝绸之路。 ····· 41
손오공이 현장을 모시고 서역으로 불경을 구하러 갈 때 거쳐 간 것도 실크로드지요.

09 北京是从何时开始成为中国首都的呢? ····················· 47
베이징은 언제부터 중국의 수도가 되었던 건가요?

10 为什么说唐诗是中国古代诗歌的顶峰呢? ··················· 53
왜 당시(唐诗)를 중국 고대 시가의 절정이라고 하나요?

11 方言与普通话还有哪些不同之处? ··························· 59
방언과 표준어에는 또 어떤 다른 점이 있나요?

01 真没想到中国人的姓有这么多的来源。

중국인의 성씨에 이렇게 많은 유래가 있는지 몰랐어요.

 예습하기 ●●●

다음은 제1과에 나오는 단어입니다. 각 단어를 여러 번 써 보며 한어병음과 의미를 익혀 보세요.

独特
dútè 특이하다, 독특하다

干扰
gānrǎo 방해하다

复姓
fùxìng 복성[두 글자로 된 성]

避讳
bìhui 회피하다, 꺼리다

常见
chángjiàn 자주 보이다

贬义词
biǎnyìcí 폄의어[부정적인 의미를 가진 단어]

将近
jiāngjìn 거의 ~에 이르다

相似
xiāngsì 비슷하다

纳闷
nàmèn 답답해하다

整体
zhěngtǐ 전체

起源
qǐyuán 기원

韵律
yùnlǜ 운율

居住
jūzhù 거주하다

谐调
xiétiáo 조화가 잘 되다

官职
guānzhí 관직

含义
hányì 내포된 뜻, 함의

甚至
shènzhì 심지어

组合
zǔhé 조합

技艺
jìyì 기예, 기술

寓意
yùyì 함축된 의미

姓氏
xìngshì 성씨

和谐
héxié 잘 어울리다, 조화롭다

避免
bìmiǎn 피하다

变迁
biànqiān 변천하다

谐音
xiéyīn 한자의 발음이 같거나 유사하다

更生
gēngshēng 부흥하다, 재생하다

복습하기

단어. 듣기. 어법. 작문 파트의 문제로 제1과에서 배운 내용을 복습해 보세요.

1 단어

(1) 빈칸을 알맞게 채워 넣어 보세요.

한자	병음	뜻
❶	dútè	특이하다, 독특하다
纳闷	❷	답답해하다
❸	bìmiǎn	피하다
干扰	gānrǎo	❹
谐调	❺	조화가 잘 되다
寓意	yùyì	❻
变迁	❼	변천하다
❽	gēngshēng	부흥하다, 재생하다

(2) 위에서 복습한 단어 중에서 알맞은 단어를 넣어 문장을 완성해 보세요.

❶ 昨天我认识了一个新朋友，名字很＿＿＿＿＿＿＿＿＿。

❷ 中国人起名时，尽量＿＿＿＿＿＿＿＿＿谐音字的干扰。

❸ 起名的时候十分注重名字整体韵律的＿＿＿＿＿＿＿＿＿。

❹ 你的名字不仅＿＿＿＿＿＿＿＿＿丰富，而且十分好听。

2 듣기

(1) 녹음을 듣고 문장을 완성해 보세요. 🎧 W-01-01

❶ 中国每个姓都有＿＿＿＿＿＿＿＿＿的起源。

❷ 改革开放以后人们开始＿＿＿＿＿＿＿＿＿个性。

❸ 中国人十分重视名字整体的＿＿＿＿＿＿＿＿＿与否。

❹ 中国人的名字随着时代的＿＿＿＿＿＿＿＿＿显示出不同的特点。

(2) **녹음을 듣고 질문에 알맞은 답을 골라 보세요.** 🎧 W-01-02

❶ 这句话是什么意思？

    ⓐ 中国有一百多种姓。   ⓑ 中国人不知道有多少复姓。

    ⓒ 中国的复姓很多。   ⓓ 中国的复姓比单姓多。

❷ 这句话是什么意思？

    ⓐ 我对我的名字不太满意。   ⓑ 不是爸爸给我起的名字。

    ⓒ 爸爸认为我的名字不好。   ⓓ 我以为我的名字是爷爷起的。

❸ 这句话是什么意思？

    ⓐ 爷爷常常给别人起名字。   ⓑ 爷爷觉得名字一定要起好。

    ⓒ 我的命运受到爷爷的影响。   ⓓ 我不赞同爷爷的看法。

(3) **녹음의 대화를 듣고 질문에 알맞은 답을 골라 보세요.** 🎧 W-01-03

❶ 女的说的是什么意思？

    ⓐ 中国的复姓不多。   ⓑ 在中国姓公的很多。

    ⓒ 男的不知道她是中国人。   ⓓ 男的不知道她姓公羊。

❷ 女的说的是什么意思？

    ⓐ 她改名整整一个月了。   ⓑ 她爸爸是起名专家。

    ⓒ 她对自己的名字不太满意。   ⓓ 她的名字是她爸爸起的。

❸ 女的说的是什么意思？

    ⓐ 她赞同男的的看法。   ⓑ 中国没有姓金的。

    ⓒ 那位老师不一定是韩国人。   ⓓ 这儿有很多姓金的老师。

❹ 女的说的是什么意思？

    ⓐ 她弟弟没有外号。   ⓑ 她不喜欢弟弟的名字。

    ⓒ 她弟弟刚回到中国。   ⓓ 她弟弟的名字就是"胜利"。

3 어법

(1) 다음 단문을 읽고 빈칸에 들어갈 단어를 순서대로 나열한 것을 골라 보세요.

❶ 以前人们都认为一旦名字没起好＿＿＿＿＿＿会影响人一生的命运，因此都花钱请起名先生＿＿＿＿＿＿孩子的生辰八字起名。＿＿＿＿＿＿我爸说那是迷信，所以他自己给我取名。

ⓐ 才　　　根据　　　但
ⓑ 就　　　按照　　　可
ⓒ 都　　　随着　　　却
ⓓ 也　　　对于　　　而

❷ 春秋时代齐国公族大夫＿＿＿＿＿＿住在东郭、南郭、西郭、北郭，于是他们便以自己居住的地方＿＿＿＿＿＿姓；"司马"则是以官职为姓，＿＿＿＿＿＿连巫、卜、陶、匠、屠等技艺后来也都成了姓氏。

ⓐ 一起　　　做　　　尤其
ⓑ 个别　　　作　　　而且
ⓒ 分别　　　为　　　甚至
ⓓ 一样　　　成　　　反而

(2) 다음 중 어법적으로 오류가 있는 문장을 골라 보세요.

ⓐ 出生那个年代的叫"建国"、"解放"的比较多。
ⓑ 你的名字用汉语、韩语念起来都很好听。
ⓒ 韩国人起名十分重视每个汉字的意义。
ⓓ 他说那是迷信，所以他自己给我取名。

4 작문

(1) 다음을 알맞게 배열하여 문장을 완성해 보세요.

❶ 起名时 / 整个 / 不少 / 也 / 使用 / 词语的

→ _____

❷ 这些话 / 听了 / 孩子 / 说的 / 直想哭 / 让我

→ _____

❸ 复姓 / 将近 / 一百个 / 有 / 中国 / 在

→ _____

❹ 一个 / 这么奇怪的 / 起了 / 为什么 / 给他 / 名字

→ _____

❺ 十分 / 韩国人 / 意义 / 每个汉字的 / 重视 / 起名

→ _____

(2) 괄호 안의 표현을 활용하여 다음 우리말을 중국어로 바꿔 보세요.

❶ 그의 소식을 듣고는 나는 정말 울고 싶었다. (直)

→ _____

❷ 그는 모든 시간을 짜내서 일을 하는데, 심지어 주말도 쉬려 하지 않는다. (甚至)

→ _____

❸ 일단 이 문제만 해결되면, 다른 문제는 저절로 해결될 것이다. (一旦……就)

→ _____

❹ 윈난성은 중국의 서남부에 위치하고 있다. (于)

→ _____

❺ 그가 중국을 떠난 지 10년이 다 되어 간다. (将近)

→ _____

플러스 단어

제1과와 관련된 단어를 추가로 익혀 보세요! 🎧 W-01-04

- 姓名 xìngmíng 성명
- 性别 xìngbié 성별
- 民族 mínzú 민족
- 公民身份号码 gōngmín shēnfèn hàomǎ 주민신분번호
- 出生 chūshēng 출생
- 住址 zhùzhǐ 주소

- 中华人民共和国 Zhōnghuá Rénmín Gònghéguó 중화인민공화국

- 居民身份证 jūmín shēnfènzhèng 주민신분증
- 签发机关 qiānfā jīguān 발급기관
- 有效期限 yǒuxiào qīxiàn 유효기간

中国人把炎帝和黄帝视为中华民族的始祖。

중국인은 염제와 황제를 중화민족의 시조로 여겨요.

 **예습하기**

다음은 제2과에 나오는 단어입니다. 각 단어를 여러 번 써 보며 한어병음과 의미를 익혀 보세요.

炎黄子孙
YánHuáng zǐsūn 염제와 황제의 자손, 중국인

视为
shìwéi ～으로 보다, 여기다

始祖
shǐzǔ 시조

后裔
hòuyì 후예

檀君
Tánjūn 단군[한민족의 시조]

神话
shénhuà 신화

传说
chuánshuō 전설

部落
bùluò 부락

首领
shǒulǐng 수령

战争
zhànzhēng 전쟁

打败
dǎbài 물리치다, 싸워 이기다

融合
rónghé 융합하다

流传
liúchuán 전해 내려오다

请求
qǐngqiú 요청하다, 바라다

山洞
shāndòng 동굴

放弃
fàngqì 포기하다

泥土
nítǔ 진흙

仿照
fǎngzhào 모방하다, 본뜨다

创造
chuàngzào 창조하다

宗教
zōngjiào 종교

团结
tuánjié 단결하다

洪水
hóngshuǐ 홍수

淹没
yānmò 물에 잠기다

鸽子
gēzi 비둘기

陆地
lùdì 육지

和平
hépíng 평화

단어. 듣기. 어법. 작문 파트의 문제로 제2과에서 배운 내용을 복습해 보세요.

1 단어

(1) 빈칸을 알맞게 채워 넣어 보세요.

한자	병음	뜻
❶	YánHuáng zǐsūn	염제와 황제의 자손, 중국인
后裔	❷	후예
❸	shénhuà	신화
战争	❹	전쟁
打败	dǎbài	❺
❻	fàngqì	포기하다
鸽子	gēzi	❼
仿照	❽	모방하다, 본뜨다

(2) 위에서 복습한 단어 중에서 알맞은 단어를 넣어 문장을 완성해 보세요.

❶ 韩国人视自己为檀君＿＿＿＿＿＿＿的。

❷ 黄帝的部落＿＿＿＿＿＿＿了炎帝的部落。

❸ 汉族既称自己为"＿＿＿＿＿＿＿"，也称自己为"黄帝子孙"。

❹ 传说女娲用泥土＿＿＿＿＿＿＿自己创造了人。

2 듣기

(1) 녹음을 듣고 문장을 완성해 보세요. 🎧 W-02-01

❶ 中国人把炎帝和黄帝视为中华民族的＿＿＿＿＿＿＿。

❷ 两个部落＿＿＿＿＿＿＿成为"汉族"。

❸ 这是韩国自古＿＿＿＿＿＿＿下来的神话。

❹ 桓雄给了熊和老虎一些大蒜和＿＿＿＿＿＿＿。

(2) **녹음을 듣고 질문에 알맞은 답을 골라 보세요.** 🎧 W-02-02

　❶ 从这句话，我们可以知道什么？

　　　ⓐ 他是我的朋友。　　　　　　　ⓑ 他是我的敌人。

　　　ⓒ 他既是我的朋友，也是我的敌人。　ⓓ 我不想和他成为敌人。

　❷ 这句话是什么意思？

　　　ⓐ 我没打过篮球。　　　　　　　ⓑ 我没去过操场。

　　　ⓒ 我没在操场打过篮球。　　　　ⓓ 我在操场只打篮球。

　❸ 从这句话，我们可以知道什么？

　　　ⓐ 他在上海呆了十年。　　　　　ⓑ 他十年前离开了上海。

　　　ⓒ 他已经不在上海了。　　　　　ⓓ 十年后他打算离开上海。

(3) **녹음의 대화를 듣고 질문에 알맞은 답을 골라 보세요.** 🎧 W-02-03

　❶ 男的说的是什么意思？

　　　ⓐ 这个星期公司放假。　　　　　ⓑ 这个星期公司加班。

　　　ⓒ 下个星期公司放假。　　　　　ⓓ 下个星期公司加班。

　❷ 从这句话，我们可以知道什么？

　　　ⓐ 男的是中国人。　　　　　　　ⓑ 男的没听过"炎黄子孙"这一词。

　　　ⓒ 男的是炎黄的孙子。　　　　　ⓓ 男的想知道"炎黄子孙"是什么意思。

　❸ 下面哪一个不是事实？

　　　ⓐ 男的是中国人。　　　　　　　ⓑ 女的是韩国人。

　　　ⓒ 男的想知道檀君是谁。　　　　ⓓ 女的不知道黄帝是谁。

　❹ 从这句话，我们可以知道什么？

　　　ⓐ 英国队输了。　　　　　　　　ⓑ 德国队输了。

　　　ⓒ 三个队打平了。　　　　　　　ⓓ 德国队打败了法国队。

3 어법

(1) 다음 단문을 읽고 빈칸에 들어갈 단어를 순서대로 나열한 것을 골라 보세요.

❶ 圣经里就有这样一个故事：诺亚_____神那里听到有关洪水的消息，_____和家人一起做了一只方舟，并_____各种动物乘入方舟。

ⓐ 在　　便　　给
ⓑ 从　　也　　给
ⓒ 从　　便　　让
ⓓ 在　　也　　让

❷ 过了一段时间，诺亚觉得洪水应该退了，便放出一只鸽子去_____消息。晚上，鸽子飞回来了，嘴里还有一片橄榄叶，很明显，地上的水都退净了。_____，诺亚全家和方舟里的动物们又_____回到了陆地。

ⓐ 打听　　于是　　重新
ⓑ 听到　　但是　　重新
ⓒ 打听　　但是　　重复
ⓓ 听到　　于是　　重复

(2) 다음 중 어법적으로 오류가 있는 문장을 골라 보세요.

ⓐ 两个部落融合成为"汉族"。

ⓑ 汉族既称自己为"炎黄子孙"，也称自己为"黄帝子孙"。

ⓒ 这是韩国自古流传下去的神话。

ⓓ 传说女娲用泥土仿照自己创造了人。

4 작문

(1) 다음을 알맞게 배열하여 문장을 완성해 보세요.

❶ 把 / 为 / 中华民族的始祖 / 中国人 / 视 / 炎帝和黄帝

→ _____

❷ 讲一讲 / 能不能 / 你 / 有关 / 给我 / 炎帝和黄帝的故事呢

→ _____

❸ 团结 / 这样的传说 / 可以 / 一个民族 / 使 / 更加

→ _____

❹ 都 / 有类似的传说 / 不仅 / 西方各国 / 是我们东方 / 也

→ _____

❺ 都 / 很多 / 世界各国 / 有关 / 有 / 洪水 / 的传说

→ _____

(2) 괄호 안의 표현을 활용하여 다음 우리말을 중국어로 바꿔 보세요.

❶ 소위 서역(西域)이라는 곳은 지금의 신장(新疆) 일대이다. (所谓)

→ _____

❷ 김 선생님은 엄마처럼 우리에게 관심을 가지고 보살펴 주신다. (好比……)

→ _____

❸ 그는 일생 동안 10여 편의 소설을 썼지만, 세 편만 전해 내려온다. (……下来)

→ _____

❹ 우리 팀이 상대팀을 이길 수 있던 것은 우리가 아주 단결했기 때문이다. (之所以……)

→ _____

❺ 그는 아르바이트로 돈을 벌어서 학비를 낸다. (通过)

→ _____

제2과와 관련된 단어를 추가로 익혀 보세요! W-02-04

- 黄帝 Huángdì 황제
- 伏羲 Fúxī 복희
- 女娲 Nǚwā 여와

- 福娃 Fúwá 푸와(베이징 올림픽 마스코트)
- 长城 Chángchéng 만리장성
- 熊猫 xióngmāo 판다

- 梅花 méihuā 매화
- 五星红旗 Wǔxīng Hóngqí 오성홍기
- 龙 lóng 용
- 凤凰 fènghuáng 봉황
- 旗袍 qípáo 치파오
- 牡丹 mǔdan 모란

03 中国人为什么这么喜欢红色呢?

중국인은 왜 이렇게 붉은색을 좋아하나요?

 예습하기 ··

다음은 제3과에 나오는 단어입니다. 각 단어를 여러 번 써 보며 한어병음과 의미를 익혀 보세요.

鞭炮
biānpào 폭죽

服装
fúzhuāng 의상, 의복

份子钱
fènziqián 부조금, 축의금

贺仪
hèyí 축의

信封
xìnfēng 봉투, 편지봉투

吉祥
jíxiáng 길하다, 상서롭다

奠仪
diànyí 부의

出名
chūmíng 유명해지다, 이름을 날리다

走红
zǒuhóng 인기가 오르다

宠信
chǒngxìn 총애하고 신임하다

重用
zhòngyòng 중용하다

红人
hóngrén 인기 있는 사람

财富
cáifù 부, 재산

淫秽
yínhuì 음란하다, 외설적이다

连载
liánzǎi 연재하다

低俗
dīsú 저속하다, 상스럽다

办喜事
bàn xǐshì 결혼식을 치르다

忌讳
jìhuì 기피하다, 꺼리다

蕴涵
yùnhán 내포하다, 포함하다

检索
jiǎnsuǒ 검색하다, 검사하여 찾아보다

偏爱
piān'ài 편애하다

底色
dǐsè 바탕색

纯洁
chúnjié 순결하다

婚纱
hūnshā 웨딩드레스

鲜艳
xiānyàn 산뜻하고 아름답다

大街小巷
dàjiē xiǎoxiàng 온 거리, 골목골목

단어. 듣기. 어법. 작문 파트의 문제로 제3과에서 배운 내용을 복습해 보세요.

1 단어

(1) 빈칸을 알맞게 채워 넣어 보세요.

한자	병음	뜻
鞭炮	❶	폭죽
❷	fènziqián	부조금, 축의금
走红	❸	인기가 오르다
红人	hóngrén	❹
忌讳	❺	기피하다, 꺼리다
❻	yùnhán	내포하다, 포함하다
大街小巷	dàjiē xiǎoxiàng	❼
❽	bàn xǐshì	결혼식을 치르다

(2) 위에서 복습한 단어 중에서 알맞은 단어를 넣어 문장을 완성해 보세요.

❶ 婚礼上中国人放红色的_____。

❷ 受领导宠信或重用的人叫"_____"。

❸ 我真想了解一下各个国家有关颜色的词语所_____的文化意义。

❹ 中国人办喜事的时候_____白色。

2 듣기

(1) 녹음을 듣고 문장을 완성해 보세요. 🎧 W-03-01

❶ 新郎和新娘也都穿着红色的传统_____。

❷ 中国人之所以喜欢红色是因为红色象征热情、_____和生命力。

❸ 韩国的国旗，以白色为底色，象征韩国人民的_____和对和平的热爱。

❹ 韩国人结婚时穿白色的_____。

(2) 녹음을 듣고 질문에 알맞은 답을 골라 보세요. 🎧 W-03-02

❶ 这句话是什么意思?

ⓐ 你不是中国人。　　　　　ⓑ 你认识这个字。

ⓒ 你认识很多字。　　　　　ⓓ 中国人应该认识这个字。

❷ 这句话是什么意思?

ⓐ 他们不结婚。　　　　　　ⓑ 他们吓了一跳。

ⓒ 我跟他结婚了。　　　　　ⓓ 我没想到他们会结婚。

❸ 这句话是什么意思?

ⓐ 张三的弟弟性格温柔。　　ⓑ 张三和他弟弟关系不好。

ⓒ 张三和他弟弟外表不一样。　ⓓ 张三的弟弟性格和张三不一样。

(3) 녹음의 대화를 듣고 질문에 알맞은 답을 골라 보세요. 🎧 W-03-03

❶ 女的说的是什么意思?

ⓐ 我也这么认为。　　　　　ⓑ 我不知道别人怎么想。

ⓒ 每个人的想法都差不多。　ⓓ 我的想法跟你不太一样。

❷ 女的说的是什么意思?

ⓐ 没问题。　　　　　　　　ⓑ 不要客气。

ⓒ 还没决定。　　　　　　　ⓓ 你说得很好。

❸ 女的说的是什么意思?

ⓐ 衬衣的颜色不太好看。　　ⓑ 裤子的颜色不太好看。

ⓒ 衬衣和裤子的颜色太素净了。　ⓓ 衬衣和裤子的颜色搭配得不太好。

❹ 女的说的是什么意思?

ⓐ 我不是中国人。　　　　　ⓑ 白色象征喜庆。

ⓒ 中国人不都喜欢红色。　　ⓓ 奠仪不能放在红色的信封里。

3 어법

(1) **다음 단문을 읽고 빈칸에 들어갈 단어를 순서대로 나열한 것을 골라 보세요.**

❶ 每个民族都有自己喜爱的色彩，韩国人喜欢白色，中国人＿＿＿＿＿偏爱红色和黄色。韩国人结婚时穿白色的婚纱；中国人＿＿＿＿＿忌讳白色，所以一般穿以红色为主的服饰，但＿＿＿＿＿西方影响，后来也开始选择白色的婚纱。

ⓐ 则　本来　受
ⓑ 便　已经　受
ⓒ 则　本来　收
ⓓ 便　已经　收

❷ 汽车也是如此，韩国的汽车＿＿＿＿＿以来，一半以上都是白色或黑色；而＿＿＿＿＿在中国尽收眼底的是红、黄、蓝等色彩鲜艳的汽车，但如今在大街小巷川流不息的车流中，大部分＿＿＿＿＿白色和黑色的汽车。

ⓐ 一直　以前　但是
ⓑ 一连　已经　也是
ⓒ 一直　以前　也是
ⓓ 一连　已经　但是

(2) **다음 중 어법적으로 오류가 있는 문장을 골라 보세요.**

ⓐ 在中国只有奠仪才放在白色的信封里。

ⓑ 看起来，每个国家都各有各的特色。

ⓒ 这好说，我们一起在网上检索一下不就行了吗?

ⓓ 我们韩国人自古以前就喜欢穿白色的衣服。

4 작문

(1) 다음을 알맞게 배열하여 문장을 완성해 보세요.

❶ 红色象征吉祥 / 喜欢红色 / 是 / 之所以 / 中国人 / 因为

→ _____

❷ 放 / 他们 / 把 / 在 / 份子钱 / 红色的信封里

→ _____

❸ 还真 / 不少 / 汉语 / 词语 / 有 / 都有"红"字

→ _____

❹ 人们 / 这一报纸 / "黄色报纸" / 称 / 把 / 为

→ _____

❺ 有关颜色的词语 / 所蕴涵的 / 我很想 / 各国 / 文化意义 / 了解

→ _____

(2) 괄호 안의 표현을 활용하여 다음 우리말을 중국어로 바꿔 보세요.

❶ 그러고도 남자친구야? 내 생일도 잊어버리고. (还……呢)

→ _____

❷ 우리 반 학생들은 각각 나름의 특징이 있다. (各有各的……)

→ _____

❸ 나는 그의 영향을 받아서 중국어를 배우기 시작했다. (受……)

→ _____

❹ 졸업한 후에 그는 직장을 구하고 싶어 하지만, 나는 유학을 가고 싶다. (则)

→ _____

❺ 중국인은 보통 붉은색 위주의 복장을 입는다. (以……为……)

→ _____

제3과와 관련된 단어를 추가로 익혀 보세요! 🎧 W-03-04

- 灰色 huīsè 회색
- 褐色/棕色 hèsè / zōngsè 갈색
- 湖色/豆绿色 húsè / dòulǜsè 연두색
- 天蓝色/淡蓝色 tiānlánsè / dànlánsè 하늘색

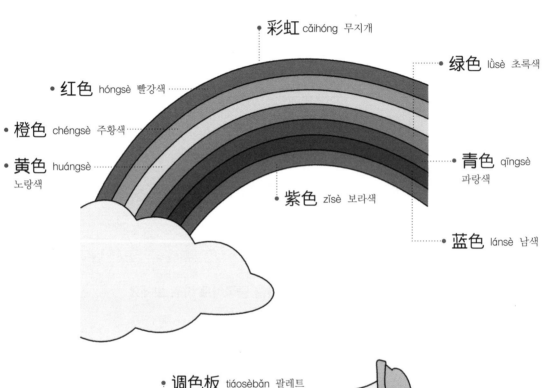

- 彩虹 cǎihóng 무지개
- 红色 hóngsè 빨강색
- 橙色 chéngsè 주황색
- 黄色 huángsè 노랑색
- 绿色 lǜsè 초록색
- 青色 qīngsè 파랑색
- 紫色 zǐsè 보라색
- 蓝色 lánsè 남색

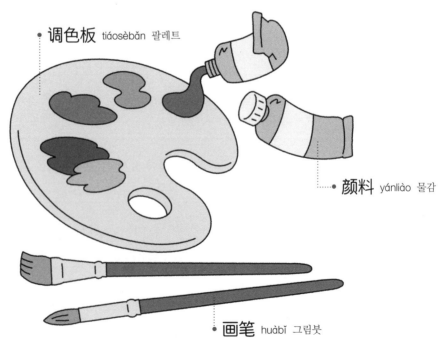

- 调色板 tiáosèbǎn 팔레트
- 颜料 yánliào 물감
- 画笔 huàbǐ 그림붓

04

中国人好像对谐音词很敏感。

중국인은 해음어에 민감한 것 같아요.

다음은 제4과에 나오는 단어입니다. 각 단어를 여러 번 써 보며 한어병음과 의미를 익혀 보세요.

逃跑
táopǎo 달아나다, 도망치다

手头
shǒutóu 경제 사정, 주머니 사정

眼光
yǎnguāng 안목, 관점

奥运会
Àoyùnhuì 올림픽

未必
wèibì 반드시 ~한 것은 아니다

开幕式
kāimùshì 개막식

讲究
jiǎngjiu 따져볼 만한 것

撒满
sǎmǎn 가득 퍼지다

分离
fēnlí 헤어지다, 이별하다

意寓
yìyù 함축하다

敏感
mǐngǎn 민감하다, 예민하다

除夕
chúxī 섣달 그믐날 밤

例子
lìzi 예, 보기

预示
yùshì 예시하다

送礼
sònglǐ 선물하다

利润
lìrùn 이윤

举行
jǔxíng 거행하다

丰厚
fēnghòu 푸짐하다, 풍성하다

葬礼
zànglǐ 장례(식)

交叉
jiāochā 교차하다

送终
sòngzhōng 장례를 치르다

喜庆
xǐqìng 경사스럽다

图案
tú'àn 도안

团圆
tuányuán 온 가족이 한 자리에 모이다

有余
yǒuyú 여유가 있다

如意
rúyì 뜻대로 되다

복습하기

단어, 듣기, 어법, 작문 파트의 문제로 제4과에서 배운 내용을 복습해 보세요.

1 단어

(1) 빈칸을 알맞게 채워 넣어 보세요.

한자	병음	뜻
眼光	yǎnguāng	❶
❷	jiǎngjiu	따져볼 만한 것
奥运会	❸	올림픽
手头	shǒutóu	❹
敏感	❺	민감하다, 예민하다
除夕	chúxī	❻
鲤鱼	❼	잉어
❽	rúyì	뜻대로 되다

(2) 위에서 복습한 단어 중에서 알맞은 단어를 넣어 문장을 완성해 보세요.

❶ 男人和女人的＿＿＿＿＿＿＿不一样。

❷ "有鱼"代表"有余"，也就是说，＿＿＿＿＿＿不紧，常常绰绰有余的意思。

❸ 中国人＿＿＿＿＿＿那一天全家人还要聚在一起吃年夜饭。

❹ 年夜饭一定少不了鱼，其中最常见的又数＿＿＿＿＿＿。

2 듣기

(1) 녹음을 듣고 문장을 완성해 보세요. 🎧 W-04-01

❶ 因为"分梨"与代表"分手"的"＿＿＿＿＿＿"发音相同。

❷ 中国人好像对谐音词很＿＿＿＿＿＿。

❸ "送钟"与举行葬礼的"＿＿＿＿＿＿"谐音。

❹ 你对中国的文化很＿＿＿＿＿＿啊！

(2) 녹음을 듣고 질문에 알맞은 답을 골라 보세요. 🎧 W-04-02

❶ 这句话是什么意思?

　ⓐ 晚会一定有演唱节目。　　　ⓑ 晚会上演唱的人很少。

　ⓒ 每次参加晚会的人都很少。　ⓓ 每次晚会的节目都很少。

❷ 这句话是什么意思?

　ⓐ 他说得很正确。　　　　ⓑ 他说的非常可靠。

　ⓒ 他相信我说的话。　　　ⓓ 我不太相信他说的话。

❸ 这句话是什么意思?

　ⓐ 我最近很忙。　　　　　ⓑ 我最近很紧张。

　ⓒ 我最近钱不够。　　　　ⓓ 我最近身体不太好。

(3) 녹음의 대화를 듣고 질문에 알맞은 답을 골라 보세요. 🎧 W-04-03

❶ 女的说的是什么意思?

　ⓐ 他已经来了。　　　　　ⓑ 他不敢来。

　ⓒ 他一定不来。　　　　　ⓓ 他不会不想来的。

❷ 女的说的是什么意思?

　ⓐ 他辞职了。　　　　　　ⓑ 他做错事了。

　ⓒ 他不会因为这件事而被开除的。　ⓓ 他到了这种地步。

❸ 从女的说的话可以知道什么?

　ⓐ 中国人喜欢一个人吃梨。　ⓑ 中国人根本不吃梨。

　ⓒ 中国人认为吃梨会引起腹痛。　ⓓ 中国人认为"分梨"与"分离"谐音。

❹ 从女的说的话可以知道什么?

　ⓐ 枣儿和栗子很好吃。

　ⓑ 枣儿和栗子对身体很好。

　ⓒ 枣儿和栗子象征健康长寿。

　ⓓ "枣栗子"与早生贵子的"早立子"谐音。

3 어법

(1) 다음 단문을 읽고 빈칸에 들어갈 단어를 순서대로 나열한 것을 골라 보세요.

❶ 中国人除夕那一天全家人还要_____在一起吃年夜饭，而年夜饭一定_____鱼，其中最常见的又数鲤鱼，_____"鱼"与"余"谐音、"鲤"与"利"谐音，预示利润丰厚、年年有余。

ⓐ 住　　　少不了　　　因此
ⓑ 聚　　　少不了　　　因为
ⓒ 住　　　吃不了　　　因为
ⓓ 聚　　　吃不了　　　因此

❷ 除此之外，中国有些地区过年吃饺子，饺子要待_____半夜子时吃，因为这是旧的一年与新的一年相互_____的时刻，"饺"_____"交"谐音，"子"为"子时"，这个时候吃饺子有"喜庆团圆、吉祥如意"的意思。

ⓐ 到　　　交往　　　对
ⓑ 了　　　交叉　　　对
ⓒ 了　　　交往　　　与
ⓓ 到　　　交叉　　　与

(2) 다음 중 어법적으로 오류가 있는 문장을 골라 보세요.

ⓐ 只要是好看的东西，我都想买来送给她。

ⓑ 如果送给对方鞋，那么对方就会穿着那双鞋逃跑。

ⓒ 你怎么买了一双女士皮鞋？除非是要送给你的女朋友？

ⓓ 男人觉得漂亮的，女人未必就喜欢。

4 작문

(1) 다음을 알맞게 배열하여 문장을 완성해 보세요.

❶ 举 / 能不能 / 再 / 你 / 给我 / 几个例子

→ _____

❷ 看到 / 能 / 各种 / 常常 / 在中国餐馆 / 画有鱼的彩色图案

→ _____

❸ 用裙子 / 新娘 / 会 / 新郎的父母扔过来的 / 接住 / 枣儿和栗子

→ _____

❹ 风俗 / 有关的 / 中国 / 许多 / 有 / 与谐音

→ _____

❺ 送 / 只要是 / 我都想 / 买来 / 给她 / 好看的东西

→ _____

(2) 괄호 안의 표현을 활용하여 다음 우리말을 중국어로 바꿔 보세요.

❶ 이번에 새로 온 선생님은 성품이면 성품, 실력이면 실력 모두 다 있어서 학생들이 그를 매우 좋아한다. (要A有A，要B有B)

→ _____

❷ 시간이 늦었어요. 게다가 내일 시험도 있으니 우리 집에 돌아갑시다. (再说)

→ _____

❸ 명문대학을 졸업한 우수 학생이라고 반드시 다 성공할 수 있는 것은 아니다. (未必……)

→ _____

❹ 요즘 내가 바빠서 계속 그녀와 연락을 못 했는데 이것 때문에 나와 헤어지자고 하는 건 아니겠지? (不至于……)

→ _____

❺ 뭐라고요? 그가 벌써 결혼했다고요? 내가 잘못 들은 건 아니겠죠? (莫非)

→ _____

 **플러스 단어**

제4과와 관련된 단어를 추가로 익혀 보세요! W-04-04

- 包子 bāozi (소가 들어 있는) 찐빵
- 馒头 mántou (소가 들어있지 않은) 찐빵
- 年糕 niángāo (중국) 설떡
- 核桃 hétao 호두

- 枣儿 zǎor 대추
- 栗子 lìzi 밤
- 松子 sōngzǐ 잣
- 花生 huāshēng 땅콩

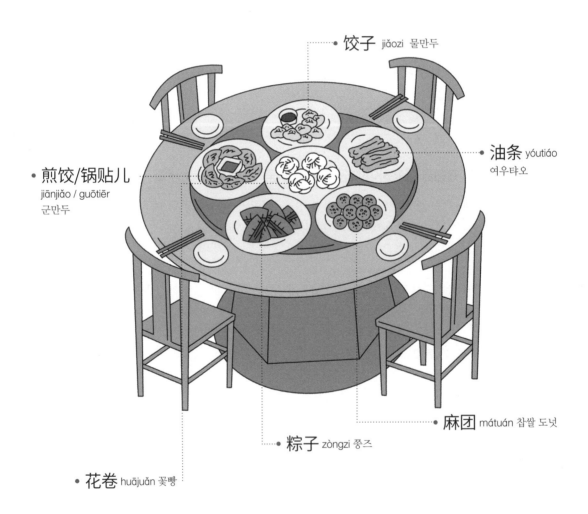

- 饺子 jiǎozi 물만두
- 煎饺/锅贴儿 jiānjiǎo / guōtiēr 군만두
- 油条 yóutiáo 여우탸오
- 麻团 mátuán 찹쌀 도넛
- 粽子 zòngzi 쭝즈
- 花卷 huājuǎn 꽃빵

05 为什么看京剧既叫"看戏"也叫"听戏"呢?

왜 경극을 보는 것을 '극을 본다'고도 하고 '극을 듣는다'고도 하나요?

 예습하기

다음은 제5과에 나오는 단어입니다. 각 단어를 여러 번 써 보며 한어병음과 의미를 익혀 보세요.

京剧 jīngjù 경극	演戏 yǎnxì 연기하다, 공연하다
剧院 jùyuàn 극장	盛情难却 shèngqíng nán què 다른 사람의 후의를 거절하기 어렵다
涂 tú 바르다, 칠하다	体会 tǐhuì 체험하여 터득하다
化妆 huàzhuāng 화장하다	精髓 jīngsuǐ 정수
忠诚 zhōngchéng 충성스럽다	情绪 qíngxù 정서, 감정
奸诈 jiānzhà 간사하다	惊恐 jīngkǒng 두렵다
道具 dàojù 공연 도구, 촬영 소품	恼怒 nǎonù 성내다, 노하다
戏 xì 연극	绝望 juéwàng 절망하다
演唱 yǎnchàng 노래를 부르다	乃至 nǎizhì 심지어, 더 나아가서
念白 niànbái 대사	表演 biǎoyǎn 공연하다, 연기하다
武打 wǔdǎ 격투, 무술	敏捷 mǐnjié 민첩하다, 빠르다
主角 zhǔjué 주인공, 주연	惊叹 jīngtàn 경탄하다
扮演 bànyǎn ~역을 맡아 하다	喝彩 hècǎi 갈채하다

복습하기

단어. 듣기. 어법. 작문 파트의 문제로 제5과에서 배운 내용을 복습해 보세요.

1 단어

(1) 빈칸을 알맞게 채워 넣어 보세요.

한자	병음	뜻
涂	tú	❶
❷	xì	연극
表演	❸	공연하다, 연기하다
❹	mǐnjié	민첩하다, 빠르다
扮演	❺	~역을 맡아 하다
体会	tǐhuì	❻
❼	jīngsuǐ	정수
喝彩	❽	갈채하다

(2) 위에서 복습한 단어 중에서 알맞은 단어를 넣어 문장을 완성해 보세요.

❶ 京剧人物为什么把自己的脸＿＿＿＿＿＿＿得又红又青。

❷ 在旧社会女人是不能演＿＿＿＿＿＿＿的。

❸ 那我就跟你去＿＿＿＿＿＿＿一下"东方歌剧"的精髓。

❹ 其动作之敏捷，使得观众无不为之惊叹、＿＿＿＿＿＿＿。

2 듣기

(1) 녹음을 듣고 문장을 완성해 보세요. 🎧 W-05-01

❶ 可去剧院直接＿＿＿＿＿＿＿以后，感觉就大不一样了。

❷ 京剧中的很多动作和道具都具有＿＿＿＿＿＿＿的象征意义。

❸ 京剧中的女主角都是由男人＿＿＿＿＿＿＿的。

❹ 变脸是川剧艺术中＿＿＿＿＿＿＿人物的一种特技。

(2) 녹음을 듣고 질문에 알맞은 답을 골라 보세요. 🎧 W-05-02

❶ 从这句话，可以知道什么？

ⓐ 我觉得去他家很难。　　　　ⓑ 我也邀请他了。

ⓒ 我拒绝了他的好意。　　　　ⓓ 我曾多次访问他家。

❷ 这句话是什么意思？

ⓐ 那家饭馆的菜很油腻。　　　ⓑ 那家饭馆的菜很好吃。

ⓒ 那家饭馆不太干净。　　　　ⓓ 那家饭馆的服务很好。

❸ 这句话是什么意思？

ⓐ 今天的电影真没意思。　　　ⓑ 今天的电影内容很丰富。

ⓒ 今天的电影让人着迷。　　　ⓓ 今天的电影太短了。

(3) 녹음의 대화를 듣고 질문에 알맞은 답을 골라 보세요. 🎧 W-05-03

❶ 女的说的是什么意思？

ⓐ 我根本没有钱。　　　　　　ⓑ 我也要借点儿钱。

ⓒ 我不想借给你钱。　　　　　ⓓ 我可以借给你一点儿钱。

❷ 女的说的是什么意思？

ⓐ 你很危险。　　　　　　　　ⓑ 我劝你带伞。

ⓒ 现在下雨呢。　　　　　　　ⓓ 雨伞在你那儿。

❸ 女的说的是什么意思？

ⓐ 他唱的歌声很动人。　　　　ⓑ 观众没听到他唱歌。

ⓒ 观众都跟着他唱歌。　　　　ⓓ 他流着眼泪唱歌。

❹ 女的说的是什么意思？

ⓐ 我不喜欢看京剧。　　　　　ⓑ 我想直接观看京剧。

ⓒ 我现在觉得京剧很有意思。　ⓓ 我没在电视上看过京剧。

3 어법

(1) 다음 단문을 읽고 빈칸에 들어갈 단어를 순서대로 나열한 것을 골라 보세요.

❶ 变脸是川剧艺术中＿＿＿＿＿＿人物的一种特技，用以＿＿＿＿＿＿剧中人物的情绪、心理状态的突然变化——或惊恐，或恼怒，或绝望等等，＿＿＿＿＿＿"相随心变"的艺术效果。

ⓐ 制造　　表现　　来到
ⓑ 塑造　　表现　　达到
ⓒ 制造　　表示　　达到
ⓓ 塑造　　表示　　来到

❷ 在变脸的过程中，表演者可＿＿＿＿＿＿黑、白、红、黄、蓝、绿、金等不同色彩的变换展现剧中人物情绪的变化。有些表演者在变脸的＿＿＿＿＿＿，还能变换服装的色彩。其动作之敏捷，＿＿＿＿＿＿观众无不为之惊叹、喝彩。

ⓐ 按照　　一边　　使得
ⓑ 按照　　同时　　至于
ⓒ 通过　　同时　　使得
ⓓ 通过　　一边　　至于

(2) 다음 중 어법적으로 오류가 있는 문장을 골라 보세요.

ⓐ 我在电视上看过几次京剧。

ⓑ 京剧人物把自己的脸为什么涂得又红又青？

ⓒ 京剧中的女主角都是由男人扮演的。

ⓓ 为了保险起见，我还特意在网上订了两张票。

4 작문

(1) 다음을 알맞게 배열하여 문장을 완성해 보세요.

❶ 看过 / 还 / 来中国 / 以后 / 没 / 京剧吧

　→ _____

❷ 常常 / 手里 / 还 / 京剧演员们 / 拿着 / 一些道具

　→ _____

❸ 我 / 一下 / 去体会 / "东方歌剧"的精髓 / 跟你

　→ _____

❹ 什么 / 根本 / 说的 / 听不懂 / 是

　→ _____

❺ 他们的化妆 / 看到 / 我都会 / 每次 / 忍不住 / 笑起来

　→ _____

(2) 괄호 안의 표현을 활용하여 다음 우리말을 중국어로 바꿔 보세요.

❶ 이 일은 내가 결정하겠다. (由)

　→ _____

❷ 나는 만약을 대비해서 매년 한 번씩 건강검진을 한다. (为了……起见)

　→ _____

❸ 그는 매달 월급의 절반으로 가정이 어려운 학생을 도왔다. (用以)

　→ _____

❹ 그 일로 인해 그들의 관계가 더욱 가까워졌다. (使得)

　→ _____

❺ 그 소식을 듣고 그녀는 눈물이 흘러내리는 것을 참을 수 없었다. (忍不住)

　→ _____

플러스 단어

제5과와 관련된 단어를 추가로 익혀 보세요! 🎧 W-05-04

- 音乐剧 yīnyuèjù 뮤지컬
- 歌剧 gējù 오페라

- 演奏会 yǎnzòuhuì 연주회
- 话剧 huàjù 연극

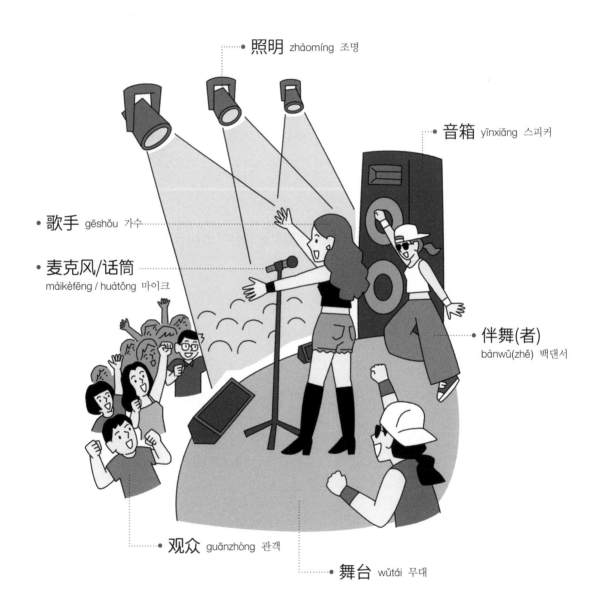

- 照明 zhàomíng 조명
- 音箱 yīnxiāng 스피커
- 歌手 gēshǒu 가수
- 麦克风/话筒
  màikèfēng / huàtǒng 마이크
- 伴舞(者)
  bànwǔ(zhě) 백댄서
- 观众 guānzhòng 관객
- 舞台 wǔtái 무대

07 中国武术的确有着独特的魅力。

중국 무술은 확실히 독특한 매력이 있어요.

예습하기

다음은 제7과에 나오는 단어입니다. 각 단어를 여러 번 써 보며 한어병음과 의미를 익혀 보세요.

身材
shēncái 몸매, 체격

僧人
sēngrén 승려, 스님

好莱坞
Hǎoláiwù 할리우드

讨伐
tǎofá 토벌하다

首位
shǒuwèi 첫 번째

允许
yǔnxǔ 허락하다, 허가하다

响誉
xiǎngyù 칭송되다

成就
chéngjiù 성취하다, 이루다

去世
qùshì 세상을 뜨다, 사망하다

兵器
bīngqì 병기, 무기

种族
zhǒngzú 종족

威武
wēiwǔ 위풍당당하다

繁衍
fányǎn 번식하다

闲
xián 한가하다

聚集
jùjí 모으다, 모이다

轻灵
qīnglíng 민첩하고 날렵하다

总结
zǒngjié 총괄하다, 종합하다

阴阳
yīnyáng 음양

武举
wǔjǔ 무과[무예로 선발하는 과거 시험]

动静
dòngjing 동정, 동태

选拔
xuǎnbá (인재를) 선발하다

来势
láishì 밀려오는 기세

优秀
yōuxiù 우수하다, 뛰어나다

攻击
gōngjī 공격하다

推进
tuījìn 추진하다

国粹
guócuì 국수[한 나라나 민족이 지닌 고유한 문화의 정화]

복습하기

단어. 듣기. 어법. 작문 파트의 문제로 제7과에서 배운 내용을 복습해 보세요.

1 단어

(1) 빈칸을 알맞게 채워 넣어 보세요.

한자	병음	뜻
允许	yǔnxǔ	❶
❷	xuǎnbá	(인재를) 선발하다
威武	❸	위풍당당하다
繁衍	fányǎn	❹
聚集	❺	모으다, 모이다
响誉	xiǎngyù	❻
❼	gōngjī	공격하다
讨伐	❽	토벌하다

(2) 위에서 복습한 단어 중에서 알맞은 단어를 넣어 문장을 완성해 보세요.

❶ 唐朝开始实行武举制，＿＿＿＿＿＿＿优秀的武术人才。

❷ 我觉得少林武术真的很＿＿＿＿＿＿＿。

❸ 借对方的力量而＿＿＿＿＿＿＿对方。

❹ 他可是＿＿＿＿＿＿＿世界的武打演员。

2 듣기

(1) 녹음을 듣고 문장을 완성해 보세요. 🎧 W-07-01

❶ 中国武术的确有着独特的＿＿＿＿＿＿＿。

❷ 太极拳理论直接来源于＿＿＿＿＿＿＿。

❸ 太极拳是最受中国人喜爱的＿＿＿＿＿＿＿之一。

❹ 根据使用＿＿＿＿＿＿＿的不同可以分为拳术、棍术、枪术等等。

(2) **녹음을 듣고 질문에 알맞은 답을 골라 보세요.** 🎧 W-07-02

❶ 这句话是什么意思?

ⓐ 以后我可能没有机会去云南了。　　ⓑ 我以后还会去云南的。
ⓒ 我以前没去过云南。　　　　　　　ⓓ 今年我不打算去云南。

❷ 这句话是什么意思?

ⓐ 他的肚子很大。　　　　　　　　　ⓑ 他肚子很不舒服。
ⓒ 他拉肚子了。　　　　　　　　　　ⓓ 他喝了很多酒。

❸ 这句话是什么意思?

ⓐ 武术是随着社会的变化而发展的。　ⓑ 武术本来是一种保护自身的手段。
ⓒ 武术是一种交际手段。　　　　　　ⓓ 练武是从原始社会开始的。

(3) **녹음의 대화를 듣고 질문에 알맞은 답을 골라 보세요.** 🎧 W-07-03

❶ 女的说的是什么意思?

ⓐ 男的要等到下个月才能报名。　　　ⓑ 这儿不教武术。
ⓒ 男的已经来不及报名了。　　　　　ⓓ 学习武术的时间有所变动。

❷ 女的说的是什么意思?

ⓐ 那个演员身体不好。　　　　　　　ⓑ 那个演员很年轻。
ⓒ 那个演员很健康。　　　　　　　　ⓓ 那个演员已经去世了。

❸ 女的说的是什么意思?

ⓐ 她不想去游泳。　　　　　　　　　ⓑ 游泳未必有助于减肥。
ⓒ 应该每天游泳。　　　　　　　　　ⓓ 她比以前瘦了不少。

❹ 女的说的是什么意思?

ⓐ 她不相信老金说的话。　　　　　　ⓑ 老金不同意她的意见。
ⓒ 女的不知道谁的话可信。　　　　　ⓓ 谁都不反对她的意见。

3 어법

(1) 다음 단문을 읽고 빈칸에 들어갈 단어를 순서대로 나열한 것을 골라 보세요.

❶ 武术起源于原始社会。在当时生产力落后的条件_____，人们为了种族的繁衍而聚集在一起进行锻炼，在锻炼的过程_____人们不断总结经验，形成了不同的武术套路和风格，_____产生了不同的门派。

ⓐ 下　　中　　由此
ⓑ 中　　上　　因此
ⓒ 上　　中　　从此
ⓓ 中　　下　　到此

❷ 在唐朝初期，少林寺有十三个僧人_____帮助李世民讨伐王世充而受到封赏，并_____特别允许可以设立常备僧兵，成就了少林武术的发展。"少林"一词也_____成为了汉族传统武术的象征。

ⓐ 当时　　从　　为了
ⓑ 以前　　给　　因为
ⓒ 已经　　由　　所以
ⓓ 曾经　　被　　因此

(2) 다음 중 어법적으로 오류가 있는 문장을 골라 보세요.

ⓐ "太极"一词则来源于易经的"阴阳动静之理"。

ⓑ 实行武举制给武术的发展做了推进作用。

ⓒ 太极拳有很多门派，其中以陈式、杨式等五派为代表。

ⓓ 很可惜他32岁的时候就去世了。

4 작문

(1) 다음을 알맞게 배열하여 문장을 완성해 보세요.

❶ "以柔克刚" / 等 / 都 / 于 / 老庄哲学 / 来源 / 其中的

→ _____

❷ 还 / 顺便 / 可以 / 看一看 / 去周围的城市 / 我们

→ _____

❸ 也 / 去那里 / 可以 / 学习武术 / 听说 / 普通人

→ _____

❹ 传奇人物 / 他是 / 上 / 中国武术史 / 的 / 一大

→ _____

❺ "国粹" / 为 / 太极拳 / 称 / 被 / 又

→ _____

(2) 괄호 안의 표현을 활용하여 다음 우리말을 중국어로 바꿔 보세요.

❶ 당신 정말 학식이 풍부하군요! (一肚子)

→ _____

❷ 나중에 기회가 되면 그곳에 가서 꼭 배워보고 싶어요. (学两招)

→ _____

❸ 소림사는 불경을 읽고 불공을 드리면 됐지, 왜 무술까지 연마하는 거죠? (就是了)

→ _____

❹ 우리 한가로이 보내는 것도 좋지만, 함께 거리로 나가 쇼핑을 좀 하는 것이 더 나을 것 같은데 어때요? (······也是······不如)

→ _____

❺ 그의 영향으로 'Kungfu'라는 단어가 영어사전에 실리기까지 했다. (在······下)

→ _____

 **플러스 단어**

제7과와 관련된 단어를 추가로 익혀 보세요! 🎧 W-07-04

- 柔道 róudào 유도
- 射击 shèjī 사격
- 射箭 shèjiàn 양궁
- 马术 mǎshù 승마

- 曲棍球 qūgùnqiú 하키
- 跳水 tiàoshuǐ 다이빙
- 花样游泳 huāyàng yóuyǒng
  싱크로나이즈드 스위밍, 수중 발레
- 帆船 fānchuán 요트

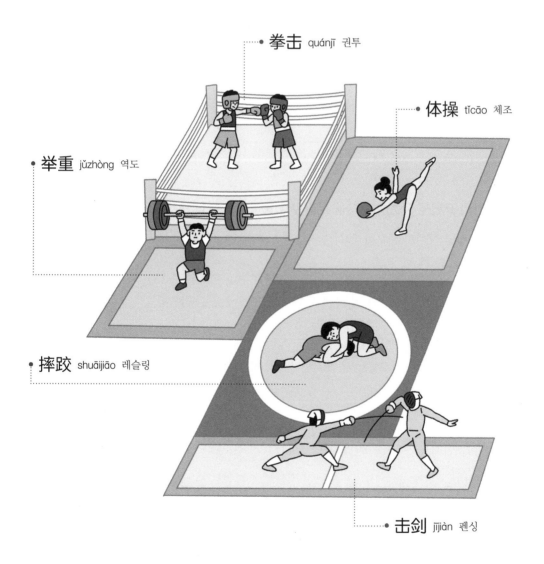

拳击 quánjī 권투

体操 tǐcāo 체조

举重 jǔzhòng 역도

摔跤 shuāijiāo 레슬링

击剑 jījiàn 펜싱

孙悟空护送玄奘去西天取经所经的也是丝绸之路。

손오공이 현장을 모시고 서역으로 불경을 구하러 갈 때 거쳐 간 것도 실크로드지요.

예습하기

다음은 제8과에 나오는 단어입니다. 각 단어를 여러 번 써 보며 한어병음과 의미를 익혀 보세요.

丝绸之路
sīchóu zhī lù 비단길, 실크로드

促进
cùjìn 촉진하다

纪录片
jìlùpiàn 다큐멘터리, 기록 영화

抢
qiǎng 빼앗다

运送
yùnsòng 운송하다, 수송하다

僧侣
sēnglǚ 승려, 스님

桥梁
qiáoliáng 교량, 다리

躲避
duǒbì 숨다, 피하다

护送
hùsòng 호송하다

石窟
shíkū 석굴

脑海
nǎohǎi 머리, 뇌리

博士
bóshì 박사

浮现
fúxiàn (뇌리에) 떠오르다

详细
xiángxì 상세하다, 자세하다

结队
jiéduì 대오를 짓다, 무리를 이루다

著作
zhùzuò 저서, 작품

骆驼
luòtuo 낙타

历险
lìxiǎn 모험하다, 위험을 겪다

穿越
chuānyuè 넘다, 통과하다

定论
dìnglùn 정론, 정설

情景
qíngjǐng 정경, 광경

寻找
xúnzhǎo 찾다, 구하다

变化无常
biànhuà wúcháng 변화무상하다

见闻录
jiànwénlù 견문록

汗水
hànshuǐ 땀

编著
biānzhù 저술하다, 편저하다

복습하기

단어. 듣기. 어법. 작문 파트의 문제로 제8과에서 배운 내용을 복습해 보세요.

1 단어

(1) 빈칸을 알맞게 채워 넣어 보세요.

한자	병음	뜻
❶	sīchóu zhī lù	비단길, 실크로드
桥梁	❷	교량, 다리
脑海	nǎohǎi	❸
浮现	❹	(뇌리에) 떠오르다
穿越	chuānyuè	❺
❻	hànshuǐ	땀
躲避	❼	숨다, 피하다
何况	hékuàng	❽

(2) 위에서 복습한 단어 중에서 알맞은 단어를 넣어 문장을 완성해 보세요.

❶ 只要想到丝绸之路，我的脑海里就会＿＿＿＿＿＿＿出商人们结队同行的情景。

❷ 是他们用无数的＿＿＿＿＿＿＿促进了东西方的交流。

❸ 这条路是东西方进行物质和文化交流的重要＿＿＿＿＿＿＿。

❹ 连你都知道这么多，更＿＿＿＿＿＿＿你表哥呢。

2 듣기

(1) 녹음을 듣고 문장을 완성해 보세요. 🎧 W-08-01

❶ 沙漠的气候时冷时热，＿＿＿＿＿＿＿。

❷ 后来这些书籍被英国和法国＿＿＿＿＿＿＿。

❸ 闹半天，我白说了这么多，原来是"＿＿＿＿＿＿＿"。

❹ 《西游记》是一部自古以来为大众所喜爱的＿＿＿＿＿＿＿。

(2) **녹음을 듣고 질문에 알맞은 답을 골라 보세요.** 🎧 W-08-02

　❶ 这句话是什么意思?

　　　ⓐ 现在天晴了。　　　　　　ⓑ 今天天气很不稳定。
　　　ⓒ 快要下雨了。　　　　　　ⓓ 下了一整天的雨。

　❷ 这句话是什么意思?

　　　ⓐ 她没有儿子。　　　　　　ⓑ 她儿子死了。
　　　ⓒ 她儿子出国了。　　　　　ⓓ 她去世的时候没有见到她的儿子。

　❸ 这句话是什么意思?

　　　ⓐ 我们的回忆太多了。　　　　ⓑ 我不想提起那段回忆。
　　　ⓒ 我记不清那段回忆。　　　　ⓓ 我常常想起那些回忆。

(3) **녹음의 대화를 듣고 질문에 알맞은 답을 골라 보세요.** 🎧 W-08-03

　❶ 男的说的是什么意思?

　　　ⓐ 你放心。　　　　　　　　ⓑ 不用谢。
　　　ⓒ 不好意思。　　　　　　　ⓓ 没有用。

　❷ 男的说的是什么意思?

　　　ⓐ 我跑累了。　　　　　　　ⓑ 老王不想见我。
　　　ⓒ 我没见到老王。　　　　　ⓓ 我不是去找老王的。

　❸ 男的说的是什么意思?

　　　ⓐ 我还不如你呢。　　　　　ⓑ 我能听懂一点儿。
　　　ⓒ 我不看连续剧。　　　　　ⓓ 你不会听不懂的。

　❹ 男的说的是什么意思?

　　　ⓐ 我不敢唱歌。　　　　　　ⓑ 我也是歌手。
　　　ⓒ 你不要唱歌。　　　　　　ⓓ 我们一起唱吧。

3 어법

(1) **다음 단문을 읽고 빈칸에 들어갈 단어를 순서대로 나열한 것을 골라 보세요.**

❶ 《西游记》是一_____自古以来为大众_____喜爱的著作，写的是孙悟空、猪八戒、沙悟净保护玄奘西天取经的故事。而书中的历险故事则更是_____人数也数不完，说也说不尽。

   ⓐ 部   所   让
   ⓑ 片   所   被
   ⓒ 片   者   让
   ⓓ 部   者   被

❷ 玄奘出家后阅读了大量佛经，但_____翻译佛经各不相同，难得定论，_____决定到印度去寻找佛教经典的本原。玄奘途经丝绸之路，历时十六年，_____从印度取回真经回到大唐。

   ⓐ 为   便   到底
   ⓑ 为   才   终于
   ⓒ 因   才   到底
   ⓓ 因   便   终于

(2) **다음 중 어법적으로 오류가 있는 문장을 골라 보세요.**

ⓐ 后来这些书籍被英国和法国抢走了。

ⓑ 现在大部分保存了在英国和法国的图书馆和博物馆里。

ⓒ 这些知识都是我表哥告诉我的。

ⓓ 昨天我在电视上看到有关丝绸之路的纪录片。

4 작문

(1) **다음을 알맞게 배열하여 문장을 완성해 보세요.**

❶ 把大量的珍贵书籍 / 僧侣们 / 离开此地 / 藏入了 / 千佛洞中 / 时

→ _____

❷ 你都 / 更何况 / 知道 / 连 / 这么多 / 你表哥呢

→ _____

❸ 时间 / 让他 / 抽点儿 / 给我们 / 我 / 上一堂"敦煌之课"

→ _____

❹ 这条路 / 道路 / 向西方 / 是 / 运送丝绸的 / 中国

→ _____

❺ 敦煌 / 叫"千佛洞" / 有 / 地方 / 十分有名的 / 一个

→ _____

(2) **괄호 안의 표현을 활용하여 다음 우리말을 중국어로 바꿔 보세요.**

❶ 요즘 날씨가 더웠다 추웠다 해서 감기 걸리기 쉽다. (时……时……)

→ _____

❷ 그는 미국에서 결혼한 후 지금까지 돌아오지 않았다. (直到)

→ _____

❸ 저는 그를 보러 왔는데 그가 집에 없다니 괜히 왔네요. (白……)

→ _____

❹ 선생님도 이 글자를 모르는데 하물며 학생들이 어떻게 알겠어요? (何况)

→ _____

❺ 이전에 그는 세상 사람들에게 알려지지 않았다. (为……所……)

→ _____

제8과와 관련된 단어를 추가로 익혀 보세요! 🎧 W-08-04

- 寺院 sìyuàn 절

- 塔 tǎ 탑

- 施礼/磕头 shīlǐ / kētóu 절하다

- 教堂/教会 jiàotáng / jiàohuì 교회

- 牧师 mùshī 목사

- 天主教教堂/教堂
  Tiānzhǔjiào jiàotáng / jiàotáng 성당

- 祈祷 qídǎo 기도하다

- 佛像 fóxiàng 불상

- 僧侣 sēnglǚ 승려

- 十字架 shízìjià 십자가

- 耶稣 Yēsū 예수

- 神父 shénfù 신부

- 圣母玛丽亚 Shèngmǔ mǎlìyà 성모 마리아

09 北京是从何时开始成为中国首都的呢?

베이징은 언제부터 중국의 수도가 되었던 건가요?

예습하기

다음은 제9과에 나오는 단어입니다. 각 단어를 여러 번 써 보며 한어병음과 의미를 익혀 보세요.

背景 bèijǐng 배경	**古都** gǔdū 고도, 옛 도읍
讲述 jiǎngshù 이야기하다, 서술하다	**定都** dìngdū 수도를 정하다
修建 xiūjiàn 건설하다, 시공하다	**防止** fángzhǐ 방지하다
王宫 wánggōng 왕궁, 궁궐	**战略** zhànlüè 전략
渊源 yuānyuán 뿌리, 근원	**要塞** yàosài 요새, 요충지
城址 chéngzhǐ 성터, 도시가 있는 곳	**发祥地** fāxiángdì 발상지, 발원지
遗址 yízhǐ 유적	**迁都** qiāndū 천도하다
修缮 xiūshàn 보수하다, 수리하다	**掌握** zhǎngwò 장악하다, 통제하다
扩建 kuòjiàn 증축하다, 확장하다	**政权** zhèngquán 정권
建都 jiàndū 수도를 세우다	**要地** yàodì 요지
鼎盛 dǐngshèng 아주 흥성하다	**重镇** zhòngzhèn 요충지, 주요 도시
悠久 yōujiǔ 유구하다, 아득하게 오래다	**荟萃** huìcuì 모이다
经历 jīnglì 경험하다, 경과하다	**景观** jǐngguān 경관, 경치

 **복습하기**

단어. 듣기. 어법. 작문 파트의 문제로 제9과에서 배운 내용을 복습해 보세요.

1 단어

(1) 빈칸을 알맞게 채워 넣어 보세요.

한자	병음	뜻
❶	bèijǐng	배경
修缮	❷	보수하다, 수리하다
❸	yízhǐ	유적
经历	jīnglì	❹
战略	❺	전략
荟萃	huìcuì	❻
鼎盛	❼	아주 흥성하다
❽	fāxiángdì	발상지, 발원지

(2) 위에서 복습한 단어 중에서 알맞은 단어를 넣어 문장을 완성해 보세요.

❶ 明朝和清朝不断对北京城进行了＿＿＿＿＿＿＿＿和扩建。

❷ 定都时要考虑是否为防止外侵的＿＿＿＿＿＿＿＿要塞。

❸ 中国历史上四个最＿＿＿＿＿＿＿的朝代均建都于西安。

❹ 中原地区是中华文明的＿＿＿＿＿＿＿＿。

2 듣기

(1) 녹음을 듣고 문장을 완성해 보세요. 🎧 W-09-01

❶ 北京是中国的政治、文化和＿＿＿＿＿＿＿中心。

❷ 王侯定都，肯定要考虑当地的＿＿＿＿＿＿＿。

❸ 这部电影正是以我们＿＿＿＿＿＿＿的紫禁城为背景拍摄而成的。

❹ 晋、汉、唐虽曾迁都，但＿＿＿＿＿＿＿也都位于中原。

(2) **녹음을 듣고 질문에 알맞은 답을 골라 보세요.** 🎧 W-09-02

　❶ 这句话是什么意思?

　　　ⓐ 西安和长安是同一个地方。　　ⓑ 以前和现在一样都叫西安。
　　　ⓒ 以前叫西安，现在叫长安。　　ⓓ 西安曾经是各朝的首都。

　❷ 这句话是什么意思?

　　　ⓐ 中国有很多古都。　　　　　　ⓑ 中国有很多遗迹。
　　　ⓒ 中国的历史比其他国家长。　　ⓓ 中国每个朝代的首都都不一样。

　❸ 这句话是什么意思?

　　　ⓐ 他网球打得比我好。　　　　　ⓑ 我网球打得非常好。
　　　ⓒ 我还没和他打过网球。　　　　ⓓ 他非常想和我打网球。

(3) **녹음의 대화를 듣고 질문에 알맞은 답을 골라 보세요.** 🎧 W-09-03

　❶ 女的说的是什么意思?

　　　ⓐ 在网上可以查找有关中国文化的资料。
　　　ⓑ 她不太了解中国文化。
　　　ⓒ 她对中国的现代文化很感兴趣。
　　　ⓓ 她常常上网。

　❷ 女的说的是什么意思?

　　　ⓐ 她可能只游览北京。　　　　　ⓑ 她决定去西安。
　　　ⓒ 她不能在北京呆很长时间。　　ⓓ 她觉得西安可看的比北京多。

　❸ 女的说的是什么意思?

　　　ⓐ 这不是她做的娃娃。　　　　　ⓑ 这不是为别人做的娃娃。
　　　ⓒ 她学会了做娃娃。　　　　　　ⓓ 她买不到满意的娃娃。

　❹ 女的说的是什么意思?

　　　ⓐ 飞往上海的机票已经卖光了。　ⓑ 她想坐高铁去上海。
　　　ⓒ 她觉得高铁比飞机快。　　　　ⓓ 她用不着去上海了。

3 어법

(1) **다음 단문을 읽고 빈칸에 들어갈 단어를 순서대로 나열한 것을 골라 보세요.**

❶ 洛阳、南京、安阳、杭州等也都是古都。＿＿＿＿＿＿＿洛阳和南京是10多个朝代的首都，＿＿＿＿＿＿＿城市都曾是5个朝代的首都。＿＿＿＿＿＿＿西安、洛阳、南京和北京不失为中国的"四大古都"。

　　ⓐ 之中　　那些　　所以
　　ⓑ 其间　　别的　　但是
　　ⓒ 其中　　其他　　可见
　　ⓓ 之外　　所谓　　难怪

❷ 他们把首都从汉族中央政权所处的中原移＿＿＿＿＿＿＿了东北地区，而北京作为全中国的首都则始＿＿＿＿＿＿＿元朝，从那时开始北京＿＿＿＿＿＿＿是中国北方的军事和商业重镇。

　　ⓐ 给　　自　　从来
　　ⓑ 往　　至　　一向
　　ⓒ 向　　由　　继续
　　ⓓ 到　　于　　一直

(2) **다음 중 어법적으로 오류가 있는 문장을 골라 보세요.**

　ⓐ 我听说西安曾经是过中国的首都。

　ⓑ 中国历史悠久，经历过众多朝代。

　ⓒ 至清末，北京成为当时世界上最大的城市。

　ⓓ 北京为燕国的都城，因此又叫"燕京"。

4 작문

(1) **다음을 알맞게 배열하여 문장을 완성해 보세요.**

❶ 拥有 / 北京 / 和人文景观 / 名胜古迹 / 众多

→ _____

❷ 的 / 西安 / 建都时间 / 是 / 中国历史上 / 最长 / 都城

→ _____

❸ 明朝 / 王宫 / 清朝的 / 始建于 / 却 / 紫禁城 / 虽为

→ _____

❹ 逐渐 / 从 / 北方民族 / 开始 / 政权 / 掌握 / 辽、金、元

→ _____

❺ 悠久 / 中国的历史 / 首都 / 经历过 / 也不少 / 众多朝代

→ _____

(2) **괄호 안의 표현을 활용하여 다음 우리말을 중국어로 바꿔 보세요.**

❶ 벌써 가을인데 날씨가 왜 아직도 이렇게 덥지? (명사구+了)

→ _____

❷ 공부를 말하자면 우리 반에서 누구도 그와 겨룰 수 없다. (要说)

→ _____

❸ 베이징은 언제부터 중국의 수도가 되었던 건가요? (是……的)

→ _____

❹ 탁구로 말하자면 아마 아무도 그를 이기지 못할 거야. (……不过)

→ _____

❺ 시안, 뤄양, 난징, 베이징은 중국의 '4대 고도'로 손색이 없다고 할 수 있죠. (可见)

→ _____

플러스 단어

제9과와 관련된 단어를 추가로 익혀 보세요! 🎧 W-09-04

- 天安门 Tiān'ānmén 톈안먼
- 圆明园 Yuánmíngyuán 위안밍위안
- 香山 Xiāngshān 샹산
- 北海公园 Běihǎi Gōngyuán 베이하이공원

- 朝阳公园 Cháoyáng Gōngyuán 차오양공원
- 首都博物馆 Shǒudū Bówùguǎn 서우두박물관
- 雍和宫 Yōnghégōng 융허궁
- 798艺术区 Qījiǔbā Yìshùqū 798예술구

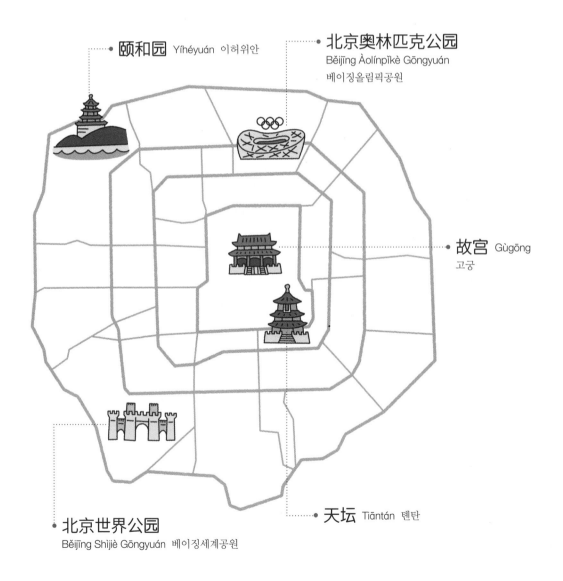

颐和园 Yíhéyuán 이허위안

北京奥林匹克公园 Běijīng Àolínpǐkè Gōngyuán 베이징올림픽공원

故宫 Gùgōng 고궁

北京世界公园 Běijīng Shìjiè Gōngyuán 베이징세계공원

天坛 Tiāntán 톈탄

10 为什么说唐诗是中国古代诗歌的顶峰呢?

왜 당시(唐诗)를 중국 고대 시가의 절정이라고 하나요?

예습하기

다음은 제10과에 나오는 단어입니다. 각 단어를 여러 번 써 보며 한어병음과 의미를 익혀 보세요.

情调
qíngdiào 분위기, 정서

顶峰
dǐngfēng 정상, 최고봉

发晕
fāyūn 현기증이 나다, 어지럽다

精练
jīngliàn 간결하다, 간명하다

形容
xíngróng 형용하다, 묘사하다

广泛
guǎngfàn 폭넓다, 광범위하다

风韵
fēngyùn 운치, 풍격

诗歌
shīgē 시, 시가

仿佛
fǎngfú 마치 ~인 듯

吟诗
yínshī 시를 읊다

描写
miáoxiě 묘사하다

启迪
qǐdí 깨우치다, 일깨우다

诗句
shījù 시, 시구

奏
zòu 연주하다

劝酒
quànjiǔ 술을 권하다

乐曲
yuèqǔ 악곡

感召
gǎnzhào 감화시키다

歌词
gēcí 가사

庸俗
yōngsú 비속하다, 저속하다

陈旧
chénjiù 낡다, 오래되다

风趣
fēngqù 해학, 재미

枯燥
kūzào 지루하다, 무미건조하다

忧虑
yōulǜ 걱정하다, 우려하다

赞美
zànměi 찬양하다, 칭송하다

苦难
kǔnàn 고난

恩泽
ēnzé 은덕, 은혜

 **복습하기**

단어. 듣기. 어법. 작문 파트의 문제로 제10과에서 배운 내용을 복습해 보세요.

1 단어

(1) 빈칸을 알맞게 채워 넣어 보세요.

한자	병음	뜻
发晕	❶	현기증이 나다, 어지럽다
❷	fǎngfú	마치 ～인 듯
感召	gǎnzhào	❸
恩泽	❹	은덕, 은혜
❺	qǐdí	깨우치다, 일깨우다
顶峰	dǐngfēng	❻
枯燥	❼	지루하다, 무미건조하다
精练	jīngliàn	❽

(2) 위에서 복습한 단어 중에서 알맞은 단어를 넣어 문장을 완성해 보세요.

❶ 唐诗音节和谐、文字＿＿＿＿＿＿＿、题材广泛、内容丰富。

❷ 听了他的诗就＿＿＿＿＿＿＿身临其境似的。

❸ 吟诗可让我们从中受到许多＿＿＿＿＿＿＿。

❹ 为什么说唐诗是中国古代诗歌的＿＿＿＿＿＿＿呢？

2 듣기

(1) 녹음을 듣고 문장을 완성해 보세요. 🎧 W-10-01

❶ 李白的诗中有很多＿＿＿＿＿＿＿酒和月亮的诗句。

❷ 他们的诗＿＿＿＿＿＿＿不同。

❸ 吟诗可以＿＿＿＿＿＿＿。

❹ 你怎么忽然间变得这么有＿＿＿＿＿＿＿啊！

(2) **녹음을 듣고 질문에 알맞은 답을 골라 보세요.** 🎧 W-10-02

❶ 这句话是什么意思?

    ⓐ 我想参加足球比赛。   ⓑ 我不喜欢踢足球。

    ⓒ 明天我要参加比赛。   ⓓ 我有时间，但是不想参加比赛。

❷ 这句话是什么意思?

    ⓐ 我不太会唱歌。   ⓑ 不喝酒我就不能唱歌。

    ⓒ 我唱歌后，一定要喝酒。   ⓓ 我酒后不能唱歌。

❸ 这句话是什么意思?

    ⓐ 你不用担心发胖。   ⓑ 你已经很胖了。

    ⓒ 你一定要减肥。   ⓓ 你晚上少吃点儿。

(3) **녹음의 대화를 듣고 질문에 알맞은 답을 골라 보세요.** 🎧 W-10-03

❶ 女的说的是什么意思?

    ⓐ 这儿的风景非常美。   ⓑ 她没想到男的会喜欢这儿。

    ⓒ 这儿的风景很有名。   ⓓ 她以前来过这儿。

❷ 女的说的是什么意思?

    ⓐ 她很想为男的过生日。   ⓑ 她太忙了，得马上走。

    ⓒ 她不知道今天男的过生日。   ⓓ 她今天没那么忙。

❸ 女的说的是什么意思?

    ⓐ 她找到了两支笔。   ⓑ 她想再买一支笔。

    ⓒ 她要继续找笔。   ⓓ 她扔了两支笔。

❹ 女的说的是什么意思?

    ⓐ 她没说过自己喜欢学汉语。   ⓑ 她喜欢读中国的文学作品。

    ⓒ 她一点儿汉语也不懂。   ⓓ 她没读过中国的文学作品。

3 어법

(1) **다음 단문을 읽고 빈칸에 들어갈 단어를 순서대로 나열한 것을 골라 보세요.**

❶ "一觞一咏"＿＿＿＿＿＿王羲之的《兰亭集序》，旧指文人边喝酒边吟诗。
＿＿＿＿＿＿称为唐诗双璧的李白和杜甫就有五百多首诗中出现过"酒"，而
李白＿＿＿＿＿＿是以"一斗诗百篇"而闻名。

    ⓐ 来到　给　很

    ⓑ 出自　被　更

    ⓒ 选自　让　太

    ⓓ 说到　叫　不

❷ 这句诗我知道，意思是＿＿＿＿＿＿想看到无穷无尽的美丽景色，
＿＿＿＿＿＿再登上一层楼，＿＿＿＿＿＿想要取得更大的成功，就要付出
更多的努力。

    ⓐ 都　一定　比较

    ⓑ 该　当然　比如

    ⓒ 要　应当　比喻

    ⓓ 得　可能　比方

(2) **다음 중 어법적으로 오류가 있는 문장을 골라 보세요.**

    ⓐ 那天李白从早就开始饮酒。

    ⓑ 因此他的诗被称作"诗史"。

    ⓒ 听了我这么一说，你是不是也想再多学几首古诗了？

    ⓓ 唐代还有一位伟大的现实主义诗人叫杜甫。

4 작문

(1) **다음을 알맞게 배열하여 문장을 완성해 보세요.**

❶ 更多的 / 对国家 / 忧虑 / 的 / 是 / 杜甫

　　→ _____

❷ 风韵 / 别有 / 的确 / 李白 / 的 / 诗

　　→ _____

❸ 把 / 它 / 推到了 / 中国古曲诗歌 / 高度 / 前所未有的

　　→ _____

❹ 陈旧枯燥 / 的 / 乐曲 / 所奏 / 歌词 / 宫中

　　→ _____

❺ 人 / 好酒 / 玄宗 / 拿来 / 命

　　→ _____

(2) **괄호 안의 표현을 활용하여 다음 우리말을 중국어로 바꿔 보세요.**

❶ 그는 아직까지 직장을 찾지 못해서 걱정이다. (发……)

　　→ _____

❷ 그는 마치 벙어리처럼 한마디도 하지 않았다. (……似的)

　　→ _____

❸ 그는 그 나름의 생각이 있고, 나는 나 나름의 판단이 있다.
　 (A有A的……, B有B的……)

　　→ _____

❹ 내가 어찌 그를 좋아하지 않겠는가, 단지 고백할 기회가 없을 따름이지. (何尝)

　　→ _____

❺ 성공을 하려면 갑절로 노력해야 한다. (要……就……)

　　→ _____

플러스 단어

제10과와 관련된 단어를 추가로 익혀 보세요! 🎧 W-10-04

- 印章 yìnzhāng 도장
- 印盒 yìnhé 도장함

- 印泥 yìnní 인주
- 笔洗 bǐxǐ 필세, 붓 세척 그릇

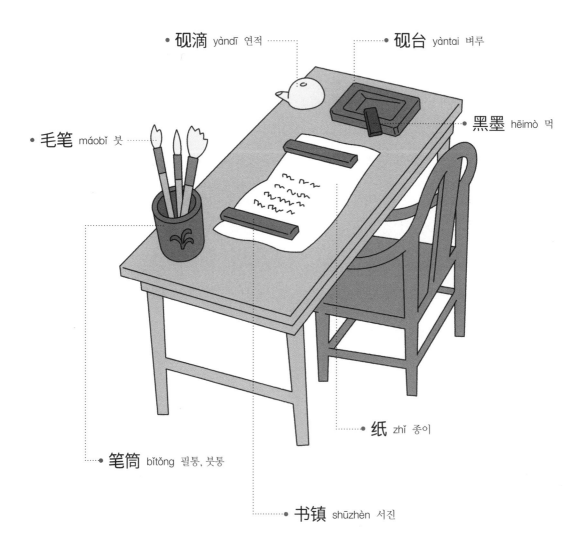

- 砚滴 yàndī 연적
- 砚台 yàntai 벼루
- 毛笔 máobǐ 붓
- 黑墨 hēimò 먹
- 纸 zhǐ 종이
- 笔筒 bǐtǒng 필통, 붓통
- 书镇 shūzhèn 서진

11 方言与普通话还有哪些不同之处?

방언과 표준어에는 또 어떤 다른 점이 있나요?

 예습하기

다음은 제11과에 나오는 단어입니다. 각 단어를 여러 번 써 보며 한어병음과 의미를 익혀 보세요.

泄气 xièqì 기가 죽다, 낙담하다	**境内** jìngnèi 국내, 나라 안
普通话 pǔtōnghuà 현대 중국 표준어	**惊讶** jīngyà 놀랍다, 의아스럽다
例如 lìrú 예를 들면	**不免** bùmiǎn 피하지 못하다
声调 shēngdiào 성조	**倍受** bèishòu 한층 더 받다, 더욱더 받다
谢天谢地 xiè tiān xiè dì 천만다행이다, 고맙기 그지없다	**挫折** cuòzhé 좌절, 실패
大批 dàpī 대량의	**语音** yǔyīn 발음, 음성
红薯 hóngshǔ 고구마	**标准音** biāozhǔnyīn 표준음
区分 qūfēn 구분하다, 나누다	**等于** děngyú ~와 같다, ~와 마찬가지다
地域 dìyù 지역	**土音** tǔyīn 사투리 발음
辽阔 liáokuò 광활하다, 끝없이 넓다	**儿化音** érhuàyīn 얼화음
一律 yílǜ 일률적으로, 모두	**天桥** tiānqiáo 육교
范围 fànwéi 범위	**难以** nányǐ ~하기 어렵다
结交 jiéjiāo 친구가 되다, 사귀다	**推广** tuīguǎng 확대하다, 널리 보급하다

단어. 듣기. 어법. 작문 파트의 문제로 제11과에서 배운 내용을 복습해 보세요.

1 단어

(1) 빈칸을 알맞게 채워 넣어 보세요.

한자	병음	뜻
范围	❶	범위
❷	jìngnèi	국내, 나라 안
推广	❸	확대하다, 널리 보급하다
语音	yǔyīn	❹
❺	nányǐ	~하기 어렵다
辽阔	❻	광활하다, 끝없이 넓다
❼	yílǜ	일률적으로, 모두
天桥	tiānqiáo	❽

(2) 위에서 복습한 단어 중에서 알맞은 단어를 넣어 문장을 완성해 보세요.

❶ 各地院校＿＿＿＿＿＿＿使用普通话对学生进行教育。

❷ 它给普通话的＿＿＿＿＿＿＿带来许多麻烦。

❸ 这些土音让其他方言区的人＿＿＿＿＿＿＿接受。

❹ 中国地域＿＿＿＿＿＿＿、方言众多。

2 듣기

(1) 녹음을 듣고 문장을 완성해 보세요. 🎧 W-11-01

❶ 各地区的人们是怎样进行＿＿＿＿＿＿＿的呢?

❷ 有些南方方言有八个＿＿＿＿＿＿＿九个声调。

❸ 我连这四个声调有时都＿＿＿＿＿＿＿。

❹ 这回我可没什么＿＿＿＿＿＿＿可言了。

⑵ **녹음을 듣고 질문에 알맞은 답을 골라 보세요.** 🎧 W-11-02

❶ 这句话是什么意思?

ⓐ 我没听清楚他说的话。　　ⓑ 我不想用汉语回答。

ⓒ 我没听懂他说的话。　　ⓓ 我给你介绍一个翻译。

❷ 这句话是什么意思?

ⓐ 南方方言的声调没有北方方言多。

ⓑ 南方方言的声调比北方方言多。

ⓒ 南方方言的声调跟北方方言差不多。

ⓓ 南方方言和北方方言的声调都很多。

❸ 这句话是什么意思?

ⓐ 普通话跟北京话不一样。　　ⓑ 普通话是以北京话为基础的。

ⓒ 北京人不一定会说普通话。　　ⓓ 普通话和北京话的发音一样。

⑶ **녹음의 대화를 듣고 질문에 알맞은 답을 골라 보세요.** 🎧 W-11-03

❶ 女的说的是什么意思?

ⓐ 男的以后能听懂老北京人的发音。　ⓑ 女的也不容易听懂北京人的发音。

ⓒ 男的要更加努力地学习北京话。　ⓓ 北京土音很难学。

❷ 女的说的什么意思?

ⓐ 她会说广东话。　　ⓑ 男的只会说广东话。

ⓒ 她说的是上海话。　　ⓓ 她学过广东话和上海话。

❸ 女的说的是什么意思?

ⓐ 她明天去旅游。　　ⓑ 她想和男的一起去旅游。

ⓒ 她还没决定去哪儿旅游。　　ⓓ 她不想和他们去旅游。

❹ 女的说的是什么意思?

ⓐ 车上人多得很。　　ⓑ 车上拍照不容易。

ⓒ 她差一点儿就能拍照了。　　ⓓ 人比平时少了一点儿。

3 어법

(1) **다음 단문을 읽고 빈칸에 들어갈 단어를 순서대로 나열한 것을 골라 보세요.**

❶ 各个方言＿＿＿＿＿＿同一事物的称呼也有所不同，比如普通话的"红薯"，
江西人称为"番薯"，江苏南部叫做"山芋"，而福建人＿＿＿＿＿＿称其为
"地瓜"。又如，北京话＿＿＿＿＿＿"吃"与"喝"，而在上海话中都用作"吃"。

ⓐ 对于　　则　　区分
ⓑ 对于　　便　　个别
ⓒ 关于　　才　　区别
ⓓ 关于　　还　　分成

❷ 很多初学汉语的人第一次到北京都很惊讶地＿＿＿＿＿＿自己听不懂老北京
人的发音，＿＿＿＿＿＿会有倍受挫折之感。其实普通话＿＿＿＿＿＿以北
京语音为标准音，但普通话并不等于北京话。

ⓐ 见到　　不好　　即使
ⓑ 看到　　只好　　如果
ⓒ 发现　　不免　　虽然
ⓓ 发觉　　使得　　因为

(2) **다음 중 어법적으로 오류가 있는 문장을 골라 보세요.**

ⓐ 我才学会了普通话一点儿，难道又要学广东话？

ⓑ 我也要努力学好普通话，结交中国各地的朋友。

ⓒ 除了发音以外，方言与普通话还有哪些不同之处？

ⓓ 他们受方言的影响，普通话的发音也不是很准确。

4 작문

(1) 다음을 알맞게 배열하여 문장을 완성해 보세요.

❶ 电影 / 没听懂 / 刚才 / 还是 / 一句 / 都 / 的

→ _____

❷ 能 / 在全国范围内 / 统一语言 / 中国 / 有 / 使用的

→ _____

❸ 土音 / 适应 / 逐渐 / 的 / 这些 / 会 / 人们

→ _____

❹ 差异 / 许多 / 方言间的 / 中国 / 也 / 很大

→ _____

❺ 电影里 / 都 / 刚才 / 广东话 / 是 / 说的

→ _____

(2) 괄호 안의 표현을 활용하여 다음 우리말을 중국어로 바꿔 보세요.

❶ 감기 나은 지 일주일도 안 되었는데 또 병이 났어요? (才……又……)

→ _____

❷ 선생님께서 설명을 잘해 주셔서 별로 물어볼 게 없다. (没什么……)

→ _____

❸ 너는 늦게 왔으니 벌로 네게 큰 잔으로 맥주 한 잔 마시게 해야겠다. (大+양사)

→ _____

❹ 나는 막 이사를 왔으니 주변의 것들에 생소한 느낌이 들게 마련이다. (不免)

→ _____

❺ 당신 같이 좋은 사람을 만났으니 하늘과 땅에 감사한다. (谢天谢地)

→ _____

제11과와 관련된 단어를 추가로 익혀 보세요! 🎧 W-11-04

- 回族 Huízú 후이족
- 白族 Báizú 바이족
- 傣族 Dǎizú 다이족

- 纳西族 Nàxīzú 나시족
- 布依族 Bùyīzú 부이족
- 朝鲜族 Cháoxiǎnzú 차오셴족

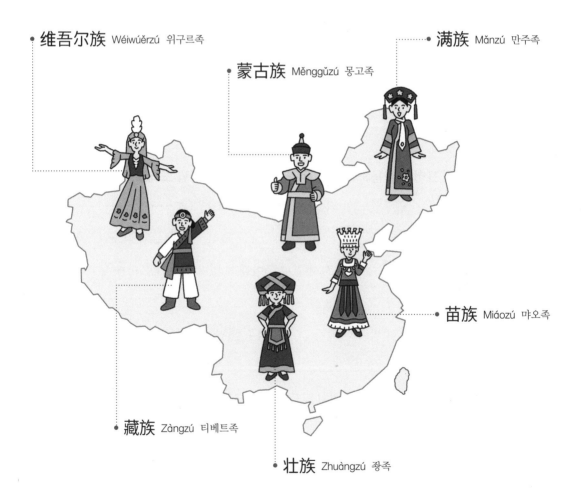

- 维吾尔族 Wéiwúěrzú 위구르족
- 蒙古族 Měnggǔzú 몽고족
- 满族 Mǎnzú 만주족
- 苗族 Miáozú 먀오족
- 藏族 Zàngzú 티베트족
- 壮族 Zhuàngzú 좡족

다락원
중국어
마스터
∘워크북∘

STEP

6